KB259827

여신과의 대화,

세계
금융위기와
그 후

여신과의 대화, 세계 금융위기와 그 후

지은이 | 차기태

1판 1쇄 펴낸날 | 2009년 8월 10일

펴낸이 | 이주명
편집 | 문나영
출력 | 문형사
종이 | 화인페이퍼
인쇄 · 제본 | 한영문화사

펴낸곳 | 필맥
출판등록 제300-2003-63호
주소 | 서울시 서대문구 충정로2가 184-4 경기빌딩 606호
이메일 | philmac@philmac.co.kr
홈페이지 | www.philmac.co.kr
전화 | 02-392-4491
팩스 | 02-392-4492

ISBN 978-89-91071-69-8 (03320)

* 잘못된 책은 바꾸어 드립니다.
* 값은 뒤표지에 있습니다.

이 도서의 국립중앙도서관 출판시도서목록(CIP)은 e-CIP홈페이지(http://www.nl.go.kr/cip.php)에서
이용하실 수 있습니다. (CIP제어번호 : CIP2009002243)

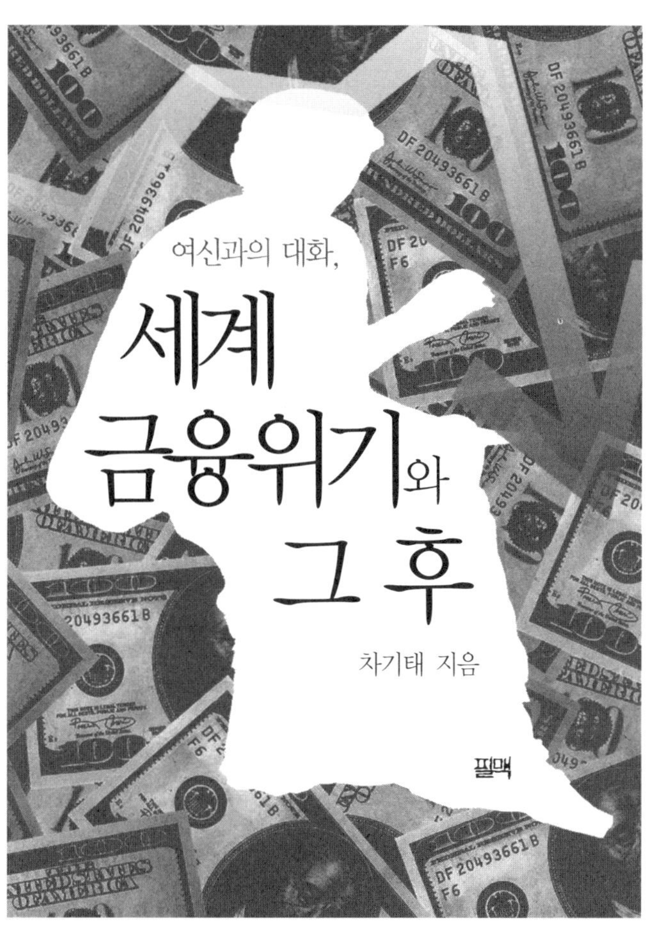

여신과의 대화,

세계
금융위기와
그 후

차기태 지음

필맥

머리말

2009년 겨울은 유난히 추웠다. 겨울이 추운 것은 당연하지만, 매섭게 몰아친 금융위기의 한파 때문에 체감온도가 더 떨어졌던 것으로 기억한다. 우리나라만이 아니라 세계의 모든 사람들이 다 움츠러들었다.

아무리 추운 겨울이라도 결국은 물러가듯이 금융위기의 한파도 그 뒤 다소 누그러졌다. 세계경제가 금방이라도 무너질 것 같더니 이제는 약하나마 온기도 도는 듯하다. 주가는 다소 회복됐고, 생산활동도 조금은 살아나고 있다.

그렇지만 경제의 활기가 완전히 회복된 것은 아니다. 미국에서는 주택압류가 계속되고 있고, 국제무역은 여전히 부진하다. 실업자 증가세도 꺾이지 않고 있다. 압류와 해고를 당해 절망에 빠진 사람들에게는 희망의 빛이 아직 요원하기만 하다. 이 절망의 시기가 언제 끝날지 예측하기도 어렵다.

2008년 하반기에 본격화된 금융위기가 나에게는 탐구욕을 자극했다. 금융위기의 원인과 실상을 더 정확하고 깊이 있게 이해하고 밝혀봐야겠다는 의욕을 갖게 됐다.

　탐구해볼 만한 이유도 충분했다. 금융위기는 미국에서 시작됐지만 전 세계를 동시에 강타했다. 한국처럼 미국과 정치적, 경제적으로 밀접한 관계에 있는 나라들이 특히 큰 타격을 받았다. 한국은 2008년 9월에 이어 2009년 3월에도 위기설로 홍역을 치렀다. 환율은 급등하고 주가는 급락했다. 수출 역시 급속한 감소를 겪어야 했다.

　왜 이런 일이 발생했을까? 세계의 최강대국이라고 자타가 공인하던 미국에서 왜 이런 위기가 일어났을까? 불과 10여 년 전에 한국에서 외환위기가 발생했을 때만 해도 으스대던 미국이 어쩌다가 이런 지경에 몰리게 됐을까? 미국이 그렇게 됐다고 한국까지 열병을 앓는 것은 또 왜일까? 한국은 실물경제가 미국보다 더 심하게 위축됐다. 그 이유는 무엇일까?

　위기를 탈출하기 위한 각국의 노력은 어떤 결과를 가져올까? 세계는 조만간 위기에서 탈출할 수 있을까? 탈출한다면 그 뒤에는 세계가 어떻게 변할까? 세계가 이번 금융위기 같은 재앙을 되풀이하지 않을 수 있을까? 아니면 세계가 더 어지러워지는 것은 아닐까?

　탐구해야 할 주제는 끝없이 떠올랐다. 나의 학식과 능력이 부족하긴 하지만 감연히 도전해보기로 결심했다. 금융위기로 말미암아 벌어지는 현상이 워낙 다양했기에 국내외에서 날마다 쏟아지는 뉴스는 차고 넘쳤다. 그런 뉴스를 되도록 빠뜨리지 않고 읽고 모았다. 미국, 유럽, 일본 등지의 주요 기관들이 발표하는 자료와 통계수치를 직접 확인해보고 정리해두었다. 아울러 이번 금융위기의 원인이나 향후 세계경제의 전망을 다룬 서적도 찾아서 탐독했다. 1997년에 우리 나라에 외환위기가 닥쳤을 때 경제부 기자로서 그 과정을 직접 취재하고 기사를 쓴 경험도 큰 도움이 됐다.

17세기 영국의 철학자인 프랜시스 베이컨의 가르침이 나의 탐구에 지침이 됐다. 베이컨은 명저 《신기관(Novum Organum)》에서 열과 관련된 이론을 수립하기 위해 열로 인해 일어나는 온갖 현상을 수집하고 분류했다. 그와 마찬가지로 나는 금융위기를 야기한 원인이나 금융위기가 초래한 결과와 관련된 온갖 일들에 관한 자료를 폭넓게 모으고 분류했다. 그 과정에서 나는 베이컨의 지침대로 고정관념을 배제하고 성급한 일반화를 하지 않으려고 애썼다.

'신자유주의'나 '국가자본주의' 등 최근에 많이 나도는 포괄적이고도 단정적인 용어도 되도록 멀리했다. 그와 같은 용어는 문제의 핵심을 정확하게 이해하는 데 오히려 장애가 될 것이라고 생각했다. 오로지 실체적인 진실에 가까이 다가가는 것만을 목표로 삼았다.

"정신활동을 방해하는 장애물이 제거된 상태에서 정신이 올바르고 성실하게 활동하기만 하면 자연에 대한 해석이 가능하기 때문이다."
— 프랜시스 베이컨, 《신기관》

사실 나에게는 그 어떠한 사안에 대해서도 섣불리 해석하거나 새로운 이론을 세울 능력도 없다. 그렇지만 어떠한 사안이든 정확하게 관찰하고 올바르게 이해하기 위해 최대한 성실하게 노력했다.

그간의 탐구 결과, 세계경제의 골격과 흐름에 뚜렷한 변화가 일어나고 있는 것은 분명해 보였다. 무작정 자유롭고, 크고, 세계적인 명성을 얻어야만 훌륭한 은행이요 기업이라고 생각하던 그동안의 경제패러다임에 대해 근본적인 반성이 필요하게 된 것이다. 그 대신 질서 있는 자유, 알맞은 크기, 튼튼한 토대를 중시하면서 조화로운 성장을 추구해야 하는 시대로 우리는 접어들고 있는 것이다.

경제문제에 관한 글을 읽기 쉽게 쓰기란 쉬운 일이 아니다. 이번 금융위기에 관한 글의 경우에는 더욱 그렇다. 그래서 고민 끝에 독자들이 조금이라도 더 쉽게 이해할 수 있도록 대화체로 쓰기로 했다.

경제문제를 다루는 데 대화체는 낯선 서술방식이다. 전례도 거의 없는 일이다. 때문에 처음에는 다소 망설였다. 그렇지만 용기를 내보기로 했다. 실제로 글을 쓰다 보니 각각의 사안을 다각도로 조명하면서 자연스럽게 풀어나가는 데 대화체가 아주 괜찮은 서술방식이었다. 경제문제, 그 가운데서도 특히 금융위기라는 딱딱하고 어려운 주제를 이해하기 쉽게 쓰는 데는 대화체가 안성맞춤인 것 같았다. 중간 중간에 조금은 다른 이야기를 끼워넣기에도 좋았다.

고대 그리스의 철학자 플라톤은 저작을 대화체로 썼다. 아리스토텔레스의 저작은 대체로 읽기에 딱딱하고 따분하지만 플라톤의 작품은 상대적으로 이해하기 쉽다. 읽는 과정의 재미도 느낄 수 있다. 이런 것이 바로 대화체 문장의 힘이요 묘미라고 생각된다.

대화의 상대방으로 내가 '초대' 한 신은 그리스신화에 나오는 9명의 무사이 (영어로는 '뮤즈' 라고 한다) 여신 가운데 한 명인 칼리오페다. 이 책은 처음부터 끝까지 내가 칼리오페 여신을 찾아가 금융위기와 관련된 여러 주제에 대해 대화를 나누는 방식으로 서술돼있다.

고대 그리스의 시인 헤시오도스에 따르면 올림포스 산에 살고 있는 무사이 여신 9자매는 모두 제우스의 딸이며, 인간에게 시와 노래를 선사하고, 인간이 현명한 판단을 할 수 있게 해주는 고귀한 존재다.

9자매 여신 가운데 으뜸이 칼리오페다. 말하자면 칼리오페는 인간이 현명한 판단을 내릴 수 있도록 돕고 이끌어주는 역할을 하는 최고의 여신이다. 인간세계가 심각한 위기에 처한 지금 가장 절실하게 필요한 것은 바로 칼리오페 여신의 도움과 지혜 같은 것이 아닐까?

칼리오페 여신은 인간세계의 미물 중에서도 미물인 내가 대화상대로 삼기에는 너무나 존귀한 존재다. 하지만 이번 금융위기의 원인, 전개과정, 향후전망을 논의하기 위한 상대로는 적격이라는 판단에서 나는 외람되게도 칼리오페 여신을 이 책에 모셔온 것이다.

어린아이 같은 공상도 해본다. 칼리오페를 비롯한 무사이 여신들이 실제로 존재한다면 이 세상에 만연한 탐욕과 미망은 없었을 것이고, 이번과 같은 위기도 일어나지 않았을 것이라고!

나는 학식이 얕고 전문적인 식견과 금융실무의 경험도 갖고 있지 않다. 이를 테면 CDO니 CDS니 하는 파생금융상품에 대해 원리적으로 이해하기는 해도 그 구체적인 거래방식까지 깊이 알지는 못한다. 그래서 파생금융상품의 문제를 실감나고 생생하게 서술하기는 어려웠다. 나는 다만 그동안의 탐구로 알게 된 사실에다 나의 경험과 인간사의 상식을 더하고 상상력도 발휘해서 파생금융상품을 다루었다. 때문에 구체적인 사실을 기술한 대목에서는 오류가 있을 수도 있다고 생각한다. 그 책임은 전적으로 나에게 있다.

또한 전문가나 학자들이 보기에는 내가 이 책에서 '국가'나 '정부'와 같은 일부 용어들을 정확한 개념규정도 없이 함부로 사용했는지도 모르겠다. 내가 학문을 연구하는 사람이 아니고 평범한 상식 밖에 가진 것이 없으니 그럴 수밖에 없었다. 이 역시 나의 책임이므로, 혹시 누가 비난한다면 달게 받을 생각이다.

무엇보다도 금융위기와 관련된 현상을 관찰하는 데 집중한 나머지 보다 깊은 원인을 파고들지 못했다. 때문에 대체로 피상적인 서술로 그치고 말았다. 좀더 깊이 있는 분석과 비판은 다음 기회를 기약하고자 한다.

내가 금융위기를 탐구하고 이 책을 쓰기로 마음먹은 데는 또 하나의 동기가 있었다. 그것은 '허무감'이었다. 나는 올해 아들을 대학에 보냈다. 그동안 내가 아들의 대학입시 준비를 돕기 위해 여러 가지로 애써온 4년의 과정이 끝났다. 나는 하나의 의무를 다한 것이다. 그 사이 나는 인생의 황금기를 바친 신문사를 떠났고, 아버지는 영원히 내 곁을 떠나셨다. 이제 나에게는 아무것도 남은 것이 없다는 허무감이 성큼 다가왔다.

그렇지만 허무감의 포로로 한없이 머물러 있을 수는 없다는 것 또한 분명했다. 내가 이 세상에 살아있는 한 그것은 또 하나의 진실이었다. 이제는 새로운 땀을 흘려야 한다는 의무감이 나를 재촉했다. 새로운 땀방울을!

그래서 때마침 벌어지고 있는 금융위기로 눈을 돌리게 된 것이다. 결국 이 책은 그런 허무감의 산물이다.

이번에 책을 쓰면서 나는 많은 이들로부터 직간접적인 도움을 받았다. 특히 해외소식을 신속하게 전달해주는 여러 매체 종사자들에게 많은 빚을 졌다. 전 세계에서 벌어지는 모든 일을 내가 일일이 찾아다니며 들여다볼 수 없는 이상, 그런 분들이 날마다 전해주는 새로운 소식은 나에게 소중한 양식이었다. 국내의 〈연합뉴스〉, 해외의 〈로이터〉와 〈AP〉 〈AFP〉, 인터넷 포털 '야후'의 해외 금융경제 뉴스, 경제전문 통신인 〈블룸버그〉 등이 나에게 요긴한 정보를 전해주었다. 또 영국의 〈BBC〉와 〈파이낸셜 타임스〉, 일본의 〈일본경제신문〉, 미국의 〈월스트리트 저널〉과 같은 해외의 신문과 방송들도 경제위기에 관한 생생한 정보와 함께 잘 다듬어진 설명과 논평을 내게 들려주었다. 그 모든 매체 종사자들에게 감사의 뜻을 전한다.

내가 원고를 쓰는 동안에 말없이 지켜보며 격려해준 가족에게도 고맙다는 말을 하고 싶다. 특히 지금 대학 1학년에 재학 중인 아들은 내가 쓴 초고를 읽어보고 저 나름의 의견을 나에게 말해주는 수고를 마다하지 않았다. 우리 집 강아지도 내가 원고를 쓸 때 가끔씩 방으로 찾아와 꼬리를 흔들면서 내 정신의 근육을 풀어주곤 했다. 보잘것없는 원고를 살펴보고 질정을 해준 필맥 출판사의 이주명

대표와 문나영 편집팀장도 고마운 사람들이다.

끝으로 이번 금융위기로 일자리를 잃는 등 괴롭고 힘든 일을 당한 세계의 모든 사람에게 진심으로 위로의 말을 전하고 싶다. 위기가 하루빨리 수습되고 모든 사람이 행복한 삶을 되찾기를 간절히 기원한다. 그리고 이런 위기가 다시는 되풀이되지 않기를 바라마지 않는다.

2009년의 절반을 보내며

차기태

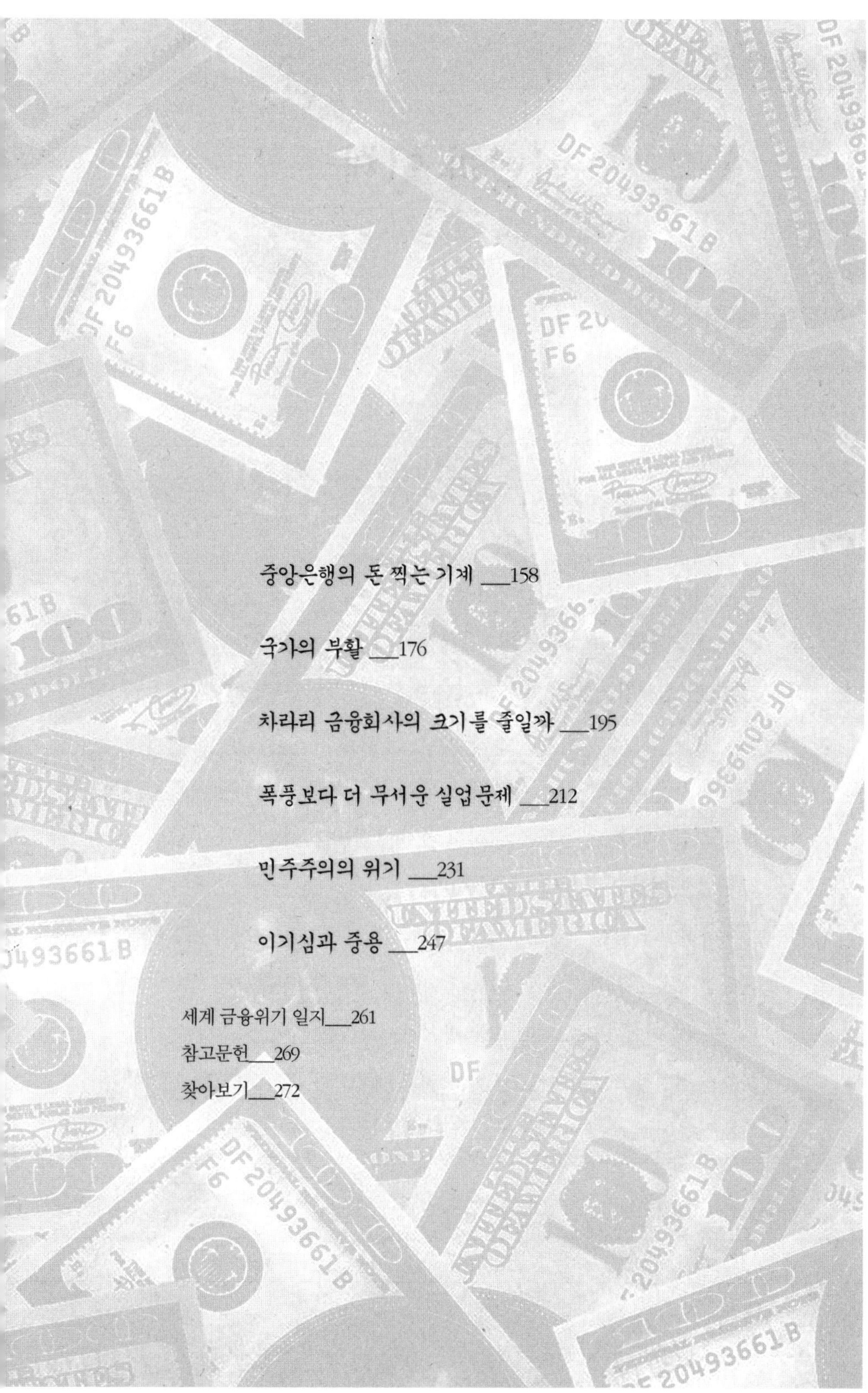

미망과 인재

저자● 존귀하신 칼리오페 여신이여, 오늘날 세계는 큰 혼란을 겪고 있습니다. 전 세계를 뒤흔들었던 금융위기의 폭풍이 다소 잦아든 것 같기는 하지만 여전히 불안합니다. 실물경제도 추락한 이후 아직 부진에서 벗어나지 못하고 있습니다. 때문에 실업자는 늘어나고, '돈 없고 힘 없는' 사람들의 고통은 갈수록 커지고 있습니다. 세계가 모처럼 힘을 모아 난국을 극복하고자 노력하고 있지만 터널의 끝은 여전히 멀기만 합니다. 어쩌다가 이렇게 됐는지 한번 따져보고 싶어서 찾아왔습니다.

여신● 우울하고 답답한 마음은 인간뿐 아니라 우리 신들도 마찬가지라네. 모든 신이 지금 인간세계가 겪는 고통과 아픔을 함께하고 있다네. 분노의 여신과 복수의 여신까지도 때때로 눈물을 보이고 있으니까. 모두가 인간의 어려움을 걱정하고 조금이라도 덜어주려고 애쓰고 있네. 그렇지만 인간이 저지른 잘못이 너무 크기 때문에 신들도 지금 당장은 어찌해볼 도리가 없네.

저자 ● 도대체 인간의 잘못이 얼마나 크기에 현명하신 여신까지도 그렇게 말씀하시는가요? 도저히 용서할 수 없는 죄라도 저질렀단 말인가요?

여신 ● 그대는 알 만한 사람인 것 같은데도 그렇게 묻는가? 모르는 체하는 것인가? 아니면 함께 세상을 살아가는 동료인간들을 비난하기가 거북하기 때문에 그러는 것인가?

저자 ● 그렇지 않습니다. 저도 인간에게 잘못이 있다면 반성해야 한다고 믿고 있습니다. 인간이 잘못을 저질렀다면 어쩌다가 그랬는지를 제대로 짚어봐야 한다고 생각합니다.

여신 ● 그러면 함께 이야기해보세. 우선 먼 원인부터 살펴보지. 그대는 인간이 꽤 긴 시간 동안 방만한 경제생활을 해왔다는 것을 알고 있지? 낮은 금리를 유지하고 분수에 넘치는 소비를 하면서 말이야. 특히 2000년대에 들어선 뒤에는 지구상에 돈이 흘러넘쳤던 것도 기억하고 있지?

저자 ● 물론 알고 있습니다. 미국의 연방준비제도이사회(FRB, 연준)를 비롯해 일본, 유럽 등의 중앙은행들이 2001년 이후에 금리를 아주 낮게 운용해왔지요. 특히 일본은 2001년 3월부터 2006년 6월까지 5년 넘게 0% 금리를 지켜왔습니다. 미국도 2003년 6월부터 2004년 6월 사이에 금리를 연 1% 선에 묶어 놓았습니다.

여신 ● 그렇게 장기간에 걸쳐 저금리를 유지한 이유나 근거가 무엇이었나?

저자 ● 20세기 말에 전 세계를 흥분시켰던 정보기술(IT) 거품이 꺼져 주요 국가들의 경기가 둔화된데다가 2001년에는 9.11 테러까지 발생해 경기를 부양시킬 필요가 있었던 것이지요. 그런 상황에서는 경제위축이 일어나기 쉬우니까 그것을 막는 방책으로 가장 효과적인 저금리 정책을 쓴 것입니다. 한 편으로는 중국이 세계의 공장 노릇을 하며 공산품을 싼 값에 공급해주었으 므로 물가가 안정됐죠. 그러니 정부나 중앙은행이 저금리를 유지하는 데는 큰 어려움이 없었습니다. 그리고 저금리가 장기간 계속 유지되다보니 전 세계에 돈이 넘치게 됐습니다.

여신● 미국이 지나치게 친이스라엘 정책을 펴서 아랍권의 반발을 불러일으켜 중동을 불안하게 만든 것이 지금의 상황을 초래한 또 하나의 먼 원인이라고 말할 수 있지 않을까?

저자● 무슨 말씀인지 조금 더 설명해주십시오.

여신● 미국이 9.11 테러를 당한 것은 기본적으로 지나친 친(親)이스라엘 정책 에서 기인한 것이야. 그러나 테러를 당한 미국은 자신의 그런 정책을 돌아 보고 반성할 생각을 하지 않았네. 도리어 아프가니스탄도 모자라서 이라크 까지 침공해 중동지역을 만성적으로 불안하게 만들었어. 그 결과로 석유 값에 대한 상승압력이 커지고 석유를 많이 수입하는 미국으로서는 무역적 자가 늘어나는 등 부담이 가중됐지. 또 전쟁비용으로 수천억 달러를 투입 하지 않으면 안 되었고. 결국 미국은 무모한 전쟁의 대가를 자신도 모르는 사이에 치르게 된 것이라고 할 수 있지.

저자● 존귀하신 여신의 말씀에 저도 공감합니다. 이라크전쟁을 보면 그 옛날의 위대한 스승 소크라테스가 트로이전쟁을 가리켜 '헬레네의 환상' 때문에 일어난 전쟁이라고 한 말이 생각납니다. 트로이전쟁은 흔히 트로이인들이 납치한 스파르타의 왕비 헬레네를 되찾으려고 그리스인들이 일으킨 전쟁으로 알려져 있죠. 하지만 소크라테스의 설명에 따르면 트로이인들이 납치했다는 헬레네는 배가 표류하는 바람에 이집트로 흘러가 거기에서 머무르게 됐다고 합니다. 실제로는 헬레네가 트로이에 없었는데도 그리스인들이 트로이 쪽에 헬레네를 내놓으라고 요구하면서 전쟁을 일으켰다는 것이죠. 이와 마찬가지로 미국과 영국은 이라크에서 대량살상무기를 찾아내겠다면서 전쟁을 일으켰지만 그런 것은 단 하나도 찾아내지 못했지요.

여신● 그럴듯한 비교일세. 그렇게 무모하게 전쟁을 벌인 상황에서 미국이 경제성장과 고용안정을 유지하기 위해서는 계속 저금리를 유지할 수밖에 없었던 것 아니겠나?

저자● 그럴 수밖에 없었겠지요. 그 덕분에 미국은 제법 상당기간 성장세를 유지할 수 있었죠.

여신● 그렇다면 그대에게 다시 묻겠네. 미국에서 '모기지 대출'이 크게 증가한 것도 저금리 때문이라고 할 수 있겠지?

저자● 당연히 그런 것 아닙니까? 주택구입자들은 저렴한 이자로 돈을 빌려 집을 살 수 있게 됐고, 금융회사들은 돈을 적극적으로 굴려 이자수입을 올려야 하니까 대출을 공격적으로 늘렸던 거죠. 그렇게 대출이 늘어나고 주택 수요가 계속 늘어나니 주택가격이 상승을 거듭하지 않을 수 없었습니다. 말하자면 모기지 대출을 받으려는 사람들이나 대출을 하려는 금융회사들이나 모두 저금리 상황을 최대한 이용한 것 아니겠습니까?

여신● 그래도 신용도 조사를 제대로 했어야 되는 것 아닌가?

저자● 지당한 말씀입니다. 그렇지만 유감스럽게도 금융회사들은 그렇게 하지 않았습니다. 처음에는 프라임 등급의 대출을 위주로 했지만 나중에는 신용도가 낮은 사람들에게도 마구 모기지대출을 해주었지요. 소위 '서브프라임 모기지 대출(비우량 주택담보대출)' 이라는 것 말입니다. 게다가 대출소비자를 현혹시키는 대출방법까지 동원됐습니다. 예컨대 대출 초기에는 금리를 아주 낮게 적용해 소비자를 유혹한 다음에 몇 년 뒤에 금리를 대폭 올리는 경우도 많았다고 합니다.

여신● 그런 것은 일종의 사기성 대출 아닌가?

저자● 저도 그렇다고 생각합니다. 처음부터 까다로운 조건을 제시한다면 많은 사람들이 신중하게 생각하겠죠. 그런 사기성 대출이 통한 것은 사람들에게 집값이 언제나 오를 것이라는 순진한 생각이 있었기 때문이지요. 값이 오른 다음에 팔면 된다고 믿었을 테니까요.

여신● 그런 것은 '순진한 생각' 이라고 하기보다 '미망(迷妄)' 이라고 해야 하네. 어떻게 집값이 한없이 계속 오르기만 한다고 생각할 수 있단 말인가? 모든 사물은 오를 때가 있으면 내려갈 때도 있는 법인데. 이런 평범한 이치도 망각했다는 말인가?

저자● 존귀하신 여신으로부터 그런 힐난을 받아 마땅합니다. 인간이란 한번 미망의 여신에게 걸려들면 그렇게 되는가 봅니다. 호메로스가 남긴 시를 보면 미망의 여신은 참으로 무서운 여신인 것 같습니다.

미망은 제우스의 맏딸로 모든 이의 마음을 눈멀게 하는 잔혹한 여신이오. 그녀는 발이 가벼워 결코 땅을 밟는 일이 없지요. 그녀는 사람들의 머리를 밟고 다니

며 사람들을 넘어뜨리는데 둘 중 하나는 걸려들게 마련이지요. 인간과 신 가운

데 으뜸간다는 제우스께서도 한때 그렇게 마음이 눈먼 적이 있었소.

― 호메로스,《일리아스》19권, 천병희 옮김, 숲

제우스신까지 현혹됐다고 하니 그보다 더 무서운 신은 없을 듯합니다. 그 미망의 여신은 존귀하신 칼리오페 여신과는 정반대인 셈이네요.

여신● 농담도 잘 하는군. 그대가 그렇게 이야기하니 내가 몸 둘 바를 모르겠네.

저자● 농담이 아닙니다. 존귀하신 여신께서는 인간을 현명하게 해주니까요. 그러나 현실의 인간세계에 대한 영향력에서는 존귀하신 여신께서 미망의 여신보다 못하죠. 제우스신조차 미망의 여신을 이길 수 없다고 하는데 하물며 안목이 좁은 인간이야 말해 무엇 하겠습니까?

아무튼 미국에서 서브프라임 모기지 대출은 계속 늘어나기만 했습니다. 2002년 이전에는 연간 2천억 달러도 채 안 되던 것이 2005년과 2006년에는 연간 6천억 달러를 넘었습니다. 2007년에는 잔액 기준으로 1조 2천억 달러를 헤아리게 되면서 전체 모기지 대출 가운데 서브프라임 대출이 12%까지 차지하기에 이르렀습니다.

여신● 그렇다면 미국인들의 부채가 그 사이에 엄청나게 늘어났겠군.

저자● 그건 불문가지(不問可知)의 사실이죠. 금융회사들이 더 많은 대출을 해서 더 많은 이익을 내는 데 몰두했고, 소득이나 재산 같은 것은 일체 따지지도 않는 이른바 '닌자(Ninja) 대출'도 성행했습니다. 닌자 대출은 한국식으로 이야기하면 '묻지 마 대출'이죠. 그 결과로 미국인들의 가계부채는

2007년 말에 13조 8천억 달러에 이르렀습니다. 그해 미국의 국내총생산 (GDP)과 같은 규모였죠. 2000년에는 가계부채가 국내총생산의 71%에 불과했는데, 불과 7년 사이에 이렇게 늘어난 것입니다.

여신● 쉽게 말해 미국경제는 사실상 빚내기 잔치나 다름없었다는 말이군. 그런 식으로 하면 외형적인 경제성장을 이루기는 어렵지 않지. 그렇지만 그런 성장에 너무 취해버리면 부작용이 커져서 나중에 감당하기 어려워지는 법이네.

저자● 존귀하신 여신의 말씀대로 미국은 저금리와 금융회사들의 경쟁적인 대출영업 덕분에 경제성장을 계속할 수 있었습니다. 그렇지만 부동산 같은 자산의 가격이 급격하게 상승하는 등 인플레이션 압력도 커져만 갔습니다. 그런 상태를 한없이 방치할 수는 없었죠. 결국은 한계에 도달했고, 미국은 긴축 쪽으로 정책을 바꾸어갔습니다. 미국은 금리를 2004년 6월에 연 1.0% 에서 1.25%로 올린 것을 시작으로 2006년 6월까지 5.25%로 올렸습니다. 그러자 미국이 쌓아놓은 모래성이 서서히 무너지기 시작했습니다.

여신● 주택가격 상승세가 꺾인 것이지? 그간의 미망에서 깨어났겠군.

저자● 그렇습니다. 금리가 오르자 주택가격의 상승세가 내림세로 돌아섰고, 늘어나는 이자부담을 감당하지 못해 연체하는 사람들이 늘어나게 됐죠. 2008년 5월의 주택가격은 2006년 6월에 비해 20% 가까이 낮은 수준이 됐다고 합니다. 원리금 연체는 처음에는 서브프라임 모기지 대출에서 주로 나타났지만, 시간이 흐르면서 점차 '프라임 모기지 대출(우량 주택담보대출)' 로 확산됐습니다.

미국의 한 신문이 보도한 바에 따르면 서브프라임 모기지 대출을 받은 주택 가운데 압류되거나 금융회사로 소유권이 넘어간 것이 2008년 10월까지 160만 건을 넘어섰고, 2008년 11월부터 2009년 2월 사이에는 1만 4천 건이 더 늘어났다고 합니다. 그런데 프라임 모기지 대출을 받은 주택 가운데서는 그렇게 된 건수가 2008년 11월부터 2009년 2월 사이에 47만여 건이나 증가했답니다. 이제는 비우량이나 우량이나 거의 차이 없이 담보주택이 압류될 위기에 놓인 것입니다.

주택가격 하락이 계속되면서 주택가격이 대출금에도 미달되는 세칭 '깡통주택'이 늘어났고, 대출원리금 연체로 인한 주택압류도 증가하기만 했습니다. 너도나도 집을 서둘러 팔려고 내놓다 보니 주택매물 재고도 엄청나게 늘어났습니다. 미국의 부동산중개인협회가 내놓은 분석에 의하면 2009년 4월의 주택판매 평균가격(중간가격 기준)은 17만 7천 달러로 1년 전보다 15.4% 떨어졌고, 주택매물 재고는 397만 채로 같은 기간에 8.8% 늘어났다고 합니다.

여신● 주택시장이 그렇게 망가지면 주택자금 대출 영업을 공격적으로 해왔던 금융회사들이 수렁에 빠지는 것이 너무나도 당연한 이치 아니겠나?

저자● 그렇습니다. 금융회사의 모기지 대출은 물론이고 그것을 근거로 해서 만든 모기지담보증권(MBS)과 부채담보증권(CDO) 등 파생금융상품들도 차례로 부실화됐습니다. 2008년 8월에는 상각(손실) 처리된 금융회사 부실자산이 5000억 달러를 넘어섰다고 합니다. 미국의 금융회사들만 부실화된 것도 아니었습니다. 미국의 MBS나 CDO 등에 투자했던 다른 나라

금융회사들도 함께 늪에 빠져들었습니다.

전 세계의 금융회사들이 갖고 있는 부실자산의 규모가 얼마인지는 아직 제대로 밝혀지지 않고 있습니다. 다만 국제통화기금(IMF)이 2008년 10월에 부실자산으로 말미암은 금융회사의 손실을 1조 4천억 달러가량으로 추정했고, 2009년 4월에는 이 추정치를 무려 4조 1천억 달러로 늘려 잡았습니다. IMF도 처음에는 그 규모를 1조 달러 이하로 어림잡았다가 수정을 거듭한 것입니다.

여신● 세계 최고의 전문가들이 모였다고 하는 국제통화기금도 그렇게 허둥댔으니……. 어쨌든 미국인들이 싼 금리를 너무 좋아하고 흥청망청하다가 된서리를 맞은 것이군. 그렇게 흥청망청하던 시절에 경영을 방만하게 하면서도 큰돈을 벌었던 금융회사들이 결국은 늘어나는 손실을 감당하지 못해 도산위기에 몰린 것이라고 요약할 수 있겠네. 로마시대의 한 시인이 읊은 대로 되고 말았군.

인간의 마음은 운명과 다가올 미래사를 알지 못한 채 행운이 뒷받침해줄 때 절제할 줄 모른다.

— 베르길리우스, 《아이네이스》

저자● 왜 그런 비극이 미국 내부의 일에 그치지 않았는지, 어쩌다가 다른 나라의 금융회사들까지 그런 비극에 말려들어갔는지 저는 잘 모르겠습니다.

여신● 그것은 이른바 증권화(Securitization)의 마술 때문이라고 말할 수 있네.

오늘날 금융회사들이 가장 즐겨 하는 일 가운데 하나가 대출채권들을 증권으로 묶어 파는 것 아닌가? 신용카드대출이나 자동차할부금융을 비롯한 온갖 채권을 이리저리 끼리끼리 묶은 것을 증권으로 발행해서 투자은행이나 헤지펀드 등에 파는 것 말일세.

저자● 그렇군요. 모기지 채권을 그런 식으로 묶어 만든 모기지담보증권(MBS)이 당장 생각납니다. 그 가운데 특히 비우량 모기지 대출을 가지고 만든 것이 CDO라는 것이고요. 그런 묶음증권을 만들어 팔면 수수료도 챙길 수 있고 자금도 빨리 회전시킬 수 있으니 금융회사에게는 좋을 것 같습니다. 연체위험의 부담도 털어낼 수 있어 편리하겠고요. 그렇게 만들어진 CDO는 미국의 금융회사뿐만 아니라 유럽과 아시아를 비롯한 전 세계의 투자자들에게 팔려나갔다고 합니다. 우리은행을 비롯한 한국의 금융회사들도 이것을 사들였다가 나중에 홍역을 치렀습니다.

여신● 미국이 아닌 다른 나라의 금융회사들은 무엇을 믿고서 그런 데 투자를 했다고 생각하나?

저자● 미국경제가 세계에서 최고라는 믿음이 기본적으로 있었다고 봐야겠지요. 특히 미국의 금융회사는 세계에서 가장 똑똑한 금융회사라는 막연한 인식이 작용한 것 같습니다.

여신● 그런 생각은 일종의 미신 아닌가? 오히려 전통적인 방식으로 보수적인 경영을 해온 캐나다나 노르웨이 같은 나라의 은행들이 이번 위기에서도 잘 버티고 있지 않은가?

저자● 돌이켜 보니 그런 것 같습니다. 미국의 금융회사들이 발행한 MBS나

CDO 같은 증권에 대해서는 '모노라인'이라고 불리는 채권보증회사들이 지급보증을 해주었고, 신용평가회사들이 최고의 신용등급을 매겨줬습니다. 그러다 보니 다른 나라 금융회사들이 그것에 대해 의심할 이유가 별로 없었을 겁니다. 게다가 신용부도스왑(CDS)이라고 하는 전대미문(前代未聞)의 파생상품까지 등장해서 '위험부담의 세계화'를 재촉한 셈이었고요.

여신● CDS라는 것은 채권이 부도났을 때 대신 지급을 해주는 일종의 보험 같은 것으로 알고 있네. 그렇다면 세계 각국의 금융회사들이 CDO나 MBS를 매입할 때 당연히 CDS에 들어두었겠지?

저자● 그랬을 거예요. CDS는 처음에는 투자은행 JP모건이 개발해서 판매하던 것인데, 부도만 나지 않으면 그 보험료 수입이 짭짤합니다. 현대의 미국금융이 낳은 최고의 '괴짜' 금융상품이지요. 여러 금융회사들이 이 괴짜 금융상품을 앞 다투어 발행해서 판매했고, 그 거래규모가 급속히 증가했습니다. CDS의 계약액 규모는 2005년에는 14조 달러였던 것이 2007년에는 62조 달러로 커졌다고 합니다.

CDS 계약액 추이 (단위: 조 달러)	
연도	계약액
2001	0.9
2002	2
2003	4
2004	8
2005	17
2006	34
2007	62
2008	38

자료: 국제파생금융협회(ISDA)

CDS는 일종의 보험상품으로 출발했지만 이러한 과정을 거치면서 시장성 유가증권 비슷한 것으로 변모했습니다. CDS는 결국 금융회사가 거래상대방, 즉 채권발행자의 동의도 없이 마음대로 부도위험을 평가해서 그것에 따라 프리미엄을 얹어 사고팔고 하는 것입니다.

여신 • 그렇다면 그것은 기본적으로 '무례한 금융상품' 이라고 불러야겠네. 금융회사가 채권발행자를 완전히 무시하고 제멋대로 평가하고 점수를 매긴다니 말일세. 피고인 없이 궐석재판을 하는 꼴 아닌가?

저자 • 저도 그 말씀에 동의합니다. 동시에 무분별한 증권화가 안고 있는 위험을 확대재생산하는 역할도 한 셈이죠.

여신 • 일종의 '폭탄 돌리기' 를 하는 셈이군. 그것이 폭탄인 줄도 모르고 말이야. 그런데 CDS 시장의 규모가 그렇게 커지는 동안에 인간들은 뭘 했나? 그냥 내버려두기만 했지?

저자 • 존귀하신 여신의 지적이 옳습니다. CDS는 거래당사자들끼리 장외에서 거래하는 것이다 보니 그에 대한 정보공시의 의무도 없었고, 규제나 감독 장치도 갖춰지지 않았습니다. 그 괴물이 마구 휘젓고 다니도록 방치한 셈이죠. 그러다가 주택금융 시장이 마비되고 관련자산이 부실화되자 CDS의 뇌관이 터지게 된 것입니다.

여신 • 결국 그렇게 창궐하게 된 갖가지 파생금융상품이 오늘날의 금융위기를 불러일으킨 직접적인 도화선이 된 셈이군.

저자 • 그렇다고 생각합니다. 그렇기 때문에 '투자의 현인' 이라고 불리는 워런 버핏도 파생금융상품을 가리켜 '대량파괴 금융무기(financial weapons of mass destruction)' 라고 하지 않았겠습니까?

여신 • 그런 대량파괴 무기가 폭발하기까지 각국의 감독기관이나 정부는 과연 무엇을 했는지 묻고 싶군. 그대가 보기에 제 역할을 했다고 생각하는가? 감독기관이나 정부가 제 역할을 다 했다면 그런 사태는 막을 수 있지 않았을까? 아무리 저금리니 뭐니 하면서 객관적인 여건을 이야기해도 그것은 사실 핑계에 불과하네. 사람들이 조금만 더 예지력을 발휘하고 조심했으면 지금과 같은 비극은 방지할 수 있지 않았을까?

저자 ● 그게 무슨 말씀인지요? 객관적인 여건이 그렇게 흘러갔다고 해도 필요한 안전장치를 해두거나 건실하게 경제를 이끌었다면 이렇게 큰 위기는 초래되지 않았을 것이라는 말씀인가요? 그것이 가능한 일입니까?

여신 ● 가능하다네. 예를 들어 1997년에 아시아 각국에 외환위기가 닥쳤을 때에도 대만은 아무 탈 없이 버텨냈네. 이번 금융위기의 와중에 미국이나 영국의 대형 은행들은 모두 방만하고 탐욕스런 경영의 대가를 치렀지만, 캐나다의 은행들은 아무런 상처도 입지 않았네. 이번 위기가 일어나기 직전까지만 해도 캐나다의 은행들은 소극적이라거나 선진기법을 받아들이지 않는다는 등의 비판을 받았지. 그러나 결국은 그것이 '정도경영' 이었음이 밝혀진 것이지.

1930년대에 대공황이 휩쓰는 가운데서도 모든 나라가 다 파시즘에 감염된 것은 아니었다네. 아무리 물살이 거세도 단 하나의 방어장치만이라도 든든하다면 얼마든지 위기를 이겨낼 수 있는 법이네. 이를테면 금융회사에 대한 감독만이라도 철저하게 이뤄졌다면 과연 이런 위기가 발생했을까? 아니면 주택담보대출에 대한 비율규제만이라도 충실하게 이뤄졌다면? 그동안 미국이 금융회사를 제대로 감독했던가? 오히려 멋대로 하도록 내버려두고 너무 자유롭게 해준 것 아닌가? 그대 의견을 묻고 싶네.

저자 ● 제가 보기에도 지난 10여 년 동안에 미국의 정부, 의회, 감독기관, 그리고 금융회사들은 모두가 무언가에 취해 있었던 것 같습니다. 금융회사들이 그렇게 취해 있어도 정부나 감독기관만이라도 깨어 있었더라면 문제가 발생하는 것을 막을 수 있었을 텐데, 함께 취해 있었던 거예요.

CDO 등 복잡한 파생금융상품을 규제하지 못했던 것은 감독기관이 미처 시장을 따라가지 못했기 때문이라고 이해해주고 싶기도 합니다. 하지만 기존에 있었던 규제마저 없애버렸으니 변명의 여지가 없지요.

그 대표적인 예로 미국 증권회사의 부채를 순자본의 15배 이내로 제한했던 레버리지 규제를 철폐한 것을 들 수 있습니다. 그 결과로 골드먼삭스 등 5대 투자은행의 레버리지가 자기자본의 30배 수준으로 치솟았습니다. JP모건체이스에 인수된 베어스턴스의 경우에는 레버리지가 자기자본의 33배에 이르렀다고 합니다. 파산한 리먼브라더스의 단기부채는 4천억 달러였습니다. 이는 총부채의 65%를 차지하는 수준인데, 이렇게 방만하게 하고도 파산하지 않으면 오히려 이상한 일이겠지요.

여신● 그렇듯 규제와 감독이 사실상 전무했다는 것은 모든 것을 시장에 맡기겠다는 것 아니었겠나? 말하자면 '시장맹신주의'이지.

저자● 그렇습니다. 규제를 최소화하고 모든 것을 시장에 맡긴다는 시장맹신주의가 미국을 지배했던 것 같습니다. 한 예로 상업은행이 일반적인 은행의 업무와 투자은행의 업무를 겸업하지 못하게 한 글래스스티걸법(Glass-Steagall Act)이 1994년에 폐기됐습니다. 이 법은 대공황이 한창이던 1930년대 초에 금융혼란의 재발을 막기 위해 제정됐지만, 결국은 시장맹신주의에 떠밀려 제거되고 만 것입니다. 그 결과로 보수적이고 건전해야 할 상업은행들까지 CDS 같은 파생금융상품의 거래에 뛰어들게 됐다고 볼 수 있습니다.

여신● 설령 그렇더라도 그런 거래의 내용이 시장에 제대로 알려지거나 회계장부에 정확하게 반영되기만 한다면 시장에서 어느 정도의 자율규제는 이루어질 수 있었을 텐데.

저자● 그런데 유감스럽게도 그렇게 되지 않았습니다. 대부분의 은행들은 파생상품 거래를 위한 별도의 특수목적회사를 설립하고 파생금융상품 자산을 그런 특수목적회사에 넘겨버렸습니다. 그래서 은행의 회계장부에는 파생금융상품 자산이 제대로 반영되지 않은 것이죠. 비유하자면 대량살상무기를 지하에 은닉해서 투자자들을 속인 겁니다.

여신● 그렇다면 결국 미국발 금융위기는 '인재(人災)'라고 하지 않을 수 없군 그래. 게다가 부동산의 가격상승이나 저금리로 인한 쾌속성장이 영원히 계속될 것이라는 '미망'에 사로잡혀 사리판단을 제대로 하지도 못했고. 자연도 그렇지만 인간사도 본질적으로 한때 오르다가도 언젠가는 내리게 되는 법인데, 이런 불변의 법칙도 까맣게 잊어버리고 말이야. 그 죗값을 지금 치르고 있는 셈이네. 이렇게 이야기하다보니 이번 금융위기의 기본구조가 잡히는군. 그렇다고 모든 것이 다 해명된 것 같지는 않고.

저자● 무엇을 더 살펴봐야 합니까?

여신● 이번 사태가 벌어지기까지 인간들이 제대로 대응을 했는지도 따져봐야 하지 않을까? 특히 초기에 말이야. 사람들이 하기에 따라서는 최악의 사태는 얼마든지 피할 수도 있지 않았을까? 지금까지 인간사에서 일어난 최악

의 사태들을 살펴보면 필요할 때 적절한 대응을 하지 않았기 때문에 악화
된 경우가 많네. 이를테면 10년간의 트로이전쟁 때 트로이가 최후의 패망
을 당하기 전에 전쟁을 평화롭게 끝내거나 전세를 뒤집을 기회가 여러 차
례 있었다네.

저자● 존귀하신 여신의 말씀에 동의합니다. 예를 들어 그리스로부터 납치해온
스파르타의 왕비 헬레네를 돌려주자는 의견이 트로이왕국에서 제기된 적
도 있었지만, 욕심 많은 파리스 왕자가 반대하는 바람에 무산된 것으로 저
도 알고 있습니다. 또한 트로이인들이 예언하는 무녀인 카산드라의 말을
경청했다면 그리스인들이 갖다놓은 목마를 성 안으로 끌고 들어가지 않았
을 것입니다. 그렇지만 트로이인들이 그럴 때마다 거꾸로 움직이는 바람에
비극적인 운명을 맞은 것이죠.

여신● 미국이 이번 서브프라임 모기지 사태가 표면화되던 초기에 과연 잘 대응
했다고 생각하나? 내가 보기에는 아닌 것 같은데.

저자● 제가 보기에도 미국의 초기대응은 어설프고 잘못된 것이 많았다고 생각
합니다. 2007년에 서브프라임 모기지 문제가 표면화되고 경기가 하강하기
시작할 때 미국 정부는 땜질처방만 내놓았습니다. 예컨대 미국 정부는
2007년 초에 세금환급을 비롯해 모두 1600억 달러 규모의 경기부양책을 발
표했습니다. 그것은 제가 보기에는 문제의 핵심과 상당히 어긋나는 대책이
었습니다. 시장에 구멍이 나기 시작했는데 그 구멍을 막을 생각은 하지 않
고 그저 돈만 퍼부으면 된다는 식의 고식적인 처방이었지요.

　서브프라임 모기지의 부실화 문제가 점차 수면 위로 떠오를 때에도 그

로 인한 손실의 규모가 크지 않을 것이라는 막연한 허구적 낙관주의에 미국인들이 홀려 있었습니다. 미국 정부는 그저 모기지 대출을 신중하게 하고 연체가 발생하지 않도록 유의하라고 금융회사들에 권고하는 것으로 할일을 다 했다는 식이었습니다. 의회가 모기지 채무의 차환과 그 원금의 일부 탕감을 허용하는 법을 만들려고 했을 때에도 미국 정부는 반대했습니다.

여신● 미국 정부가 사태의 심각성을 이해한 것은 한참 뒤였지?

저자● 그렇습니다. 아마도 2008년 3월에 베어스턴스 문제가 터졌을 때일 것입니다. 든든하다고 믿었던 대형 투자은행들 가운데 하나가 쓰러지는 찰나에 비로소 정신을 차린 것으로 생각됩니다. 그렇지만 사태를 완전하게 이해한 것은 아니었고, 그저 어렴풋이 깨달은 정도였죠.

여신● 베어스턴스 문제가 정리된 지 몇 달 뒤에 모기지 전문 금융기관인 패니메이와 프레디맥의 부실화가 겉으로 드러났는데, 그렇게 되기 전에는 미국 정부가 계속해서 무명(無明)의 상태에 머물러 있었던 것 아닌가?

저자● 그랬던 것 같습니다. 그 두 모기지 금융기관까지 도산위기에 처하게 되니까 비로소 미국 정부가 사태의 심각성을 인식하게 됐습니다. 그 전까지는 금리인하나 통화공급 확대와 같은 흔한 방법으로 문제가 해결될 것으로 생각했지만, 그런 방식으로 해결될 상황이 아님을 그때서야 알게 됐다는 것이죠. 무언가 근본적인 대책이 없으면 금융시장은 물론이고 경제 전체가 붕괴할 것이라는 점을 깨닫게 된 것입니다.

여신● 그러나 그때에도 미국 정부의 태도가 불확실했지. 미국 정부가 사태의 본질을 완전히 이해하게 된 것은 2008년 9월에 리먼브라더스가 파산에 이르러서였을 것이네.

저자●　그렇게 봐야 할 것 같습니다. 리먼브라더스가 파산한 뒤로 미국과 세계가 그야말로 대혼란에 빠져들었고, 미국 정부가 화들짝 놀라게 된 것이죠. 너무나 때늦은 개명(開明)이었다고 말하지 않을 수 없습니다.

여신●　그 뒤로 미국 정부는 시장의 붕괴를 막기 위해 그야말로 물불 가리지 않고 뛰어들었지. 결국은 호미로 막을 것을 막지 못하고 거대한 홍수를 당해 우왕좌왕하는 꼴이 되고만 거야.

저자●　그렇습니다. 우여곡절 끝에 2008년 10월 초에 제정된 긴급경제안정법(EESA)만 해도 그렇습니다. 7천억 달러의 구제금융 자금을 금융회사들에 퍼붓기로 했고, 예금보험의 한도 역시 10만 달러에서 25만 달러로 황급히 확대했죠.

여신●　2009년에 들어서야 미국 정부가 대형 은행들을 상대로 내성시험(스트레스 테스트)을 실시했다고 알고 있네. 만약에 베어스턴스가 위기에 처했던 2008년 3월에 그런 시험을 실시하고 필요하다면 부실채권 매입이나 공적자금 투입에 나설 자세를 취했다면 어떻게 됐을까? 적어도 급격한 위기확산은 막을 수 있지 않았을까?

저자●　저도 그렇게 생각합니다. 그러나 당시에 미국 정부는 베어스턴스를 JP모건체이스에 넘기고 그 과정에서 300억 달러의 공적자금을 집어넣는 것으로 끝내고 말았지요. 그때 다른 은행들의 상황도 전면적으로 점검해서 필요한 처방을 내렸더라면 하는 아쉬움이 저에게도 있습니다. 결국은 미국 정부가 사태를 너무 안이하게 생각했기 때문에 모든 기회를 다 놓치고 만 것이 아닌가 하는 생각이 듭니다.

여신● 세계 최강대국이라고 기고만장하던 미국이 정작 자신의 내부에서 파멸의 씨앗이 자라나는 것은 막지 못했군. 미국은 자신을 망쳤을 뿐만 아니라 선량한 다른 나라들까지 사지로 몰아넣고 말았어. 그대들 인류의 역사에서 교만과 어리석음이 이보다 더 심한 경우가 있었을까?

인간은 자신의 능력에 도취된 나머지 스스로 속는다.
— 니콜로 마키아벨리, 《군주론》

뿌리도 같고 부실도 나란히

저자● 　존귀하신 여신이여, 오늘은 닮은꼴에 관해서 이야기해보고 싶습니다.

여신● 　닮은꼴이라니? 그건 수학용어 아닌가? 고대 그리스의 수학자 에우클레이데스가 불후의 명저 《기하학 원론》의 제6권에 닮은꼴의 정의와 성질을 제시했지. 우리 신들은 그를 미워한다네. 신이 인간세계를 창조한 원리들을 그 책에서 너무 많이 드러냈거든. 말하자면 천기를 누설한 것이지. 그렇지만 동시에 그는 우리 신들로부터 존경도 받는다네. 천기를 연구하고 설명하기 위해 많은 노고를 기울였으니까. 게다가 그는 교만하지도 않았지.

저자● 　그렇습니다. 저도 그런 인류의 스승을 한없이 존경하고 있습니다. 저희가 학교에서 수학을 배우면서 익힌 닮은꼴 이론도 결국은 그런 스승들의 가르침에서 비롯된 것이에요. 그것은 단순히 하나의 수학이론에 불과한 것이 아니라고 생각합니다. 인간사에도 닮은꼴이 흔히 나타나거든요. 수학의 개념 가운데 '합동' 같은 것은 그야말로 이론이요 '이데아' 이지요. 인간사에서는 찾아볼 수 없는 것이니까요. 그렇지만 닮은꼴은 무수히 많이 존재합니다.

여신● 잘 봤네. 닮은꼴 개념만 제대로 이해하면 역사도 올바르게 이해할 수 있을 것이야. 과거의 업적과 과오를 철저하게 연구하면 현재 닮은꼴처럼 벌어지고 있는 일들을 제대로 이해할 수 있으니까.

저자● 동감입니다. 역사에서 크기와 형태만 달리한 채 되풀이되는 일은 너무나 많습니다. 그런데 시간적으로 과거의 사건과 현재의 사건 사이에서만이 아니라 공간적으로 현재 세계의 여러 곳에서 벌어지는 일들 사이에서도 닮은꼴을 어렵지 않게 발견할 수 있어요. 예를 들어 세계를 휩쓴 금융위기의 와중에서 특히 두 나라가 비슷한 모습을 보여 왔습니다.

여신● 미국과 영국을 말하느냐?

저자● 그렇습니다. 그 두 나라는 오랜 세월에 걸쳐 세계의 정치와 경제를 좌지우지해왔고, 최근에 일어난 금융위기의 씨앗도 함께 뿌렸습니다. 그리고 그로 인한 경기침체와 실업도 두 나라가 나란히 겪고 있고요.

자본주의 종주국인 영국은 2008년 9월에 금융위기가 본격화된 뒤로 마이너스 성장으로 미끄러졌습니다. 전분기 대비 성장률이 2008년 3분기의 −0.7%에 이어 4분기에도 −1.6%를 기록했습니다. 그 뒤 2009년 1분기에도 −1.9%로 나타났습니다. 3분기 연속 마이너스 성장인데다가 성장률 하락폭도 계속 커졌죠.

미국도 마찬가집니다. 2008년 3분기 −0.5%, 2008년 4분기 −1.0%에 이어 2009년 1분기 −1.6%로 마이너스 성장을 계속했지요. 미국이 3분기 연속 마이너스 성장률을 기록한 것은 1975년 이후 처음이라고 합니다.

여신● 　그 정도면 다른 나라들에 비해 그리 심각한 것은 아닌 것 같네. 2008년 4분기만 해도 전기 대비 성장률이 일본(−3.4%)이나 한국(−5.1%)보다 양호하지 않은가?

저자● 　그런 점에서 영국은 기대 이상으로 선방한 것 같기도 합니다. 그것이 저에게는 신기하게 여겨집니다. 위기의 '가해자' 보다 '피해자' 가 더 힘든 것을 보고 세상이 불공평하다는 느낌도 갖게 되고요.

여신● 　그것은 다른 나라들의 경우에는 금융위기가 실물경제로 급격하게 전이됐기 때문이 아닐까? 금융위기로 인해 각국의 실물경제가 큰 타격을 받았지. 그렇지만 실물경제보다 금융산업의 비중이 높은 영국은 금융산업을 최대한 보호했기에 금융위기가 실물경제로 전이되는 정도가 비교적 낮은 편이었네.

　영국 정부가 은행의 국유화나 부실자산에 대한 지급보증 등으로 금융산업을 지원해준 것을 그대도 알고 있지? 실물경제의 기업을 정부가 하나하나 지원하기는 어렵네. 이에 비해 금융회사의 경우는 예금자를 비롯한 일반 국민의 이해관계와 직접 연결돼있기 때문에 정부가 더 민감하게 반응하게 되고, 우선적으로 지원하지 않을 수 없네.

저자● 　그런 것 같군요. 그러다 보니 금융회사들은 경제가 호황일 때에는 그 과실을 거의 독식하고 불황 때 부실화되면 그 부담을 사회 전체에 떠넘기는 체질을 갖게 된 것이라고 이해하면 되겠지요? 금융회사들의 그런 체질을 감안하면 영국 경제가 '선방' 한 이유를 알 수 있을 것 같습니다. 그렇지만 영국 경제가 앞으로도 계속 그렇게 잘 버틸 수 있을까요?

여신● 　바로 거기에 문제가 있다네. 지금 영국의 금융회사들이 워낙 부실화돼있는데 그들을 구해내지 못하면 영국 경제 전체의 회생은 어렵다는 것이 정설이네. 이런 까닭에 경제협력개발기구(OECD)를 비롯한 주요 경제예측기관들이 2009년에 영국경제가 −4% 안팎의 성장에 그칠 것이라고 상당히 비관적으로 예측했지. 2010년에도 마이너스 성장을 면치 못할 것이라는 전망이고.

저자● 　그렇다면 영국으로서는 지금 무너진 금융회사들을 회생시키고 금융시장을 정상화하는 일이 무엇보다 시급하겠네요.

여신● 　그렇다고 봐야겠지. 영국은 2008년 9월에 금융위기가 본격화한 뒤로 온갖 수단을 다 쓰고 있지 않은가? 조금 전에도 말했지만 정부가 은행을 국유화하거나 지급보증을 해주는 방식으로 금융회사들에 막대한 규모의 구제금융 자금을 투입했다면서?

저자● 　예. 삼성경제연구소에서 정리한 자료를 보면 2008년 9월부터 2009년 3월까지 6165억 파운드의 구제금융 자금이 은행들에 투입됐다고 합니다. 그리고 스코틀랜드은행(RBS)과 로이드은행 등이 갖고 있는 부실자산에 대해서도 영국 정부가 보증을 서주었습니다. 영국 〈BBC〉 방송이 추계한 구제금융 규모는 모두 1조 2200억 파운드에 이릅니다.

여신● 　그렇다면 구제금융의 규모가 순전히 경기부양만을 위한 재정지출을 훨씬 상회하겠네.

저자● 　그렇습니다. 영국이 지금까지 내놓은 경기부양 대책의 규모는 2008년에 발표한 2000억 파운드 투입계획 외에는 사실상 없습니다. 2009년에 들어서 야 친환경 자동차를 구입하는 소비자에게 최대 2천 파운드까지 보조한다 는 계획이 추가로 나왔을 뿐이죠.

여신● 그것은 미국도 마찬가지일 것 같네.

저자● 미국도 금융회사들을 구제하는 데 어마어마한 자금을 투입하고 있습니 다. 수조 달러에 이르니까요. 이에 비해 순전히 경기부양만을 위한 지출은 1조 달러에도 미치지 않지요. 배보다 배꼽이 더 큰 셈입니다.

여신● 그런 점에서도 두 나라와 다른 나라들이 결정적으로 다른 것 같네. 중국 이나 일본, 그리고 그대의 나라인 한국은 모두 실물경제를 살리는 데 정부 의 지원을 집중하는 반면에 미국과 영국은 금융회사와 금융시스템을 지탱 하는 데 자원을 쏟아 붓고 있으니. 바로 이것이 이번 금융위기의 성격과 본 질을 드러내주는 것이 아닐까 하네.

저자● 그 말씀은 무슨 뜻이지요? 미국과 영국이 이번 금융위기를 일으킨 주범 이라는 뜻인가요?

여신● 내 입으로 그렇게 과격하게 이야기하고 싶지는 않네. 그리고 영국을 공 범으로 곧바로 단정하고 싶지도 않네. 누가 뭐라고 해도 이번 위기는 분명 히 미국에서 시작됐으니까. 조지 부시 전 미국 대통령도 "술에 취한 월가가 세계 전체를 술에 취하게 했다"고 말했잖아.

저자● 그 말씀은 영국이 이번 금융위기의 '공동정범'은 아니지만, 미국과 비슷 한 과정을 거쳐 위기의 발생에 기여한 '종범' 쯤은 된다는 뜻인가요?

여신● 그렇다고 봐야 하지 않겠나? 이번의 금융위기는 결국 미국과 영국 두 나

라의 금융산업이 비중이 큰 가운데 무질서하게 운영된 데서 기인한 것이라

고 할 수 있네.

저자●　　두 나라의 금융산업 비중이 크다는 것은 부인할 수 없는 사실이에요.
〈BBC〉 방송의 보도에 따르면 영국의 국내총생산(GDP) 가운데 금융서비
스산업의 비중이 3분의 1을 차지한다는군요. 세계의 주요 투자은행, 유럽
계 은행의 투자은행사업 부문, 전 세계 헤지펀드 등이 런던에 집결해 있고
요.

　　미국도 전 세계로부터 제조업 상품을 수입하기 때문에 제조업 분야는
만성적인 무역적자의 원인이 된 반면에 금융서비스산업은 성장을 거듭해
왔죠. 오죽하면 오바마 미국 대통령도 미국의 우수인력이 금융산업으로만
몰리면 안 되고 제조업에도 진출해야 한다고 강조했겠습니까?

　　자산이나 주식의 시가총액 면에서 상위에 올라 있는 은행들 가운데서도
미국과 영국의 은행이 압도적인 다수를 차지하고 있습니다. 다만 최근 들
어 중국의 은행들이 급격하게 부상하고 있을 뿐이죠.

여신●　　그런데 그 두 나라의 금융산업이 앞서거니 뒤서거니 하면서 금융위기 폭
풍을 만들어냈지?

저자●　　예. 주택담보대출의 부실화로 인해 미국과 영국의 투자은행과 상업은행
들이 휘청거리게 되면서 금융시장이 요동치게 된 겁니다. 미국 은행들의
무분별한 영업이 이번 위기의 가장 큰 원인이지만, 영국에서도 지난 수년
동안 모기지 대출이 크게 늘어났어요.

　　그 덕분에 모기지 대출을 많이 취급하는 영국의 은행들은 수익이 크게

늘어나 풍요의 세월을 구가했지요. 그러나 집값이 하락하면서 모기지 대출이 부실화됐고, 그에 따라 은행들이 막대한 손실을 입었습니다. 결국은 정부가 나서서 위기에 몰린 은행들을 구제할 수밖에 없었습니다. 그 결과로 노던록 등의 은행이 국유화됐고, 스코틀랜드은행도 사실상 국유화됐죠.

여신● 그 두 나라의 은행들은 거의 언제나 세계의 정상 자리를 차지하고 있었고, 금융기법에서도 늘 '첨단'에서 선도해오지 않았나? 다시 말해 금융에 관한 한 미국과 영국이 전 세계에서 가장 '선진화' 돼 있었다는 이야기이지. 제조업 생산의 기반은 약한데 금융이 그렇게 강해지면서 각종의 부채도 함께 급증했고.

저자● 맞습니다. 두 나라 은행들은 특히 저금리와 주택붐을 이용해 최대한 많은 고객을 끌어들이면서 국민들을 빚쟁이로 만들었습니다. 한국과 달리 그 두 나라에는 집값 대비 주택담보대출의 비율에 대한 제한도 없었어요. 그 결과로 2007년에 미국의 모기지 대출은 약 10조 달러를 헤아렸고, 영국의 모기지 대출은 5500억 파운드에 이르렀습니다.

뿐만 아니라 금융회사들 스스로도 빚더미에 올라앉았습니다. 미국과 영국의 투자은행이나 시중은행의 부채비율을 보면 자기자본 대비 30배는 보통이고 40배 넘는 경우도 허다합니다. 그 은행들의 부채규모를 보면 정말로 아찔합니다. 2009년 초 현재 영국의 은행들이 안고 있는 부채는 7조 9000억 파운드를 넘는다고 합니다. 이는 2008년도 영국의 국내총생산에 비해 5.5배나 되는 규모입니다. 스코틀랜드은행 하나의 부채만 해도 1조

8000억 파운드를 웃돌아 영국의 GDP를 상회합니다.

여신●   왜 그렇게까지 부채가 많아졌을까? 규제가 없어서였나?

저자●   규제가 없으니 그렇게 된 것입니다. 미국의 경우에는 투자은행의 자기 자본 대비 레버리지 비율에 대한 규제가 1990년대 초에 없어졌습니다. 게다가 미국과 영국의 금융회사들은 갖가지 '첨단' 금융상품의 개발을 선도했는데, 그런 금융상품의 거래에 대해 아무런 제한도 받지 않았습니다. 파생상품 거래에 대한 감독도 거의 없었고요. 그들이 만들어낸 파생금융상품은 전 세계를 거품과 안개로 뒤덮고 각국의 투자자들을 현혹시켰습니다. 금융산업이 주도해온 두 나라의 경제성장은 견고한 제조업을 기반으로 한 프랑스와 독일 등 다른 나라들의 경제성장과는 달라도 엄청 달랐던 것입니다.

여신●   '영미식 자본주의' 니 '앵글로색슨 자본주의' 니 하는 말도 그래서 생겨난 것이겠군. 이번 금융위기에 대해 영미식 자본주의의 실패라고 조롱하는 말이 나오는 것도 당연하다고 봐야겠네. 아무튼 두 나라의 경제외형은 그 덕분에 크게 부풀어 오르지 않았나?

저자●   물론 그렇지요. 영국의 경우 1993년에서 2007년 사이에 경제가 연평균 3% 성장했습니다. 프랑스, 독일, 이탈리아를 제치고 서유럽 국가 중에서 가장 높은 성장률을 달성한 것이지요. 미국의 성장률은 연평균 3.1%로, 영국보다도 높았습니다.

여신●   그렇게 빠른 성장이 결국은 '거품' 에 의한 것이었다는 말이로군.

저자●   그런 셈입니다. 2009년의 영국 경제의 전망에 대해서는 앞에서 말씀드렸고, 미국도 2009년에는 마이너스 성장을 면치 못할 것이라는 예측이 지배적입니다. IMF에서는 2009년에 미국의 경제성장률이 −2.5%가 될 것으로 전망했습니다. 2010년이 되면 회복될 가능성이 있다고 하지만, 그것은 가봐야 아는 것이지요.

미국과 영국 두 나라는 만성적인 국제수지 적자 국가라는 점에서도 비슷합니다. 2007년에 영국의 경상수지 적자는 395억 파운드로 국내총생산의 2.8%였습니다. 미국은 더 심해서 그해 경상수지 적자가 7313억 달러로 국내총생산의 5.3%에 이르렀고요. 경상수지 적자 규모가 5년 연속 증가한 것입니다. 그러다가 2008년에는 금융위기의 영향으로 미국의 경상수지 적자가 6733억 달러로 줄어들고, 국내총생산에 대한 경상수지 적자의 비율도 4.7%로 다소 낮아졌습니다.

여신● 그렇다면 두 나라의 실업률도 당연히 높겠군?

저자● 그렇습니다. 전 세계가 실업증가의 고통을 겪고 있지만, 특히 미국과 영국은 금융위기가 본격화된 뒤로 실업자가 가파르게 늘어나고 있어 더 힘든 상황인 것 같습니다. 2009년 6월에 미국의 실업률은 26년 만에 가장 높은 9.5%까지 치솟았고, 영국의 실업률도 같은 해 3~5월에 7.6%로 나타나 14년 만에 가장 높았습니다.

또한 숫자상으로는 잘 나타나지 않지만, 실직하지 않은 사람들도 근로시간과 급여가 크게 줄어들어 힘든 나날을 보내고 있다고 합니다. 미국의 한 신문은 요즘 미국 노동자들이 1930년대 대공황 이후 가장 고단한 삶을 살아가고 있다고 썼더군요.

여신●   그대의 설명을 들으니 지금 두 나라의 모습이 정말로 닮았네그려. 17세
기 영국의 한 시인이 읊은 그대로야.

    오, 슬픈 결과는 너무도 닮았구나.
    — 존 밀턴, 《실락원》

저자●   정말로 그렇습니다. 두 나라의 닮은꼴은 여기서 그치는 것이 아닙니다.
외국자금을 끌어들여 대규모 국제수지 적자를 메워왔다는 점도 비슷합니
다. 미국은 아시다시피 해마다 재무부증권을 대규모로 발행해 판매하고 있
지요. 그리고 그것을 한국, 중국, 일본 등 국제수지 흑자 국가들이 매입해주
고 있고요. 영국도 2007년까지는 외국인투자가 활발했습니다. 2007년 한
해 동안 영국에 대한 외국인투자는 직접투자와 주식 및 채권 투자 등을 모
두 합쳐 1조 달러를 넘었으니까요.

여신●   그런데 영국이나 미국의 입장에서는 동아시아 국가나 석유수출국들이
거액의 국제수지 흑자를 내고 자신들은 그런 나라들의 자금에 의존하고 있
다는 점에 대해 불만이 많은 것 같던데.

저자●   저도 그렇게 알고 있습니다. 그들에게는 그런 현상이 '불균형' 으로 보이
는 모양입니다. 최근에 그 두 나라의 정부당국과 고위인사들이 그 점에 대
해 문제제기를 많이 하고 있습니다. 예를 들어 영국의 금융감독청(FSA)이
내놓은 〈터너 보고서(Turner Review)〉는 그와 같은 '불균형' 을 이번 금융
위기의 주된 원인으로 꼽았습니다.

여신 • 그런 주장이 과히 틀린 것 같지는 않네. 그렇지만 그런 '불균형'이 있었기 때문에 그동안 미국과 영국이 낮은 물가와 낮은 금리를 오랫동안 누릴 수 있었다고 봐야지. 그 덕분에 두 나라의 국민들은 마음껏 소비생활을 즐겼고. 그런데 미국과 영국 두 나라가 언제부터 짝짜꿍이 됐지?

저자 • 대체로 1980년대부터 두 나라의 경제운용 방식이 두드러지게 비슷해지지 않았나 생각합니다. 당시에 로널드 레이건 대통령과 마거릿 새처 총리가 각각 이끈 두 나라의 정부가 똑같이 스스로 '작은 정부'가 되겠다면서 시장에 최대한의 자유를 주는 것을 원칙으로 삼았지요. 특히 영국은 그 뒤로 제조업보다 금융산업을 육성하는 데 더욱 힘을 기울이기 시작했던 것으로 기억합니다. 다만 미국에는 제너럴모터스, 제너럴일렉트릭, 보잉 같은 대형 제조업체들이 있는 데 비해 영국에는 대형 제조업체가 별로 없다는 점이 다르다고 할까요.

여신 • 요컨대 두 나라는 20년 이상 기업과 시장에 최대한 자유를 주는 식으로 경제를 이끌어오면서 제조업보다는 금융산업을 발전시켰고, 그래서 금융산업이 두 나라의 경제성장을 이끌었다는 말이지? 그렇다면 '앵글로색슨 자본주의'라는 것의 핵심 가운데 하나는 제조업에 비해 금융산업이 비대해진 것이라고 할 수 있겠군.

저자 • 그런 것 같습니다. 두 나라 사이에는 그것 말고도 비슷한 점이 많이 있습니다. 원천적으로 두 나라의 주류세력은 같은 말을 쓰는 같은 종족이지요. 아무래도 정서적으로 잘 통한다고 봐야겠지요. 그리고 20세기 내내 중요한 문제에서 언제나 함께 움직였죠. 1차 세계대전과 2차 세계대전에서 나란히 연합국으로 참전했고, 2차 세계대전이 끝나면서 성립한 이른바 브레턴우즈 체제라는 것도 두 나라 지식인들의 머리에서 나온 것입니다. 국제 석유시장을 지배하는 석유 메이저들도 앵글로색슨족이 사실상 지배해 왔지요.

그래서 와스프(WASP, '백인이자 앵글로색슨족인 개신교도'를 줄인 말)라는 조어도 생겨났습니다. 21세기에 들어와서는 이라크를 침공할 때 두 나라가 서로에게 '맹방' 노릇을 톡톡히 했고요. 지금도 두 나라는 서로를 가장 믿을 만한 동맹국이라고 생각하고 있습니다.

여신● 그렇다면 두 나라가 경제적으로도 비슷한 철학과 원리를 지향한다는 것이 무리는 아니겠군. 두 나라가 최근의 위기에 대처하는 과정이나 그 결과도 서로 닮은 것 같지 않나?

저자● 저도 그렇게 느끼고 있습니다. 두 나라 모두 막대한 공적자금을 투입하다 보니 재정적자가 크게 늘어나고 있지요. 영국의 재정적자는 2007년만 해도 390억 파운드로 GDP의 2.8%에 불과했습니다. 그런데 2008년에는 610억 파운드로 GDP의 4.6%로 늘어났습니다. 2009년에 들어서도 재정적자는 계속 증가하고 있어요. 2010년에는 GDP 대비 재정적자의 비율이 11%까지 높아질 것이라는 전망도 나오고 있습니다.

그런가 하면 미국도 2009회계연도가 시작한 지 9개월 만에 재정적자가 무려 1조 달러를 넘어섰습니다. 2008년의 연간 재정적자에 비

미국의 재정적자 (단위: 억 달러)	
연도	적자액
2004	4120
2005	3186
2006	2482
2007	1628
2008	4550
2009	1조8000(추정)

자료: 한국은행

해 2배를 넘어선 것이죠. 미국의 재정적자는 그야말로 기하급수적으로 늘어나고 있습니다.

여신● 그러한 재정적자는 결국 구제금융, 실물경기 부양, 실업자 구제 등을 위해 투입되는 것이니 지금으로서는 불가피하다고 봐야겠네. 그런데 그렇게 빠른 속도로 재정적자가 늘어나면 영국이 견딜 수 있을까? 미국은 달러화가 기축통화라는 이점을 누리고 있지만, 영국은 그런 이점을 누리는 입장도 아니잖아?

저자● 사실 그것이 문제라는 지적이 적지 않습니다. 그래서 영국의 파운드화가 2009년에 약세를 면치 못했고요. 급증하는 재정적자로 인해 영국이 또다시 국제통화기금의 구제금융을 받게 될 것이라는 관측도 심심치 않게 나오고 있어요. 영국은 1976년에 국제통화기금의 구제금융을 받은 바 있는데 또다시 국제통화기금에 손을 벌릴지도 모른다는 것이죠.

서유럽 국가들 가운데 영국과 북해에 떠 있는 섬나라인 아이슬란드 외에는 국제통화기금의 구제금융을 받은 나라가 아직 없습니다. 그래서 영국의 수도인 런던을 가리켜 '템스 강의 아이슬란드(Iceland on Thames)' 라고 조롱하는 이야기도 나돈다고 합니다. 아무튼 '영국발 금융위기' 의 가능성이 또 다른 현안이 된 것이 사실입니다.

여신● 실제로 그렇게 되면 자본주의 종주국으로서 또 하나의 치욕이겠네?

저자● 물론 영국의 정부 당국자들은 그렇게 되지 않을 것이라고 큰소리치고 있습니다. 저도 그렇게 되지는 않을 것이라고 생각합니다. 그래도 영국은 자본주의 종주국으로서 세계 5위의 경제규모를 갖고 있고, '해가 지지 않는 나라' 라는 자존심도 있으니까요.

여신● 　그러나 자존심이 밥을 먹여주는 것은 아니지. 한때 지중해 일대를 제패했던 로마제국이나 중동을 지배했던 페르시아제국이나 찬란했던 영광을 결국은 잃고 말았잖아? 그런 영광도 어찌 보면 물거품 같은 것이라고 할 수 있네.

　　설사 영국이 그대의 말대로 구제금융을 받지 않는다고 해도 문제가 풀리는 것은 아니야. 국민경제가 거덜나고 시민들의 생활이 힘들어진다면, '해가 지지 않는 나라' 라는 자존심이 무슨 의미가 있겠나?

저자● 　제가 생각하기에도 구제금융을 신청하든 신청하지 않든 영국 경제는 종전과 같은 번영을 계속 누리기가 어려울 것 같습니다. 작게 보면 영국 경제가 위축되고 있고, 크게 보면 '영미식 자본주의' 가 종언을 고하고 있다고 볼 수 있지 않을까 합니다.

여신● 　그렇지. 그대가 말한 대로 영미식 자본주의는 금융부문의 불투명하고 무질서한 비대화를 통해 번영을 이어왔지만, 이제는 그런 번영이 종말에 이르고 있는 것이지. 금융으로 흥하다가 금융 때문에 흔들리게 된 양상일세. 성서에 이런 말이 있지 않나. "칼로 일어선 자는 칼로 망하리라." 그런데 두 나라 사이에 차이점은 없나?

저자● 　다른 점도 있지요. 부실은행을 처리하는 방식이 조금 다른 것 같습니다. 영국은 부실은행을 과감하게 국유화하는 반면에 미국은 부실은행의 국유화를 애써 피하려고 합니다. 그렇지만 이런 차이는 전체적으로 보면 사소한 차이라고 해도 좋을 것 같습니다.

여신● 　그런 것 같군. 금융뿐만 아니라 사회와 경제 등 모든 분야에 걸쳐 영미식 자본주의가 전 세계에 큰 영향을 끼쳐오지 않았나. 영국과 미국은 민영화, 주주 우선주의, 규제 철폐, 해고의 자유, 자본시장의 전면개방 같은 것을 여러 나라에 요구하고 관철시켜왔지. 한동안은 그 두 나라가 거침없이 성장하는 것 같으니까 모든 나라가 마뜩찮아 하면서도 그런 요구를 받아들일 수밖에 없었고. 그러나 이제는 그런 허세의 실체가 대체로 노출되고 말았네.

저자● 　두 나라의 모습을 보니 17세기 프랑스의 철학자 파스칼의 말이 참으로 절실하게 다가옵니다.

　　　너무 많은 자유를 갖는 것은 좋은 일이 못된다.
　　　필요한 것을 모두 갖는 것도 좋은 일이 못된다.
　　　― 파스칼, 《팡세》

여신● 　그런데 미국과 영국 두 나라 모두 금융위기가 발생한 뒤로 스스로를 부정하는 것 같지 않은가? 두 나라가 영미식 자본주의의 핵심가치를 앞장서서 폐기하고 있는 것을 보고 하는 말일세.

저자● 　존귀하신 여신께서 옳게 보신 것 같습니다. 두 나라는 은행의 국유화나 대기업에 대한 공적자금 지원 등을 그 어느 나라보다도 먼저, 그리고 대규모로 하고 있어요. 지금까지 다른 나라에게 하지 말라고 요구하던 것을 자신들이 먼저 하고 있으니, 이보다 더한 아이러니는 세상에 없을 것입니다.

여신● 　프랑스와 독일 같은 나라는 지금까지 영미식 자본주의와는 다소 다른 길을 걸어왔고, 최근까지는 그들을 실패한 모델로 간주하는 시각도 있었지. 그렇지만 이제는 그런 시각이 힘을 잃게 되겠군.

저자● 　그렇게 되겠지요. 요즘은 정반대로 흘러가고 있으니까요. 미국과 영국의 경제는 심각하게 후퇴한 데 비해 프랑스의 경제는 상대적으로 덜 위축됐습니다. 자크 시라크 전 대통령과 니콜라이 사르코지 현 대통령, 그리고 대표적인 지식인 가운데 한 사람인 자크 아탈리 등 프랑스의 유력인사들이 이구동성으로 영미식 자본주의를 비판했습니다.

　　주요 20개국(G20) 정상회의를 앞두고 미국이 경기부양을 위한 재정지출 확대를 강력히 요구했지만 독일과 프랑스가 계속 거부한 데는 바로 이런 배경이 있었던 것으로 알고 있습니다. 독일과 프랑스의 지도자들은 요즘도 영미식과는 다른 '사회적 시장경제' 를 해야 한다고 부르짖고 있어요. 아무튼 요즘 독일과 프랑스 두 나라의 '주가' 가 상당히 올라가고 있는 것 같습니다.

여신● 　나도 그렇게 들었네. 그리고 미국에서 새로 대통령이 된 오바마가 이제는 미국도 다른 경제질서를 구축해야 한다고 생각하는 것 같네. 예전처럼 빚을 내어 소비를 많이 하고 금융산업은 비대한데 제조업은 허약한 경제를 버리고 미국 자본주의의 틀을 새롭게 구축해보겠다는 것이지. 금융감독체계나 의료보험체제 등을 개혁하겠다고 나선 것도 그런 의도에서 비롯된 행동일 테고.

저자● 　미국이 이제야 정신을 차린 걸까요?

여신● 　정신을 차렸다기보다는 그렇게라도 하지 않으면 미국 경제가 앞날의 번
영은커녕 당장 결딴날지도 모를 만큼 힘겨우니까 그렇겠지.

저자● 　그런데 앞으로 영미식 자본주의나 미국의 힘이 위축될까요?

여신● 　세계의 역사를 길게 보면, 그대도 알겠지만, 한때 흥하고 무소불위의 권
력을 자랑하던 나라들도 결국은 다 퇴장하고 말았네. 고대의 로마제국이나
페르시아제국, 한나라와 당나라 같은 중화제국, 그리고 칭기즈칸의 몽골제
국 등이 모두 지금은 역사서 속에만 남아있네. 대영제국도 약해졌지만 세
계 곳곳에 앵글로색슨 국가를 만들어놓았다는 점이 다를 뿐이지. 강대국이
결국은 쇠퇴하는 것은 나라가 비대해지는 만큼 자체 내의 허점과 약점도
커지기 때문이라네. 이런 점에서 미국도 쇠퇴할 운명을 맞을 가능성이 없
지 않다고 봐야겠지.

저자● 　그렇다면 이번 금융위기가 그 기폭제가 될까요?

여신● 　그것은 알 수 없는 일이네. 그렇게 큰 나라가 이런 일로 곧바로 패망할
것이라고 단정하기는 어렵네. 그렇지만 분명히 과거와 같은 위세를 홀로
누리기는 점점 더 어려워질 것으로 보이네. 바깥으로는 중국, 인도, 브라질
등 신흥국가들의 정치적, 경제적 힘이 점점 더 커져가고 있고, 안으로는 재
정적자와 위축된 제조업 등이 미국의 발목을 잡고 있지 않은가. 게다가 위
기를 수습하는 과정에서 뿌려진 많은 돈이 앞으로 인플레이션을 야기해 미
국 사회를 혼돈으로 몰아넣을 가능성도 배제할 수 없네.

저자● 　그렇게 된다면 최악의 경우 미국이 사회적 갈등을 겪다가 계엄령까지
선포되고 더 나아가 몇 개로 분열될 것이라는 시나리오까지 나오고 있습니

다.[*]

결국 미국의 약화는 외부요인보다는 미국 자신의 내부 경제문제에서 비롯될 것이라고 봐야겠지요?

여신● 미국의 안보책임자도 미국의 안보에 가장 큰 위협은 경제위기라고 말한 바 있지 않나. 제대로 짚은 것이네. 미국이 군사력을 아무리 강화하고 테러를 막기 위해 온갖 방비를 한다고 해도 내부의 불안요인을 해결하지 못하면 아무 소용없는 일이네. 마키아벨리도 성을 아무리 튼튼하게 쌓아도 나라의 안전을 지킬 수 없다고 지적한 바 있지. 그것은 지금도 적용되는 진리라네.

저자● 그렇다면 미국이 자체의 경제문제를 현명하게 해결하고 사회적 균열요인을 제거하는 것이 안보의 지름길이자 강대국으로서의 위신을 지킬 수 있는 방법이라고 할 수 있겠군요.

여신● 바로 그것이네. 비록 이번 위기로 미국의 힘이 약해지고, 길게 볼 때 쇠락의 길로 들어선다고 할지라도 노력하기에 따라서는 그 길에서 얼마든지 벗어날 수 있을 걸세. 그렇게 되려면 미국이 지금까지와 같은 자유방임주의 경제를 더는 고집해서는 안 될 것이네.

저자● 존귀하신 여신의 지적에 전적으로 공감을 표하는 바입니다.

여신● 그렇지만 그대의 나라인 한국은 아직도 영미식 자본주의를 무비판적으

---

[*] 러시아 외교관학교 학장인 이고르 파나린은 최근에 강연 등을 통해 미국의 오바마 대통령이 2009년에 계엄령을 선포하고, 2010년에는 미국이 6개로 분할될 것이라고 예언했다. (⟨AP⟩, 2009년 3월 4일)

로 추종하고 있지 않은가? 그대의 나라도 이번의 세계 금융위기를 계기로 그동안 걸어온 길을 다시 한 번 차분히 돌아보기를 바라네. 충고하건대, 미국 같은 선진국으로부터 배울 것은 배우되 선진국이라고 해서 맹목적으로 따라가지는 말아야 하네.

추락하는 은행들

저자● 　존귀하신 여신이여, 오늘은 허무함에 관해서 이야기해보고 싶습니다.

여신● 　갑자기 웬 허무인가? 혹시 미국이나 영국의 은행들이 놓인 처지를 보고

하는 말인가?

저자● 　어찌 그렇게 저의 말뜻을 잘 알아들으십니까? 저는 단지 허무라는 말만

꺼냈을 뿐인데.

여신● 　그대와 내가 금융위기를 함께 이야기하면서 가장 허무하게 느껴지는 것

이라면 대형 은행들의 추락 외에 무엇이겠는가? 그야말로 전 세계의 '금융

제왕'으로 군림해오던 은행들이 몰락했는데, 그것을 보고 어찌 허무함을

느끼지 않을 수 있다는 말인가?

저자● 　신도 허무함을 느끼는군요. 사실 그대로입니다. 158년의 역사를 지닌 투

자은행 리먼브라더스가 한순간에 무너져 내리면서 미국의 역사상 최대 규

모의 파산이라는 기록을 남겼으니까요. 중세 이탈리아의 시성 단테가 남긴

말 그대로입니다.

아아, 인간능력의 영광은 허무한 것이어라!
푸르름이 남아있는 동안은 아주 잠깐뿐이다.
— 단테,《신곡》

리먼브라더스처럼 파산하지는 않은 은행들도 처지가 나을 게 없습니다. JP모건체이스, 아메리카은행(BOA), 시티그룹, 골드먼삭스 등 미국의 거대 은행들이 모두 정부로부터 구제금융을 받아 연명하게 됐으니까요. 사실 이 들 은행은 해마다 막대한 이익을 내고 최고경영자(CEO)를 비롯한 임직원 들이 거액의 보너스를 받아가곤 했지요. 예를 들어 골드먼삭스는 2006년에 월가의 역사상 최고의 실적인 94억 달러의 이익을 냈습니다. 그해에 최고 경영자인 로이드 블랭크페인은 5340억 달러를 회사로부터 받았고요. 그때 와 비교하면 제행무상(諸行無常)의 진리를 새삼 느끼지 않을 수 없습니다.

여신● 그 대형은행들은 모두 풍전등화 신세로 전락해서 제각기 혼자만 살아보 겠다고 발버둥 쳤고, 그러다 보니 금융시장은 극도의 불신과 공포로 뒤덮 였지. 그런 모습을 보고 일반 시민들도 이 세계의 모든 자산과 부가 잿더미 로 변하지 않을까 하는 공포에 떨었지. 그래서 각국은 그런 은행들의 도산 을 막아 금융시장 붕괴를 방지하기 위해 안간힘을 썼고. 그때 각국의 정책 당국자들과 일반 시민들의 일그러졌던 표정이 지금도 눈에 선하네.

저자● 저도 그렇습니다. 위기에 몰린 은행들에 대한 지원에 가장 적극적으로 나선 것은 미국 정부였지요. 2008년 9월 15일에 리먼브라더스가 파산한 뒤로 은행을 비롯해 금융회사가 집단도산의 위기에 몰리자 미국 정부가 갖가지 형태로 지원을 퍼부었습니다. 아메리칸보험(AIG)에 대해서는 리먼브라더스의 파산을 전후해 850억 달러를 우선주 인수 형태로 지원한 것을 비롯해 2009년 3월까지 4차례에 걸쳐 모두 1825억 달러를 지원했습니다. 이 문제는 워낙 복잡하고 시끄러운 것이니 존귀하신 여신과 나중에 따로 이야기하겠습니다.

이 자리에서는 우선 상업은행과 모기지 회사에 대한 지원 문제를 이야기해보고자 합니다. 리먼브라더스가 파산한 직후에 미국 금융시장이 붕괴위기에 몰리자 미국 정부는 긴급경제안정법(EESA)을 만들었고, 이것을 근거로 금융기관의 부실자산 정리와 자본 확충 등 구조조정을 위한 기금(TARP)을 조성했죠.

미국 정부는 이 기금으로 은행들의 우선주를 사들이는 방식으로 2500억 달러를 투입합니다. 2008년 3월에 투자은행 베어스턴스를 인수한 JP모건체이스, 그해 9월에 메릴린치를 인수한 아메리카은행(BOA), 모기지금융 전문 회사인 와코비아를 인수한 웰스파고, 그리고 시티그룹에 각각 250억 달러씩 주입하는 등 대형은행 9개에 모두 1250억 달러를 집어넣었습니다. 투자은행인 골드먼삭스와 모건스탠리도 은행지주회사로 전환하면서까지 각각 100억 달러를 받았죠. 그리고 중소형 은행들에도 1250억 달러가 들어갔습니다. 이때 투입된 2500억 달러는 미국 은행들 전체의 자기자본에 비해 20%에 이를 만큼 큰 규모였다고 합니다.

여신● 　그렇게 했는데도 은행들이 회생의 실마리를 찾지 못했지?

저자● 　그렇습니다. 특히 시티그룹과 아메리카은행이 가장 큰 골칫거리였죠. 그래서 이들 두 은행에는 나중에 200억 달러씩 더 들어갔습니다. 그러니까 두 은행은 각각 450억 달러를 정부로부터 받은 것이죠.

여신● 　그런데 은행들에 지원된 것이 그것 말고 더 있잖아? 이를테면 수천 억 달러의 지급보증이 제공되지 않았나?

저자● 　그런 것까지 다 알고 계시는군요. 사실입니다. 시티그룹이 갖고 있던 3천여 억 달러의 부실자산으로 인한 손실에 대해 미국의 재무부, 연방준비제도이사회, 연방예금보험공사가 공동으로 지급보증을 떠맡기로 했습니다. 대단한 시티그룹이죠? 아메리카은행에도 1180억 달러가량의 지급보증이 추가로 지원됐습니다.

여신● 　사람이나 기업이나 화려한 시절만 있는 것이 아니고 언제든 그렇게 불우한 처지로 전락할 수 있는 법이네. 그 옛날에 재산이 많다고 자랑했던 리디아의 크로이소스 왕도 페르시아와의 전쟁에서 져서 사형당하기 직전까지 몰리지 않았던가? 세상의 이치란 다 그런 법이네.

저자● 　그런 것 같습니다. 시티그룹이라면 한국에서도 비교적 널리 알려진 은행이죠. 한국의 경제개발 초기단계에서부터 나름대로 큰 역할을 한 것으로 알고 있습니다. 몇 년 전에는 한미은행을 인수해서 지금은 지점망도 제법 갖춰놓고 있지요. 그러던 시티은행이 이렇게 구제금융까지 받는 처지로 몰릴 지 누가 알았겠습니까?

　더욱이 시티그룹과 아메리카은행은 정부가 지급보증까지 서주었는데도 자력회생의 실마리를 찾지 못했습니다. 주가는 한때 현금인출기에서 돈을 인출할 때의 수수료에도 미치지 못할 만큼 떨어졌고요. 미국의 은행들이 그런 상태가 되니 일부 전문가나 언론에서는 그들을 가리켜 '좀비(zombie)은행'이라고 부르기도 했죠. 걸어 다니는 시체 같다는 말이죠. 그래서 두 은행을 일시적으로나마 국유화해야 한다는 주장도 폭넓게 제기됐었죠.

여신● 그 문제를 둘러싸고 미국의 조야에서 많은 논란이 벌어졌던 것을 나도 기억하네. 미국이라는 나라이니 당연히 반대론이 우세했지. 정부 당국자들도 마찬가지였고. 그렇지만 결국은 시티그룹이 사실상 국유화됐지?

저자● 그렇습니다. 미국 정부가 처음에 250억 달러를 투입하며 사들인 우선주가 보통주로 전환됐으니까요. 그래서 미국 정부의 지분이 36%로 커졌습니다. 정부가 최대주주로서의 권한을 행사할 수 있는 지분을 갖게 된 것이죠. 그렇지만 미국 정부는 시티그룹의 몇몇 이사만 교체했고, 최고경영자는 바꾸지 않고 그대로 놔뒀습니다.

여신● 그야 국영은행이 됐다는 인상을 가급적 주지 않기 위해서였겠지. 그런데 사실상 국유화된 시티그룹만 부실화된 것은 아니었지 않은가? 지방의 중소 은행들을 포함해 미국의 은행산업 전체가 무너질 위기에 봉착했던 것 아니었나?

저자● 맞습니다. 미국의 연방예금보험공사(FDIC)가 집계한 바로는 2009년 1분기에 부실화된 상태에 놓인 은행이 305개에 이르렀습니

미국 10개 은행의 자본확충 소요규모 (단위: 억 달러)	
BOA	339
Citi	55
Fifth	11
GMAC	115
Key Corp	18
Morgan	18
PNC	6
Regions	25
Sun	22
Well Fargo	137

자료: FRB

다. 이는 1994년 이후 가장 많은 숫자입니다. 그 가운데 7월 11일 현재 57개 은행이 문을 닫았지요. 문을 닫은 은행이 2007년에 3개, 2008년에 25개였는데, 2009년에 들어서는 벌써 이전 2년 동안 문을 닫은 은행의 2배를 웃돌게 된 것입니다. 이 때문에 연방예금보험공사의 보험기금도 2007년 말에 524억 달러였던 것이 130억 달러로 급격히 감소했다고 합니다.

여신●   그렇게 은행들의 상태가 전반적으로 악화되니까 오바마 행정부가 출범하자마자 은행들에 대해 내성시험(스트레스 테스트)을 했다고 들었네.

저자●   그렇습니다. 은행들의 생존능력을 진단하고 필요한 처방을 찾아내기 위한 것이었죠. 대상은 총자산 1000억 달러 이상의 은행 19개였습니다. 그 결과 진단대상 은행들의 위험가중 자산이 7조 8천억 달러를 넘는 것으로 추산됐습니다. 그리고 앞으로 2년 동안 총 5992억 달러의 손실이 발생할 것이라는 추정도 나왔습니다.

여신●   그렇다면 은행들이 생존하려면 우선 자본부터 대폭 늘리지 않으면 안 되겠네?

저자●   그렇습니다. 미국의 재무부와 연준은 이번 내성시험의 결과를 바탕으로 아메리카은행이나 시티그룹을 비롯해 10개 은행에 모두 746억 달러의 자본확충을 요구했습니다. 이는 애초 예상됐던 규모보다는 적다는 평가가 지배적입니다. 막판에 각 은행이 의무적으로 자본확충을 해야 하는 규모를 줄이기 위해 로비를 벌였다는 이야기도 들려오고요.

여신●   그래 좋아. 당장 신인도가 급격하게 저하되는 것을 방지하기 위해서 조금이라도 자본확충 규모를 줄여보려고 한 것은 내가 이해해줄 수 있네. 그렇지만 그렇게 줄인 금액이나마 제대로 마련할 수 있는지, 그리고 그렇게 자본확충을 한 뒤에는 확실하게 회생할 수 있는지가 문제일세. 한 가지 더 보태자면, 나머지 9개 은행은 앞으로 아무 탈 없이 잘 견뎌낼 수 있는지도 궁금하고.

저자● 미국 재무부는 2009년 11월까지 자본확충을 마무리하라고 요구했습니다. 자본확충을 권고받은 은행들은 각기 유상증자, 주식매각, 계열사를 비롯한 보유자산 처분 등 구체적인 방안을 추진하고 있습니다.

여신● 그것은 당연하고도 자연스러운 일이네. 그래야만 실추된 신용을 회복할 수 있고, 공적자금을 상환해 정부로부터의 경영간섭도 물리칠 수 있을 테니까. 은행들로서야 예를 들면 규제를 받지 않고 임직원에 대한 보너스 지급도 마음대로 하고 싶겠지. 그렇지만 그렇게 되기가 쉬운 일일까? 뜻대로 되기만 한다면 더 바랄 것이 없겠지만.

저자● 그렇게 쉽지만은 않을 겁니다. 예를 들어 115억 달러의 자본확충이 필요한 것으로 나타난 GMAC은 미국 정부로부터 75억 달러를 추가로 지원받았죠. 2008년 말에 60억 달러를 받은 데 이어 또다시 받은 것입니다. 물론 GMAC은 파산한 제너럴모터스의 할부금융 자회사이니 모회사가 부실화된 사태로부터 유탄을 맞았다는 측면도 갖고 있지만요.

여신● 그렇지만 그런 따위의 이유야 어느 은행이나 다 갖고 있네. 핑계 없는 무덤은 없다는 말처럼 말일세. 더욱이 앞으로도 변수가 많은 것 아닌가? 신용카드, 상업용 부동산, 기업부문 등에 대한 대출이 추가로 부실화되고 있네. 무엇보다도 이번 금융위기의 근본원인이라고 하는 주거용부동산 담보대출의 부실이 쉽게 멈출 것 같지 않네.

저자● 그렇습니다. 처음에는 비우량주택대출(서브프라임 모기지)의 부실만이 문제였지만, 시간이 갈수록 우량대출(프라임 모기지)과 중간신용도대출(알트-A)로 부실화가 확산됐습니다. 미국 정부는 내성 테스트의 기본조건으로 2009년 기준으로 -3.3%의 성장률과 -22%의 주택가격 상승률을 설정했었지요.

여신● 그렇지만 실업률은 정부가 설정한 8.9%선을 이미 넘어섰지. 경기침체가 계속되면 10%를 넘어설 것이라는 전망도 있고. 실업자가 이렇게 계속 늘어난다면 서브프라임뿐만 아니라 프라임 모기지의 부실화도 가속화될 것은 의문의 여지가 없고.

저자● 결국 은행들의 자본확충이나 부실자산 정리에는 많은 난관이 있을 것으로 봐야겠군요. 그렇지만 몇 개의 은행들은 공적자금을 벌써 상환했습니다. JP모건체이스와 모건스탠리, 골드먼삭스 등의 투자은행을 포함해 모두 5개 은행이 2009년 6월 미국 정부에 모두 547억 달러의 공적자금을 갚았다고 합니다.

여신● 그것은 축하할 일이네. 그 사이 마음고생을 많이 하고 정부와 국민 또는 주주들로부터 싫은 소리를 많이 들었겠지. 이제 그런 소리를 듣지 않게 됐으니 얼마나 기쁠까? 그들 은행이 이제는 연방예금보험공사의 보증 없이도 채권을 발행하고 완전히 자립하게 되기를 진심으로 바라네. 다른 은행들은 어떤가?

저자● 시티그룹이나 아메리카은행 등 부실화가 심했던 몇 개 은행은 당분간 공적자금 상환이 쉽지 않을 것이라고 합니다. 미국 정부도 아직은 그렇게 하는 것을 허용하지 않을 것 같고요.

여신● 당연한 일이지. 지금 무리하게 갚는다고 해봐야 그 뒤에 완전히 자립할 수 있다고 장담하기가 어려우니 말일세. 자칫 다시 신인도가 저하되어 또 다시 시장을 교란할 지도 모르는 일이지. 정부로서는 어차피 공적자금을 투입한 바에야 정말로 튼튼해졌다고 확신이 설 때까지는 풀어줄 수가 없을 테고.

저자● 그렇다면 그 은행들이 정부의 손아귀에서 벗어나려면 좀더 기다려야겠네요.

여신● 그렇지. 자본확충을 자력으로 달성하고 부실자산 정리도 좀더 확실해진 다음에나 가능한 일 아니겠나? 대형 부실은행이 공적자금을 받았다면 자신의 '자유'를 일단 포기한 것이라고 할 수 있네. 물론 그때는 살아남을 수 있는 방법이라고는 그것 밖에 없었지. 그러나 일단 포기한 '자유'를 되찾는다는 것은 결코 쉽지 않은 법이네. 게다가 그 은행들의 부실자산을 정리하는 것 역시 작은 문제가 아닌 것 같네. 안 그런가? 무엇보다도 그 은행들의 자산 가운데 부실자산이 얼마나 되는지부터 정확하게 추정하기가 어려우니까.

저자● 그렇습니다. 현 단계에서는 정확한 계산을 하기가 어려운 것 같습니다. 다만 전문가들은 대체로 1조~2조 달러로 추산하는 것 같습니다.

여신● 그러니 좀비라고 해도 무리는 아닌 것 같네. 그런 부실자산을 정리하기 위해 미국 재무부가 최대 1조 달러 규모의 민관합동 펀드를 만들겠다고 하지 않았나?

저자●　그렇습니다. 헤지펀드를 포함해 민간자본을 끌어들여 펀드를 만들고 이런 과정을 통해 부실자산의 값어치를 시장에서 산정하게 한다는 복안입니다. 그렇지만 그것이 쉽게 잘 될지는 의문입니다.

여신●　왜 그렇게 이야기하나? 그렇게 해서라도 잘 꾸려나가면 되지 않나? 미국에는 워낙 축적된 자본이 많고, 금융이 아닌 다른 분야에서 이익을 내기도 힘드니 부실자산 정리과정에서 돈을 벌고자 참여하는 민간 투자자들이 많지 않을까?

저자●　존귀하신 여신의 말씀대로 몇몇 민간 투자기관이 참여의향을 보이는 것으로 알고 있습니다. 그러나 실제로 얼마나 자금을 투입할 지는 더 두고 봐야겠어요. 민간자본이 실제로 참여해서 부실자산을 인수해준다면 공적자금에 대한 수요는 상당히 줄어들겠지요. 하지만 민관합동 펀드라는 것 자체가 너무 낯선 것이라서 그것이 성공할지의 여부에 대해서는 잘 모르겠습니다.

여신●　그러면 다른 어떤 방안이 있을까? 과거에 그대의 나라에서 운영했던 배드뱅크 같은 방법이 낫다고 생각하나?

저자●　전문가도 아닌 제가 어느 것이 낫다고 감히 판단하기는 어렵습니다. 그러나 아무래도 배드뱅크가 은행으로부터 독성자산을 확실하게 분리시켜 신속하게 처리하는 데 효율적인 방법이 아닌가 하고 생각할 뿐입니다. 한 번도 청소한 적이 없었던 아우게이아스 왕의 외양간을 헤라클레스가 강물을 끌어다가 하루 만에 청소했듯이 말입니다. 반면에 미국 정부가 추진하는 방법으로 불확실성을 신속하게 제거할 수 있을지는 의문이라는 것이지요.

여신● 배드뱅크로 한다면 많은 돈이 소요되지 않나? 은행의 경영수지도 나빠질 것이고.

저자● 그럴 것입니다. 배드뱅크에 부실자산을 넘길 때 장부가와의 차액이 모두 손실로 기록되면 은행들이 막대한 적자를 감수해야겠지요. 그 적자로 인한 건전성 저하는 공적자금을 투입해서 해결하는 수밖에 없고요. 그래야 '좀비은행'에서 '살아 숨 쉬는 은행'으로 거듭날 수 있지 않겠어요? 그 과정에서 민간은행이 일시적으로 국유화되는 수도 있을 것이고요.

여신● 그대의 말대로 하려면 미국이 공적자금을 추가로 만들어야 할 것 같은데 의회에서 동의해 줄지가 의문이네. 그대도 기억할 걸세. 2008년 9월 말에 7천억 달러 규모의 부실자산정리기금(TARP) 설립을 위한 긴급경제안정법안(EESA), 2009년 초에는 7870억 달러 규모의 경기부양법안이 의회를 통과하기가 얼마나 어려웠던가?

저자● 그렇지만 그런 각오 없이는 부실자산을 해결하기가 쉽지 않을 것 같은데요. 저의 좁은 소견으로는 지금 그것이 어렵다고 해서 다른 쉬운 방법을 선택한다면 은행의 부실이 오래 이어지고 경제회복도 쉽지 않을 것 같습니다. 과거 1990년대에 일본이 겪은 '잃어버린 10년'처럼 말이죠. 솔직히 말하자면, 미국 재무부의 부실자산 정리방안은 손 대지 않고 코 풀려는 시도 아닌가 합니다.

여신● 그대는 참으로 엄격하군. 명색이 신인 나보다도 말이야. 독일의 문호 괴테가 한 말 기억나지 않나? 인생과 세계에 대해 너무나 엄격하지 말라고 했지. 그대가 그렇게 엄격한 것은 아무래도 그대의 나라가 겪은 일 때문인 것 같군.

저자● 물론 저의 조국은 그런 힘든 과정을 거쳤습니다. 그러나 미국의 〈월스트리트 저널〉도 과거 한국의 경험을 모범적인 사례라고 평가한 바 있습니다. 배드뱅크도 저희 나라만 한 것이 아닙니다. 1990년대에 스웨덴도 그렇게 했고, 이제는 독일이나 아일랜드 같은 유럽 국가도 그렇게 하려고 합니다.

여신● 그대가 말한 문제는 오바마 행정부도 잘 알고 있을 것이네. 그리고 나도 이해하네. 그렇지만 오바마 정부의 처리방식을 일단 지켜보기로 하세. 그대의 눈에는 불충분하게 보일지라도 말일세. 참, 미국에는 골칫덩어리가 또 있지? 모기지 전문 금융기관인 패니메이와 프레디맥 말일세.

저자● 그 두 회사도 정부자금을 많이 받았죠. 미국 정부가 2008년 9월에 우선주를 넘겨받는 대신에 1천억 달러씩을 투입한 데 이어 2009년에도 같은 금액을 더 주기로 했죠. 그러니 두 회사에 모두 4천억 달러가 직접 투입되는 겁니다. 이 밖에도 두 회사가 갖고 있는 모기지 증권을 매입해주는 방식으로 수천억 달러가 더 투입됐습니다. 이런 식이니 그 두 회사는 '돈 먹는 하마' 나 다름없습니다. 그러고도 두 회사가 정상화되기까지는 추가지원이 더 필요할 것으로 생각됩니다. 미국인들의 모기지 연체가 여전하고, 두 회사의 경영상황이 쉽사리 개선되지 않고 있으니 말입니다.

여신● 그렇지. 그 두 회사가 보유하고 있는 모기지 자산이 모두 1조 5천억 달러에 달하니 정부가 돌보지 않을 수 없겠지. 돌보지 않았다가는 두 회사가 도

산해버리고, 미국의 모기지 금융시장 자체가 와르르 무너져버리고 말 테
니. 그렇지만 2008년에 미국 정부가 두 회사에 자금을 지원할 때 경영진을
교체하고 연방주택감독청(FHFA)의 공적관리를 받게 했으니 더 이상의 불
확실성이나 혼란은 없을 것 같네.

저자● 그럴 것 같습니다. 두 회사는 당분간 적자를 더 내야 하고 정부가 지원해
야 할 돈도 더 늘어날 수 있겠지만, 해결방안은 이제 분명해진 셈이죠. 상황
관리를 잘 하면서 미국경제가 회복될 때까지 알뜰경영에 힘쓰기만 하면 될
것 같아요. 그런 다음에 여건이 성숙되면 민영화하면 될 것이고.

여신● 그런데 은행이든 모기지 금융기관이든 큰 회사는 그렇게 정부의 지원을
받아서 살아나고 있는데, 규모가 작은 은행들은 그것도 안 되니 문제일세.
2007년 이후에 모두 60개 이상의 중소형 은행이 문들 닫았다고 하던데. 흔
히 말하는 대마불사(TBTF; too big to fail)의 논리가 여기서도 적용되고 있
는 것 같네.

저자● 저는 예전에는 미국이 자본주의 원칙에 충실해서 부실한 기업이나 금융
회사는 무조건 파산시키는 줄 알았는데, 그렇지 않다는 것을 이제 알았습니
다. 대형 금융회사를 무너지게 하는 것은 미국도 겁나는 모양입니다. 반면
에 작은 금융회사에 대해서는 인정사정 봐주지 않고요.

여신● 그러나 어쩌겠나? 대형 은행은 핵폭탄과 같아서 폭발시켜서는 안 되지
만, 중소형 은행은 다이너마이트 정도일 테니 폭발시키면서 조심하기만 하
면 되는데. 미국이 지난해 대책도 없이 리먼브라더스를 파산시킨 뒤로 온
세계가 겪은 혼란상이 바로 이런 점을 말해주는 것 아니겠나? 중소 은행은

수십 개가 파산해도 경제 전체를 위기에 빠뜨리는 일은 없지. 그러나 대형 금융회사를 억지로 살려낸다고 하더라도 그동안의 부실경영에 대한 책임은 엄격하게 물어야 하는데, 그것이 잘 안 되는 것 같군. 이 와중에 은행들이 도리어 보너스 잔치나 벌이는 것을 보면.

저자●　앞으로도 문제입니다. 수백 개의 부실은행 가운데 아직 처리방향이 결정되지 않은 은행들의 운명은 어떻게 될지 모르겠습니다.

여신●　그것은 나도 궁금하네. 아무쪼록 원만하게 잘 해결되면 좋으련만. 유럽에서도 미국에서처럼 은행들이 심각하게 흔들리고 있다는 사실을 그대도 잘 알고 있지? 부실은행을 정리하기 위해 각국 정부가 그야말로 온갖 수단을 다 동원했다고 들었네. 특히 영국의 은행부실 문제가 심각하다지?

저자●　그렇습니다. 영국의 경우 금융부실화 문제가 2008년 초부터 드러나기 시작해서 2월에 노던록은행이 처음으로 국유화됐죠. 그 뒤로도 문제가 진정되기는커녕 미국의 금융시장이 흔들림에 따라 같이 악화됐습니다. 그러면서 유럽의 각국 정부가 적극적인 개입에 나섰지요.

영국에서는 2008년 9월의 리먼브라더스 파산 이후 2주일 만에 브래드포드 앤드 빙글리 은행의 모기지 부문을 국유화하고 그 소매영업 부문은 스페인의 산탄데르은행에 매각했습니다. 이어 10월에는 스코틀랜드은행(RBS)를 비롯해 로이즈, 바클레이스 등 대형 은행들에 630억 파운드를 출자하는 것을 비롯해 총 4천억 파운드를 은행들에 지원하기로 했죠. 2009년 1월에는 스코틀랜드은행 등에 2천억 파운드를 더 지원했습니다. 영국 정부는 스코틀랜드은행의 지분 70%도 인수해 이 은행을 사실상 국유화했습니다. 스코틀랜드은행은 2008년 한 해에 241억 파운드의 적자를 냈습니다. 이것은 영국의 기업사상 최악의 손실이라고 합니다.

| 영국과 미국의 부실은행 처리 결과

— **파산**: 리먼브라더스
— **국유화**: 노던록, 브래드포드 앤드 빙글리
— **피합병**: 베어스턴스, 메릴린치, HBOS, 얼라이언스 레이세스터,
— **구제금융**: RBS, 시티그룹, 로이즈 TCS, 아메리카은행, AIG, 패니메이, 프레디맥

영국의 이웃나라인 아일랜드에서는 6개 대형 은행의 채무 4천억 유로에 대해 정부가 전액 지급보증한 데 이어 한때 일취월장하던 앵글로아이리시은행을 국유화했습니다. 독일도 히포부동산은행(HRE)에 500억 유로를 투입했죠. 초기에 비교적 잠잠하던 프랑스 역시 예외는 아니었습니다. 프랑스는 2008년 말에 BNP파리바와 소시에테제네랄 등 대형 은행들에 3600억 유로를 지원한 데 이어 2009년 들어서는 거대은행의 합병을 지원하기 위해 50억 유로를 투입하면서 지분을 인수했습니다.

이런 식으로 유럽에서도 대부분의 국가들이 부실해진 은행들의 독성자산 처리와 자본 보강을 위해 공적자금을 투입하면서 시장동요를 막기 위해 안간힘을 썼죠. 아이슬란드는 1~3위 은행을 모두 국유화했습니다. 은행의 부실문제는 관련된 나라가 많고 그 해결을 위해 그동안 투입된 자금 또한 막대하기 때문에 그 내용을 일일이 다 열거하기가 어려울 정도입니다.

여신● 유럽 국가들은 지리적으로 인접해 있는데다가 서로 깊숙이 얽혀 있으니 금융위기의 전염성이 그 어느 곳보다 강할 것이네. 어느 한 나라에 문제가 생기면 다른 나라로 곧바로 전염되고, 어느 한 나라가 특별한 조치를 취하면 다른 나라도 그것에 보조를 맞추지 않으면 안 되고…….

저자●　그렇습니다. 유럽에서는 예금채무를 비롯한 은행의 채무에 대한 정부의 지급보증을 거의 모든 나라가 시행하고 있고, 국유화 조치도 비슷합니다. 이것이 미국과 상당히 다른 점일 겁니다. 존귀하신 여신께서도 아시다시피 미국인들은 '국유화'에 대해 알레르기 반응 같은 것을 나타냅니다. 이에 비해 유럽에서는 국유화가 특별히 논란의 대상이 되는 일은 별로 없죠. 때문에 정부 당국자들이 일하기가 한결 쉬운 것 같습니다.

여신●　유럽도 부실한 금융회사들을 살리기 위해 상당히 많은 돈을 투입했을 것 같은데.

저자●　그렇습니다. 유럽연합 집행위원회에서 2009년 4월에 발표하기를 2008년 9월부터 2009년 2월까지 27개 회원국이 동원한 자금이 무려 3조 유로에 이르렀다고 합니다. 한국 돈으로 환산하면 5천조 원을 훨씬 넘는 규모입니다. 이 수치는 지급보증 2조 3천억 유로, 자본투입 3천억 유로, 특별구제금융 4천억 유로를 합친 것입니다.

　그러나 경제전문 통신인 〈블룸버그〉가 2009년 6월에 보도한 유럽의 구제금융 규모는 이보다 더 많은 3조 7700억 유로(약 5조 3천억 달러)에 이른다고 합니다. 이는 유럽 제1의 경제대국인 독일의 국내총생산을 훨씬 웃도는 규모입니다. 그 가운데 가장 비중이 큰 것은 물론 지급보증으로 2조 9200억 유로나 됩니다. 지급보증 금액 가운데는 실제 집행되지 않고 아직 '보증' 상태에 머물러 있는 부분이 꽤 크죠. 따라서 실제 지출된 구제금융은 보도된 액수보다는 훨씬 적으로 것으로 생각됩니다.

여신●　그것이 실제로 집행됐는지 안 됐는지는 중요하지 않다네. 그런 규모의 지급보증이 있었기에 그나마 은행들과 금융시장이 어느 정도라도 살아날 수 있었을 테니. 지금도 만약 지급보증이 충분하지 않거나 축소될 가능성이 있다면 그때부터 은행과 시장은 다시 아수라장에 빠져들겠지. 그렇기 때문에 지급보증은 공적자금을 실제로 투입하는 것만큼이나 중요하네. 그런데 미국의 구제금융 규모는 얼마나 되는가?

저자● 〈블룸버그〉는 미국이 금융위기 타개를 위해 2009년 3월 말까지 투입했거나 투입하기로 한 자금의 규모를 12조 8천억 달러로 추산했습니다. 유럽의 경우에 비해 2배 가까이나 되는 큰 금액입니다. 영국 〈BBC〉 방송은 미국의 금융회사 구제자금 규모를 8조 5천억 달러로 계산했습니다. 구제금융의 규모는 기준이나 시기에 따라 다소 다르게 계산되는 것 같습니다. 그렇지만 놀랄 만한 규모의 국민세금이 부실 금융회사를 살리는 데 투입되고 있는 것만은 틀림없습니다.

여신● 그렇지. 그야말로 '천문학적'이라고 말할 수밖에 없군 그래. 그대 나라 돈으로 환산하면 1경 원을 크게 웃도는 규모이니 말일세.

저자● 그렇군요. 그렇지만 다른 도리는 없는 것 같습니다. 〈블룸버그〉가 추산한 미국의 구제금융 규모 12조 8000억 달러는 2007년도 미국의 국내총생산보다 1조 달러가량 적을 뿐입니다. 어쨌거나 한 해 동안 미국인들

유럽의 국가별 구제금융 규모 (단위: 억 유로, 2009년 5월까지)	
영국	7812
덴마크	5939
독일	5542
아일랜드	3845
프랑스	3501
벨기에	2645
네덜란드	2461
오스트리아	1650
스웨덴	1420
스페인	1300
자료: 블룸버그	

이 일해서 창출한 부가가치의 대부분이 부실금융회사들을 살리는 데 투입되는 셈이지요.

여신●　그대의 나라나 이웃인 일본도 은행의 자본을 확충하는 일을 서두르고 있다지?

저자●　그렇습니다. 한국은 미국처럼 은행이 당장 휘청거리는 상황은 아니지만, 허약해질 위험을 안고 있습니다. 특히 외화부채가 많아 의혹의 눈초리를 받고 있습니다. 신용등급이 일부 저하된 은행들도 있고요. 이 때문에 정부에서 은행들이 충분한 자본을 갖추고 있어야 한다며 자본확충 펀드를 조성해서 은행에 자금을 투입하기로 한 것입니다.

그 필요성에 대해서는 국민 누구나 공감하고 있지만, 일부 은행들은 눈총을 받고 있습니다. 과거 외환위기 때 받은 공적자금도 아직 다 갚지 않은 상태에서 또다시 공적자금을 받는 것이기 때문입니다. 이런 은행들은 공적자금을 받은 뒤에 갚을 생각을 하지 않고 오히려 도덕적 해이에 빠지지 않았나 싶습니다. ‘국영은행’ 이라는 우산이 오히려 이런 은행을 더 안주하게 만들었는지도 모르지요. 이팔성 우리금융 회장은 "반성해야 한다"고 말하기도 했지만, 그런 반성이 얼마나 진심을 담고 있고, 얼마나 구체적으로 실천될지는 모르겠습니다.

여신●　그대가 지적한 문제가 바로 국유화된 은행의 병폐일 걸세. 그러한 병폐에 대해서는 미국인과 영국인이 특히 거부감을 갖고 있는 것으로 알고 있네. 영국에서는 몇 개의 은행이 국유화되자 곧바로 나라가 ‘소비에트 영국(Soviet Britain)’ 이 됐다고 자조하는 목소리가 나왔다지?

저자●　사전에 조심했으면 이런 험한 일을 당하지 않았을 텐데……. 지금 와서 돌이킬 수는 없겠죠. 경제 저널리스트인 마틴 울프가《금융공황의 시대》에서 지적했듯이 문제가 터진 후의 긴급처방보다는 예방이 훨씬 나은 법이지요.

여신●　국유화와 같은 긴급처방은 미국인이나 영국인이 원하는 것이 물론 아니겠지. 그러나 책임을 다하지 않고 교만했기에 그런 일이 벌어진 것일세. 흔한 말로 자업자득(自業自得)이라는 것이지. 남에게 간섭받기 싫어하는 것은 모든 사람에게 공통된 심리라는 점은 우리 신들도 이해하네. 그렇지만 자유는 어디까지나 책임을 다해야만 누릴 수 있는 것이네. 신이나 영웅 가운데서도 책임을 다하지 않고 교만을 떨다가 신세를 망친 경우가 허다하네. 책임을 다하지 못하면 자유를 누릴 자격이 없다는 진리는 그대 나라 사람들도 잊지 말아야 할 걸세.

누가 AIG에 돌을 던질 수 있나

저자● 존귀하신 칼리오페 여신이여, 안녕하셨습니까?

여신● 왔다 간 지 며칠 되지도 않은 것 같은데 또 왔군. 이번엔 무슨 문제 때문에 왔는가?

저자● 미국의 대형 보험회사인 아메리칸보험(AIG)을 아시죠?

여신● 거액의 구제금융을 받아 간신히 연명하는 와중에도 사원들에게 보너스를 듬뿍 안겨줘서 미국 국민의 비난을 산 그 보험회사 말인가?

저자● 예, 맞습니다. 그 AIG가 자신매각과 분사 등 여러 가지 작업을 하고 있습니다. 자동차보험 부문을 스위스 회사에 매각하고, 아시아태평양 지역의 생명보험사업은 AIA(아메리카 인터내셔널 어슈어런스)로 분사시키고요.

여신● 요즘 자산매각이나 분사를 한다는 것은 스스로 살아보겠다는 뜻이겠지?

저자● 그렇지요. 우선 정부로부터 받은 구제금융을 상환해야 하는데 상환자금을 마련하려면 무엇이든 목돈이 될 만한 자산을 팔아야만 하니까요. 그렇지만 그 과정이 결코 쉽지는 않을 것 같아요.

여신●   그럴 거네. 워낙 신용이 떨어진 상태이고 자산가격도 크게 하락했을 테니까. 앞으로 눈물겨운 노력을 기울이지 않으면 안 될 걸세. 그렇지만 자력갱생을 해보겠다고 애쓰는 것에 대해서는 평가해주고 싶네. 어떤 경위로 이런 처지에 놓이게 됐든지 간에.

저자●   사실 AIG가 이렇게 망가진 것은 엄청난 사건입니다. 호메로스의 《일리아스》에 나오는 트로이의 장수 헥토르가 쓰러지는 모습을 보는 듯합니다. 거구의 장수 헥토르가 트로이를 상징하는 명장이었듯이 AIG는 세계 제1위의 보험회사로서 명성이 높았습니다. AIG가 이런 처지에 몰리리라고는 그 누구도 상상하지 못했지요. AIG가 파산으로 내몰린 것은 리먼브라더스의 파산과 거의 같은 시기에 일어난 일이었습니다. 그런데 당시 미국의 부시 행정부가 리먼브라더스는 파산하게 내버려두면서도 AIG는 거액의 구제금융을 제공해서 굳이 살렸습니다.

여신●   처음에는 825억 달러만 주면 살아날 것으로 기대했는데, 실제로는 그렇게 안 됐지? 그래서 그 뒤로 3차례나 더 공적자금을 집어넣어야 하지 않았나?

저자●   그렇습니다. 부시 행정부에 이어 오바마 행정부에 이르기까지 모두 약 1800억 달러가 AIG에 투입됐습니다. 그런데도 아직 회생하지 못하고 있는 것이지요.

여신●   그것은 말하자면 미국 정부가 속은 것이라고 해야 하지 않을까? AIG에 속은 것인지, 사태의 심각성을 애써 과소평가하는 단순한 생각에 의해 저

스스로 속은 것인지는 확실하지 않지만. 그리고 AIG가 아직도 회생의 실마리를 찾지 못한 것은 미국 정부가 제공한 구제금융이 엉뚱한 곳으로 흘러갔기 때문일 게야.

저자● 엉뚱한 곳이라 함은 외부로 샜다는 말씀이지요? 사실 그렇습니다. AIG에 지급된 돈이 자체 회생을 위해 사용되기보다는 미국이나 영국의 대형 금융회사들로 흘러갔으니까요. AIG를 통해 그런 큰 은행들에 사실상 '지급'된 자금은 현재까지 어림잡아 1천억 달러는 되는 것으로 전해졌습니다. 미국의 신문과 잡지, 통신들이 보도한 바로는 미국의 골드먼삭스, 모건스탠리, 메릴린치, 독일의 도이체방크, 프랑스의 소시에테제네랄을 비롯한 20개가량의 은행들이 각각 자신의 '몫'을 챙겨갔습니다.

여신● 그 은행들의 이름은 신들의 세계에도 잘 알려져 있네. 그 은행들이 어째서 미국인들의 세금을 빼먹게 된 거지?

저자● CDO와 CDS 등의 파생금융상품 때문이라고 들었습니다. 그 대형 은행들이 미국의 모기지 채권으로 만든 CDO 등의 파생금융상품에 투자했는데, 미국 부동산 경기의 위축으로 인해 CDO가 부실화됐죠. 그런데 그 은행들이 그 전에 CDO의 부실화에 대비해 AIG와 CDS 계약을 맺어두었던 것입니다. CDS는 모기지담보증권(MBS)을 비롯해 국채, 회사채, 자산담보증권(ABS) 등의 부실화로 인해 손실이 발생할 경우에 보상해주는 보험 같은 상품이죠. 그런데 CDO의 부실화로 인해 손실이 생기자 그 은행들이 AIG에 보상을 요구했습니다. 그런데 AIG는 지급할 여력이 없었고. 결국 미국 정부로부터 받은 공적자금을 쪼개서 준 것입니다.

여신● 　사태가 그렇게 된 것이로군. 그런데 AIG가 문제의 그 CDS 상품을 얼마나 많이 팔았나? 이번에 드러난 것이 전부는 아닐 것 같고.

저자● 　약 5천억 달러에 이르는 것으로 전해졌습니다. 국내 한 신문의 보도에 따르면 AIG는 주로 런던에 있는 법인을 통해 이 상품의 영업을 해왔다고 합니다. 전 세계를 주름잡던 보험회사가 괴상한 금융상품 때문에 이 지경이 된 것이죠. 그 파생상품이 한때는 짭짤한 수입을 안겨주면서 효자노릇을 했지만 결국은 애물단지가 돼버린 셈입니다. 그런데 AIG가 대형 은행들의 CDS 보상금 지급 요구를 왜 거부하지 않았을까, 또 왜 지금까지 그런 사정을 공개하지 않았을까 하는 궁금증이 생깁니다. AIG가 미국인의 세금을 가지고 그런 보험금을 지급할 수는 없다고 버틸 수도 있었을 것 같은데.

여신● 　갑자기 어리석은 말을 하는군. 만약에 AIG가 보상금 지급을 거부했다고 가정해보세. 그러면 무슨 일이 일어날 것인지 상상해보았나?

저자● 　어떤 일이 일어날까요?

여신● 　아마도 CDO와 같은 보유채권의 부실화로 인한 은행의 손실이 급격히 늘어나고, 그로 인해 미국과 유럽의 은행들이 줄도산 위험에 처하지 않았겠나? CDO나 CDS를 비롯한 각종 채권의 투매현상도 벌어졌을 것이고. 그렇게 되면 미국과 유럽에 엄청난 금융재난이 닥쳤을 것이 불 보듯 훤한 일 아닌가? 그러면 지금보다 훨씬 더 심각한 금융위기와 함께 전 세계 경제의 파탄이 초래됐겠지.

저자● 　그렇군요. 그런 우려 때문에 미국 정부가 아무 말도 하지 못하고 AIG에 1800억 달러에 가까운 미국인의 '혈세'를 지원하게 된 것이군요.

여신● 그렇지. 그야말로 훨씬 더 무서운 사태가 발생할 것이 두려웠던 게지.

저자● 그러고 보니 벤 버냉키 연방준비제도이사회(FRB) 의장도 미국 의회에서 비슷한 취지의 말을 한 바 있네요. 의원들이 AIG에 대한 잇따른 구제금융에 관해 질책하자 버냉키는 이렇게 답변했지요.

> 여러분의 우려와 분노에 나도 공감합니다. 그것은 끔찍한 상황입니다. 그렇지만 우리는 AIG나 그들의 주주를 구해주기 위해 이 일을 하는 것이 아닙니다. 우리는 우리의 금융시스템을 보호하기 위해, 그리고 우리의 세계경제에 훨씬 더 심각한 위기가 닥치는 것을 막기 위해 이 일을 하는 것입니다. AIG는 덩치가 너무 크고 사업범위가 넓은데다가 전 세계와 얽혀 있습니다. 그러므로 AIG가 쓰러진다면 파괴적인 연쇄반응이 일어날 것입니다. 현실적으로 다른 대안이 없습니다. 파산은 좋은 선택이 아닙니다.
>
> ― 〈AP〉, 2009년 3월 4일

존귀하신 여신의 설명을 듣고 버냉키 의장의 답변을 돌이켜 생각해보니 이제 사태의 본질을 이해할 수 있을 것 같습니다. 그런데 미국 정부나 FRB는 왜 그런 사실을 일찌감치 밝히지 않았을까요?

여신● 그것도 같은 원리 아니겠나? 어차피 미국과 유럽의 금융시장을 안정시키고 파국을 막기 위해 공적자금을 지원하는 것이라면 굳이 그런 일을 드러낼 필요가 없는 것이지. 돈이 흘러들어간 금융회사들의 명단을 다 밝힌다고 해서 좋을 것이 무엇이겠나? 오히려 공연한 논란만 불러일으킬 텐데.

감춰야 할 것은 감추는 것도 하나의 지혜일세. 고대 그리스의 비극시인인 에우리피데스의 작품에도 그런 말이 나오지.

> *나쁜 행위를 감추는 것이 결코 나쁜 일만은 아닙니다.*
> *— 에우리피데스, 《히폴리토스》*

로마시대의 폼페이우스 대장군이나 중국 삼국시대의 영웅인 조조 역시 자신에게 반기를 들었던 사람들의 명단이나 편지를 아예 불태워 없애버리지 않았던가? 그 내용이 알려지면 피바람을 부를 것이 뻔하니 모르는 것이 차라리 편할 테니까. 그것은 참으로 현명한 처사였네.

저자● 그렇지만 공적자금 운용을 투명하게 해야 한다는 요구에는 어긋나는 것 아닙니까?

여신● 일견 맞는 말이네. 그렇지만 그런 투명성의 원리가 때로는 그대로 적용되기 어려운 경우가 있는 법이지. 어떤 부정비리와 연루된 것이 아니라면 시장의 안정과 세상의 안녕을 위해 적당한 선에서 가려주는 것이 더 유익한 일이 될 수도 있지 않겠나?

저자● 그렇다면 미국에서 의원들이 이 문제에 대해 발끈한 것은 왜일까요?

여신● 그것은 일단 그대가 말한 대로 '투명성'의 원칙에 어긋나는 것이라고 생각했기 때문이겠지. 더구나 세금이 외국 금융회사들로 새나갔다는 점에서 불쾌감을 지울 수 없었을 거야. 속았다는 느낌도 들었을 것이고. 그런 느낌은 사실 자연스러운 것이기는 하네.

저자● 　AIG가 공적자금을 받아서 쓰는 입장이었으니 미국의 은행에만 CDS 자금을 지급하고, 유럽의 은행에는 줄 수 없다고 버티면 됐던 것 아닌가요? AIG가 그렇게 했다면 미국인들이 다소의 위안은 얻었을 텐데.

여신● 　그대는 계속 어리석은 이야기만 하는군. 그렇게 해도 결과는 마찬가지야. 그대의 말대로 미국의 은행만 살리고 유럽의 은행은 상처 나게 한다고 가정해보세. 그러면 그 상처가 덧나서 미국으로 번지지 않을 것 같나? 그런 상처는 시장을 통해서 번질 뿐만 아니라 곧바로 금융 보호주의의 악령도 불러낼 걸세. 그러면 미국과 유럽이 서로 보복에 나설 것이고, 세계는 ‘금융 세계대전’으로 빠져들 거야. 아예 어느 은행에도 돈을 주지 않는 것보다 더 나쁜 결과가 초래되겠지. 지금 세계 금융위기를 극복하는 데는 국제공조가 무엇보다 중요하다는 것은 그대도 잘 알 거야. 그런데 만약 그대 말대로 했다면 국제공조는 불가능하게 됐을 것임을 이제는 그대도 이해할 것이네.

저자● 　이해가 됩니다. 그렇다면 CDO와 CDS 같은 괴짜 금융상품의 부실화가 근본적인 문제였다고 봐야겠군요.

여신● 　그렇다네. 금융회사들이 예전에 듣지도 보지도 못했던 그런 금융상품 거래를 통해 서로 돈을 벌게 해주면서 금융시장의 거품을 부풀어 오르게 했지. 그것으로 막대한 돈을 벌면서 화려한 세월을 보냈던 것이네. 일반 금융소비자와 투자자들만 그 내막을 거의 모르고 있었다네. 그런데 거품이 꺼지고 나니까 파생금융상품으로 얽히고설킨 관계에 허점이 생기게 됐지. 파생금융상품은 금융규제에 걸리지도 않았고, 신용평가기관으로부터 언제

나 높은 신용등급을 받아냈지. 그런 파생금융상품으로 얽힌 관계가 드러나
고 보니까 세계가 그야말로 핵폭탄이 폭발하기 직전의 상황에 있다는 사실
이 밝혀진 것이지. 참으로 모골이 송연한 순간이 아니었겠나? 명색이 신이
라고 하는 나도 그런데 인간들이 보기에 오죽했을까? 버냉키 의장이 한 말
이 떠오르는군.

> *AIG는 규제체계의 커다란 구멍을 이용했습니다. 이 회사의 금융상품본부에 대*
> *한 감시가 전혀 없었습니다. 그것은 거대하고 안정된 보험회사에 붙어있는 하나*
> *의 헤지펀드나 다름없었습니다. 거기서 무책임한 투기를 일삼았고, 결국 거대한*
> *손실을 낸 것입니다.*
> — 벤 버냉키, 〈AP〉

저자● 그렇다면 대형 금융회사들과 금융당국이 '근친상간' 하다시피 한 것이네
요. 그것을 감시해야 할 정부나 의회, 그리고 금융감독기구도 몰랐거나 모
르는 척한 것이니까요.

여신● 그대 말이 맞네. 하지만 '근친상간' 같은 끔찍한 단어는 사용하지 않는
것이 좋겠네. 소크라테스의 말대로 그릇된 말은 그 자체로 좋지 않을 뿐 아
니라 영혼을 해친다네.

저자● 저도 되도록 쓰지 않으려고 합니다만, 이 경우에는 더 좋은 말이 없는 것
같네요.

여신● 그것은 사실이야. 그렇게 미국과 유럽의 금융회사들이 파생상품을 통해

'돈에 의한, 돈을 위한, 돈의 잔치' 를 벌이다가 오늘날 이 꼴이 난 것이니까. 그간의 번영도 결국 '공중누각' 에 지나지 않았던 셈이지.

저자● 그렇다면 이번 AIG 구제금융 사태에는 미국과 유럽의 이른바 '금융선진국' 들이 그동안 저지른 일들의 결과가 고스란히 녹아들어 있다고 볼 수 있겠군요. 그러니 사실 그 누구도 AIG만 탓하고 매도할 수 없겠네요. 모두가 공범자 또는 수혜자이니까요. 성서에 나오는 예수의 말씀이 생각나는군요.

누구든지 죄 없는 사람이 저 여자에게 돌을 던져라.

—《요한복음》

그렇다면 이제 CDS를 어떻게 하지요? 지금 이대로 놔둘 수는 없는 것 아닌가요? 그것은 존귀하신 여신의 말씀처럼 '금융시장의 핵폭탄' 같은 것인데 말입니다. CDS는 이번 금융위기의 진행과정에서 그 거래규모가 상당히 줄어든 것으로 알고 있습니다. 한때 총계약액이 62조 달러까지 치솟았다가 2008년 말에는 40조 달러 이하로 내려갔다고 합니다. 그렇다면 차제에 아예 그런 상품은 근절시켜버리는 것이 어떨까 하는 생각을 하게 됩니다.

여신● 나도 그대의 말대로 CDS는 없애는 것이 옳다고 보네. 헤지펀드계의 귀재라는 조지 소로스도 CDS는 금지시켜야 한다고 말했지. 사실 CDS는 기업들의 구조조정 과정에서도 부작용을 일으키고 있거든.

저자 ● 어떤 부작용 말입니까? 기업을 살리기보다 파산으로 몰아간다는 문제 말입니까?

여신 ● 바로 그것이네. CDS를 보유하고 있는 채권자는 경영이 어려운 기업을 어떻게 해서든 회생시키려고 하기보다 파산시키는 쪽을 선택할 수밖에 없거든. CDS 자체가 채권이 부실화돼야 보상을 받을 수 있는 상품이니까. 그런 사례들이 요즘 미국에서 심심치 않게 발생한다는군. 제너럴모터스의 경우도 CDS에 가입한 채권자들은 그 회사를 파산 쪽으로 몰고 가려고 했다는 것이 소로스의 설명이네.

저자 ● 왜 그런 걸까요?

여신 ● 어려운 기업을 회생시키기 위해서는 고통분담이 필수적이지. 이를테면 노동자는 임금의 동결이나 삭감을 감수해야 하고, 주주는 주가의 하락으로 인한 재산손실을 피해갈 수 없지. 마찬가지로 채권자는 채권의 일부만을 돌려받거나 출자전환을 통해 이자수입을 포기해야 하는 상황을 참고 견뎌야 하네. 그런데 채권자가 그 기업의 채권을 담보로 한 CDS를 사두었다면 차라리 기업의 파산을 원하게 되지 않겠나? 기업이 아예 파산하면 CDS를 판매한 금융회사로부터 채권 금액의 전부를 받아낼 수 있으니까. 어떤가? 그대가 CDS를 매입한 채권자라면 어느 쪽을 택하겠나?

저자 ● 당연히 그 기업이 파산하게 내버려두고 CDS를 판매한 금융회사로부터 부도난 채권의 대금을 받아내겠지요. 공연히 채권의 일부만을 돌려받거나 출자전환으로 손실을 감수하고 싶지는 않을 테니까요.

여신 ● 바로 그것일세. 결국 CDS라는 파생금융상품은 경영이 어려운 기업에게는 독약 같은 것이나 다름없네. 그리고 투자자가 기업에서 발행한 채권을 살 때에도 해당 기업의 재무상태 같은 것을 정확히 평가할 필요가 없게 만드네. 다소 신용도가 낮은 기업이 내놓은 채권이라 하더라도 일단 사들여서 높은 이자를 챙기고 CDS까지 사둔다면 그 기업이 부도를 낸 뒤에도 손실을 보전할 수 있으니까.

저자● 그런 문제점을 생각하면 CDS는 없애야 한다는 주장에 설득력이 있는 것 같군요. 그런데 그것이 잘 될까요?

여신● 글쎄. 그것은 쉽지 않은 문제인 것 같네. 지구상에서 핵폭탄이나 지뢰를 제거하는 것이 진전되지 않고 있듯이 말이야. 미국 정부가 2009년 5월에 발표한 개혁안대로 CDS 거래를 투명하게 만드는 것이 우선 중요하겠지. 지금까지는 계약당사자끼리만 흥정해서 거래하는 형태였지만 앞으로는 '중앙거래소'를 통해 거래하게 만들자는 것이네. 그렇게 되면 CDS 거래가 투명하게 드러나고, 결국은 점차 없어질 수도 있겠지. 그렇지만 단번에 그것을 없앤다는 것은 아무래도 어려울 듯하네. 그런 조치가 또 다른 충격을 일으킬 수도 있으니까.

저자● 그렇겠군요. 당분간 시간을 두고 차츰 그 거래를 줄이면서 금융시장에 미치는 영향력을 축소해나갈 수밖에 없을 듯하네요.

여신● 그런데 부실해진 AIG를 살리기 위해 정부가 납세자의 돈을 가지고 구제금융을 제공했는데, AIG는 그 돈의 일부로 보너스 잔치를 벌였다면서? 어떻게 그런 일이 있을 수가 있을까?

저자● 그렇습니다. AIG가 임직원들에게 그렇게 보너스를 지급했다는 사실이 알려지면서 미국인들이 분노했지요. 오바마 대통령도 "화가 나서 말이 나오지 않는다"라고 개탄했고, 한 공화당 의원은 AIG의 경영진에게 "물러나거나 자살하라"는 극언까지 했습니다.

여신● 보너스를 얼마나 많이 주었기에 그렇게들 난리지?

저자● 처음에 알려지기로는 1억 6500달러였는데, 나중에 코네티컷 주 검찰이 조사를 해보니 그보다 더 많은 2억 달러를 넘는다고 외신들이 전해왔습니다.

여신● 그래서 사람들이 그토록 거센 비난을 퍼부은 것인가? 이익을 내지도 못한 기업이 보너스 잔치를 벌였다고 해서?

저자● 그렇지요. AIG는 이익을 내기는커녕 너무나 부실해서 정부가 엄청난 액수의 공적자금을 투입한 기업이니까요. 보너스를 지급한 명목이 '잔류보너스(Retention Bonus)'였는데 460만 달러를 받은 사람을 포함해 11명이 회사를 떠났습니다. 그러니 AIG 측으로서는 비난에 반박할 근거도 거의 없었지요.

여신● 결국은 국민의 세금이 부실기업의 직원들에게 보너스로 지급됐다는 얘기군.

저자● 바로 그거예요. 더욱이 보너스를 받은 직원들 상당수는 그 회사를 구렁텅이로 몰아넣은 파생금융상품 부서의 직원들이었다고 합니다.

여신● 그대의 말을 들으니 AIG의 보너스 잔치를 바라보는 인간들의 심정을 이해할 수 있겠군. 국민이나 국회의원들이 분노를 터뜨릴 수밖에 없었겠어.

저자● AIG가 정상적으로 이익을 내고 있었다면, 그리고 국민의 세금을 가져다 쓰지만 않았다면 보너스 지급이 특별히 문제가 되지는 않았을 겁니다. 반대로 AIG가 부실화됐을 때 바로 파산처리됐다면 그런 보너스 지급은 아예 가능하지도 않았을 테고요.

여신● 그렇지만 파산이 말처럼 쉬운 것은 아니지. 2008년 9월에 AIG의 부실이 표면화됐을 때 마침 리먼브라더스가 파산처리됐는데, 그 여파로 미국은 물론이고 전 세계가 금융위기의 한복판으로 휩쓸려 들어가지 않았는가. AIG는 리먼브라더스와는 또 다른 위치에 있는 기업이지. 전 세계 130개 나라에서 영업을 하는 세계 최대의 보험회사로서 7300만 명의 고객을 거느리고 있는데 함부로 파산처리하기는 어렵겠지. 그래서 당시에 미국 정부도 리먼브라더스는 할 수 없이 파산하도록 방치했지만 AIG까지 그렇게는 차마 할 수 없었던 것일세.

저자● 그런 이유 때문에 AIG를 살려낸다고 하더라도 과도한 보너스 지급은 여전히 납득하기 어렵습니다. AIG의 최고경영자인 에드워드 리디도 하원 금융소위 청문회에서 답변하면서 보너스 지급의 문제점을 인정했습니다. 그렇지만 "금융상품 부서에서 최고의 인재들이 빠져나가지 않도록 하기 위해서는 보너스가 필요하다고 믿었다"라고 주장했습니다. 비판을 절반은 수용하고 절반은 거부하는 자세였던 것 같습니다. 또 10만 달러 이상의 보너스를 받은 직원들에게는 그중 절반을 자진해서 반납할 것을 요청했다고 말했답니다.

여신● 그 사람은 그래도 수오지심(羞惡之心)은 있었던 모양이군.

저자● 그런 것 같습니다. 사실 그는 올스테이트생명에서 거액의 보수를 받던 유능한 경영자였습니다. 그런데 AIG의 부실 문제가 불거진 뒤에 이를 수습할 책임을 지고 CEO를 맡게 된 것이죠. 그리고 자신은 연봉 1달러만 받겠다고 선언했습니다.

여신● 그런 인물이 본의 아니게 꽤나 힘든 나날을 보냈겠군. AIG를 회생시켜보려는 그의 의지도 보너스 파동으로 인한 국민의 비난 속에 빛이 바래고 말았으니 안타깝네.

저자● 그렇습니다. 마음고생을 참으로 많이 했을 것 같습니다. 사실 보너스에 대한 비난을 AIG가 홀로 뒤집어쓸 이유는 없었지요. 미국의 다른 부실금융회사들도 비슷한 행태를 보였으니까요. 예를 들면 투자은행 메릴린치도 2008년 아메리카은행(BOA)에 의해 인수되기 직전에 CEO를 비롯한 임직원들이 대규모 보너스 잔치를 벌인 것 때문에 비난을 받았지요. 임원 4명에게 1억 2100만 달러를 준 것을 비롯해 모두 36억 달러를 3만 9천 명의 직원에게 지급했다죠. 그래서 뉴욕 검찰에서 수사를 벌이고 있다지만, 결과는 어떨지 모르겠습니다. 뿐만 아니라 시티그룹이나 모기지 금융기관인 패니메이와 프레디맥 등도 임직원들에게 거액의 '잔류보너스'를 지급했다고 합니다. 우수한 인재를 빼앗기지 않기 위해서라고 하지만 구제금융을 받은 금융기관으로서는 심했다는 비판을 받는 것이 사실입니다.

여신● 그런 비난을 듣는 것은 사실 당연한 일이지. 그들이 받은 보너스라는 것이 결국은 모두 국민의 혈세이니까. 게다가 공적자금이 투입되지 않았더라면 그 사원들은 보너스는커녕 통상적인 급여도 제대로 받기 어려웠을 것 아닌가? 그런데 그런 일이 미국에서만 있었나? 다른 나라에서는 없었나?

저자● 없을 리가 있겠습니까? 영국의 스코틀랜드은행(RBS)을 비롯해 유럽의 은행들도 비슷한 문제를 야기한 적이 있습니다. 스코틀랜드은행은 2008년에 영국 정부로부터 200억 파운드의 구제금융을 받았는데 10억 파운드를 성과급으로 지급한다고 해서 논란이 된 적이 있습니다.

프랑스에서도 소시에테제네랄이 임원들에게 1인당 5만~15만 유로의 스톡옵션을 부여하려고 했습니다. 이 은행은 17억 유로의 구제금융을 정부로부터 받았지요. 이런 소식을 들은 사르코지 대통령이 "구제금융을 받은 은행이 스톡옵션을 지급하면 안 된다"고 제동을 걸었다고 합니다. 프랑스에서는 이 은행뿐만 아니라 구제금융을 받은 다른 5개 대형 은행도 임직원에게 스톡옵션을 부여하려다가 포기한 것으로 알고 있습니다.

여신● 그대의 나라에서도 그런 일이 있었지?

저자● 예. 대외차입금에 대한 정부보증과 자본확충을 위한 공적자금을 받는 마당에 임원들에게 스톡옵션을 부여하기로 한 은행들이 있었습니다. 그러다가 국민여론과 감독당국의 분위기가 심상치 않게 돌아가자 포기했습니다.

여신● 그것은 다행스러운 일이네. 경영을 건실하게 해서 국민의 세금이 허비되지 않았다면 임직원에게 스톡옵션이나 성과급을 지급한다고 해서 크게 비난의 대상이 되지는 않겠지.

저자● 존귀하신 여신의 지적에 동의합니다. 그러나 많은 사람들이 그런 평범한 상식을 거역하는 것이 현실입니다. 같은 인간으로서 존귀하신 여신을 뵐 면목이 없습니다.

여신•　　그대의 마음을 내가 이해하네. 그런 몰상식한 일들을 나에게 와서 이야
기하는 그대의 마음도 몹시 언짢을 것임을 내가 충분히 헤아리고 있네. 그
런데 AIG의 경우 보너스 파동으로 말미암아 보이지 않는 손실을 많이 입었
다고 생각되지 않나?

저자•　　어떤 손실 말입니까?

여신•　　이미 막대한 액수의 공적자금을 투여받아 '부실금융회사'로 인식되고
있는 마당에 보너스까지 지급한 탓에 국민들에 의해 '몰지각한 탐욕집단'
이라는 낙인까지 찍히게 됐지. 그러니 리디 CEO도 의회에서 "AIG라는 이
름이 너무나 망신을 당해 회사이름까지 바꿔야 할 것 같다"고 말하지 않을
수 없었지. 1919년에 창업한 뒤 세계 최대의 보험회사로 우뚝 섰던 회사가
어쩌다가 그렇게까지 됐는지 가슴이 아프네. 한 마디로 과도한 보너스 욕
심이 그 이름을 더럽힌 것 아닌가? 이익도 추구해야 할 때 추구하는 것인데
말이야. 이제 와서 이름을 바꾼다고 그 AIG가 어디로 갈까? 앞으로 미국인
들은 물론이고 다른 나라 사람들도 AIG와 보험거래 하기를 기피하게 되지
나 않을까 걱정되네.

저자•　　저도 그것을 걱정하고 있습니다. 사람이나 기업이나 명성을 얻기는 어려
워도 잃기는 한순간이지요. 일단 상실한 명성을 예전처럼 되살리기는 훨씬
더 어렵고.

여신•　　그런 점에서 AIG의 보너스 파동은 일종의 '자해행위'였다고 볼 수도 있
어. 그러니까 실리적인 측면에서도 그것은 잘못된 것이라고 말할 수 있지.
AIG는 기존의 고용계약에 따른 예정된 보너스 지급이었다고 주장했지만,

그것은 '경우에 맞지 않는 진실'일 뿐이야. 아무튼 AIG 사람들은 사태를 좀더 길고 폭넓게 보고 참았어야 하는 것인데, 참으로 안타까운 일이네. 하긴 '인간여우'들에게 그 이상을 기대하는 것은 무리일지도 모르지. 19세기 영국의 지식인 토머스 칼라일이 한 말 기억나나?

여우는 어디에 오리가 있는지를 압니다! 그러나 세상 도처에 흔해 빠진 '인간여우'들이 기껏해야 오리가 어디에 있는지 따위의 일 이외에 무엇을 알겠습니까?

— 토머스 칼라일, 《영웅숭배론》, 박상익 옮김, 한길사

저자●　인간은 참으로 자기이익 앞에서는 어쩔 수가 없구나 하는 생각을 하게 됩니다. 인간이 본래 선한지 악한지는 잘 모르겠지만, 조금이라도 더 이익을 얻으려고 하는 데서는 모두가 똑같지요. 물불을 가리지 않습니다. 조금만 틈이 나면 비집고 들어가 최대한의 이익을 챙기려는 본능을 억제하지 못하거든요.

여신●　그래도 선량하고 스스로 희생하는 사람들도 꽤 많지 않은가? '착한 사마리아 사람'처럼 말이야.

저자●　예, 없지는 않습니다. 그렇지만 진정으로 스스로 희생하는 사람들이 얼마나 될까요? 극소수일 겁니다. 그런 사람들은 '행복의 섬'에서 살아야 할 사람들인데 이 풍진 세상에 잘못 태어난 것인지도 모르지요.

여신●　재미있는 이야기로군. 그렇지만 너무 냉소적이네. 그런 인간의 이기주

의적 속성과 그로 인한 무질서를 다스리기 위해 인간사회에서 법으로 규칙
도 정하고 질서를 잡아가는 노력도 하고 있지 않은가?

저자● 맞습니다. 법이 그런 무질서를 막는 데 어느 정도의 효과는 내고 있습니
다. 그렇지만 많은 경우에 법은 너무 멀리 있습니다. 가까이에 있는 상식은
안개처럼 막연하고요. AIG가 지급한 보너스를 세금으로 환수하겠다는 법
안이 한때 미국 의회에서 마련됐지요. 이 법안은 문제가 불거졌을 당시에
하원에서는 압도적으로 통과됐지만 그것이 상원을 거쳐 실제로 제정됐다
는 말은 들어보지 못했습니다. 부실금융회사의 그런 보너스 지급에 대한
미국 정부의 태도 역시 그동안 달라진 것 같습니다. 초기에 강경하던 태도
가 시간이 흐르면서 약해진 듯합니다.

여신● 미국 정부의 그런 태도변화는 당장 금융회사들의 부실자산을 정리하는
일에 민간자본을 끌어들이려는 계획 때문이 아닌가?

저자● 제가 보기에도 그런 것 같습니다. 바니 프랭크 미국 하원의원도 "당국의
경기회생 노력에 적극 동참하는 기업과 금융회사는 보너스 규제 대상에서
제외하기로 했다"라고 말했지요. 그렇지만 프랑스 정부는 오히려 단호한
태도를 보여 이채롭습니다.

여신● 그런가? 프랑스는 어떻게 했나?

저자● 프랑스는 구제금융을 받은 금융회사의 경우에는 스톡옵션과 보너스 지
급을 아예 금지하는 행정명령을 발동했습니다.

여신● 그것은 미국도 마찬가지 아닌가? 긴급경제안정법(EESA)에 구제금융을
받은 금융회사에 대해서는 보너스 지급을 규제한다는 내용이 들어가지 않

았나?

저자● 그렇습니다. 그러나 그것은 향후의 부실에만 적용되고 기존의 부실에는 적용되지 않는다는 맹점을 갖고 있습니다. 그래서 AIG를 비롯한 부실 금융회사가 상식 밖의 보너스 잔치를 벌여도 아무 대책이 없는 것입니다. 다만 이런 사태를 겪으면서 이제는 금융회사의 과도한 보수에 대한 규제가 세계적인 흐름이 된 것 같습니다. 미국이나 유럽 각국이 금융회사의 보수에 대한 규제를 금융개혁 과제의 하나로 내세운 데 이어 G20 정상회의도 각국에 그러한 규제의 도입을 재차 촉구했으니까요. 반면에 금융회사들은 보수에 대한 규제는 우수인력 확보에 장애가 된다면서 반발하고 있다고 들었습니다. 실제로 요즘 많은 우수인력이 금융회사를 떠나고 있다고 합니다.

여신● 금융회사들은 당사자이니 그런 논리를 제기하겠지. 금융회사들이 지금까지 머리 좋은 사람들을 데려가 쓰면서 기발한 금융상품을 끝없이 내놓으며 큰 이익을 냈으니 그런 불만을 가지는 것도 무리는 아니지. 하지만 그것은 금융의 본래 모습은 아닐세. 금융이라는 것은 본래 보수적이고 소극적으로 해야 하는 사업 아닌가? 부실화되지 않도록 재고 또 재야 하니까. 18세기의 사회철학자 루소의 말을 모든 금융인이 마음에 깊이 새겨주었으면 좋겠군.

지나치게 높이 뛰어오르는 것은 떨어지는 원인이 된다. 사소한 의무를 꾸준히 이행하는 것은 영웅적인 행위에 못지않은 노력을 필요로 할 뿐만 아니라 그것이

오히려 명예와 행복을 얻는 길이다.

— 장 자크 루소, 《참회록》, 박순만 옮김, 집문당

그러니 이제는 더 이상 '영웅적인' 금융인만 찾지 말고 평범하면서도 건실한 금융인을 찾아야 하네. 금융회사들은 그런 건실한 인재들을 데리고 착실하게 성장해나가야 할 것이네.

수출거품과 세계화의 퇴조

저자• 　존귀하신 칼리오페 여신이여, 요즘 세계는 금융위기로 말미암아 심각한 경기침체에 시달리고 있습니다.

여신• 　그렇지. 그중에서도 특히 수출이 경제를 이끌어가던 나라의 어려움이 크다면서?

저자• 　그렇습니다. 대표적인 예가 일본입니다. 2008년에 약 80억 달러의 무역적자를 냈습니다. 1980년 이후 처음이죠. 경기위축으로 수입도 4.1% 줄었지만 수출이 16.4%나 줄어들었기 때문입니다.

여신• 　그런 추세가 2009년에도 계속되고 있나?

저자• 　더욱 심해졌습니다. 특히 1월에는 무려 100억 달러의 적자를 기록했습니다. 3월에는 소폭 흑자를 내긴 했지만 수출 감소율이 무려 45.6%에 이르렀다고 합니다. 수출액의 절반이 날아가 버린 셈이죠. 아마도 수출감소 분야의 금메달감이 아닌가 합니다. 일본은 세계 2위의 경제대국이자 강력한

제조업 경쟁력을 자랑하는 나라입니다. 그런 나라가 무역적자를 내리라고
는 저로서는 상상을 못했습니다.

여신●　　우리 신들이 보기에도 놀라운 일이네. 어떻게 수출이 그렇게 큰 폭으로
줄어들 수 있는지 이해하기가 쉽지 않네. 그런 정도라면 일본경제의 상황
이 암울하겠네.

저자●　　말할 나위가 없죠. 일본경제는 2008년 9월에 세계 금융위기가 발생하자
그 폭풍 속으로 바로 휩쓸려 들어갔습니다. 그래서 일본의 그해 4분기 성장
률이 전분기 대비 −3.4%를 나타냈습니다. 2009년 1분기 성장률은 −4.0%
로 더 악화됐고요. 국제통화기금(IMF)은 4월에 발표한 〈세계경제전망〉 보
고서에서 일본의 2009년 경제성장률을 −6.2%로 예측했습니다. 경제협력
개발기구(OECD)도 −6.6%로 예상하고 있습니다. 이런 전망대로라면 일본
경제는 이전 5년간 성장한 것을 고스란히 반납하게 된다고 합니다.

여신●　　그렇다면 일본의 위기감이 매우 크겠군. 2차 세계대전 이후 최대의 경제
위기라고 봐도 되겠네. 일본은 1990년대에도 장기간 불황을 겪었지. 2000
년대에 들어서는 어느 정도 회복됐던 것 같은데 이제 다시 불황 속으로 빠
져든다는 것인가? 예전에는 주로 내수부진 때문에 일본경제가 침몰 직전까
지 몰렸는데 이번에는 수출거품이 꺼졌기 때문이라고 봐야겠군.

저자●　　그래서 외국의 어떤 경제잡지는 일본경제가 수출에서 발생한 거품 때문
에 다시 어려움을 겪게 됐다면서 1990년대의 '잃어버린 10년'에 그치지 않
고 '잃어버린 20년'을 겪게 될 가능성이 있다고 경고하기도 했습니다.

여신●　　일본에 대해서는 '나라는 잘 살아도 국민은 가난하다'는 평가가 오래전

부터 나돌았지. 나라의 자원이 기업을 키우는 데 집중된 결과로 수출이 잘 되고 외화가 풍부해졌지만, 국민의 살림은 넉넉하지 않다는 비판이었지. 과거에는 그래도 수출로 벌어들인 외화로 부족한 내수를 보완할 수 있었 지. 또 그런 재미에 빠져 내수를 살리기 위한 노력을 등한시하고 수출거품 에 취해 있었다고나 할까? 결국 내수부진이 해결되지 않은 상황에서 수출 마저 급전직하하니 설상가상이라고 할 수 있겠네.

저자● 　세계 제1의 수출대국인 독일도 상황이 나쁘기는 마찬가집니다. 2008년 에도 독일의 수출액은 자그마치 1조 4650억 달러에 달했습니다. 그렇지만 금융위기의 영향으로 독일의 수출도 급감하고 있습니다. 2008년 4분기에 시작된 수출감소는 2009년에 들어 가속화돼 1분기 중에는 전년 같은 기간 에 비해 21%의 감소율을 나타냈습니다. 그 결과 독일은 2008년 4분기에 전

분기 대비 −2.1%의 성장률을 기록 한 데 이어 2009년 1분기에는 성장률 이 −3.8%로 더 나빠졌습니다. 1분 기 성장률은 1970년 이후 가장 낮은 것입니다. 이 나라의 2009년 연간 성 장률에 대해 국제통화기금은 −5.6% 로 전망했고, 독일의 중앙은행인 분 데스방크도 −5%선까지 내다봤습니 다. 심지어 −7%로 추락할 것이라고 예측한 민간은행도 있습니다. 예측

2008년 국가별 수출액(단위: 억 달러)		
순위	국가	수출액
1	독일	1조 4650
2	중국	1조 4280
3	미국	1조 3100
4	일본	7820
5	네덜란드	6340
6	프랑스	6090
7	이탈리아	5400
8	벨기에	4770
9	러시아	4720
10	영국	4580
10	캐나다	4560
12	한국	4220

자료: 세계무역기구(WTO)

치가 기관마다 다르지만, 독일경제가 전례 없이 심각한 곤경에 처한 것은 분명한 것 같습니다. 프랑스의 누군가는 독일이 마치 전쟁상황 같다고 말했을 정도입니다.

여신●   그러고 보니 세계의 대표적인 수출대국 두 나라가 지금 몹시 힘들어하고 있는 것 같군.

저자●   그렇습니다. 독일의 이웃나라인 프랑스의 경제도 위축되긴 했지만 그 폭은 상대적으로 작은 편입니다. 2008년 4분기에 프랑스는 전기 대비 −1.1%의 성장률을 기록했습니다. 이 나라의 2009년도 경제성장에 대해 국제통화기금은 −3.0%로 예측했습니다. 이런 예상대로 된다면 그래도 이 엄동설한에 프랑스는 상당히 선방하는 것이라고 할 수 있겠지요.

여신●   우리 신들의 세계에서도 독일이나 일본 같은 나라가 그토록 심각한 수출감소와 경제침체를 겪는 현상을 놓고 갑론을박이 한창이네.

저자●   저도 프랑스 같은 나라에 비해 독일과 일본이 그렇게 수출에 더 큰 타격을 받고 경제침체를 더 심하게 겪는 이유가 무엇인지 궁금합니다.

여신●   프랑스는 모든 신의 영역을 차별 없이 존중하기 때문이라고 여겨지네. 다시 말해 프랑스는 제조업은 물론이고 농업이나 관광 등 모든 산업이 고르게 발전한 나라이지. 이에 비해 독일과 일본은 차별이 심하네. 수출의존도가 높은데다가 수출품 역시 대체로 고가품이 많지. 그런

국가별 2009년 경제성장률 전망 (단위: %)	
미국	−2.8
독일	−5.6
프랑스	−3.0
영국	−4.1
일본	−6.2
한국	−4.0
싱가포르	−11.0

자료: IMF

품목은 대체로 경기에 민감한 품목 아니겠나? 호황기에는 다른 나라의 높은 수요에 힘입어 수출이 활발하게 이루어지지만 불황기에는 수요가 급격하게 줄어든다네.

저자 그런 이야기를 다른 데서도 들은 적이 있습니다. 이를테면 자동차의 경우 독일의 벤츠나 베엠베, 일본 도요타의 렉서스는 모두 고가품이기 때문에 요즘 판매하기가 무척 어렵다고 합니다. 주요 수출상대국인 미국이나 영국이 모두 금융위기로 심각한 경제난을 겪고 있으니 팔 곳이 마땅치 않은가 봅니다.

여신 국내시장도 마찬가지일 거야. 독일과 일본이 아무리 경제대국이라지만 국민들이 그렇게 비싼 자동차를 함부로 사지는 못할 테지.

저자 그렇습니다. 일본의 도요타는 2009년의 국내 생산량을 280만 대로 예상하고 있습니다. 생산량이 300만 대 이하로 내려가기는 1978년 이후 처음이라고 합니다. 이에 비해 상대적으로 중저가 제품인 독일의 폭스바겐은 2008년에도 사상최대의 판매실적을 보였다고 합니다.

여신 수출감소는 그 두 수출대국뿐만 아니라 한국, 중국, 싱가포르 등 아시아 국가들도 겪고 있는 것으로 알고 있는데.

저자 그렇습니다. 중국의 2009년 1분기 수출은 2455억 달러로 전년 같은 기간에 비해 19.7% 감소했습니다. 무역흑자는 증가했지만, 이것은 수입이 더 빠르게 줄어들었기 때문입니다. 최근 10여 년 동안 중국은 수출로 많은 외화를 벌어들였지만, 이것도 더 이상 기대하기 어려울 듯합니다. 중국이 2009년 들어서도 어느 정도의 성장을 유지하고 있는 것은 수출보다 내수에 힘입은 것입니다.

한국도 2009년 상반기에 전년 같은 기간에 비해 22%의 수출감소를 감수해야 했습니다. 물론 수입이 더 큰 폭으로 줄어들어 사상최대의 흑자를 내긴 했지만, 수출감소의 파고를 피해가지는 못하고 있습니다. 한국의 대표적인 자동차회사인 현대자동차의 경우 1분기 수출이 전년 같은 기간에 비해 59%나 줄어들었습니다. 1분기 중 한국의 조선수주는 단 1척에 불과했고요. 환율이 꽤 올랐음에도 불구하고 수출은 정부와 국민들의 기대만큼 살아나지 못하고 있는 형편입니다.

여신● 로마시대의 시인 베르길리우스의 시가 떠오르는군.

그때 일리움 전체가 불 속에 주저앉고

넵투누스신이 세운 트로이 성이 밑바닥에서부터

뒤집어지는 것 같았습니다.

마치 산꼭대기에서 고목이 된 물푸레나무를

나무꾼들이 무쇠와 양날도끼로 쳐서

넘어뜨리려고 할 때와도 같았습니다.

— 베르길리우스, 《아이네이스》, 천병희 옮김, 숲

지금 수출이 이 시구처럼 무너지는 것 같군. 그러니 수출비중이 큰 나라가 받는 경제적 타격이 매우 크겠지.

저자● 당연히 그럴 겁니다. 예를 들면 한국의 2008년 4분기 성장률은 전기 대비

−5.1%였습니다. 연율로 계산하면 −20%에 이릅니다. 아마도 경제협력개발기구(OECD) 가입국가 가운데서 성장률 감소폭이 가장 크지 않나 생각됩니다. 다행히 2009년 1분기에는 +0.1%로 전환되기는 했지만, 수출부진으로 인한 어려움은 여전합니다. 말레이반도의 도시국가인 싱가포르도 주로 수출로 먹고사는데 2008년 4분기 −16.4%에 이어 2009년 1분기에도 −12.7%의 성장률을 기록했습니다. 정말로 충격적인 기록입니다.

여신●　아시아 국가들의 성장이 그토록 크게 후퇴한 것은 수출의 비중이 너무 크기 때문일세. 독일이나 일본도 비슷하지만, 그 두 나라와는 경우가 약간 다른 것 같네. 독일과 일본은 주로 고가품 수출이 부진해서 어려움을 겪는 것이지. 그렇지만 한국과 중국, 싱가포르의 수출품은 고가품은 아니야. 일반 시민의 일상생활에 더 요긴하게 사용되는 범용품이 많지. 그렇긴 하지만 전체 경제규모에 비해 수출의존도가 너무 높다는 것은 문제라고 봐야 할 것 같네. 중국의 경우에는 인구가 많고 내수시장의 잠재력이 크기는 하지만 지금까지의 경제성장은 거의 수출이 이끌어온 것이나 다름없고.

결국 수출감소 자체가 문제라기보다는 수출에 대한 과도한 의존 때문에 경제 전체가 몸살을 앓게 된 것이라고 해야겠지. 그러니 이번 금융위기의 폭풍을 온몸으로 맞고 있는 걸세. 실제로 금융위기를 일으킨 나라보다 아시아 국가들의 경제성적이 더 나쁜 것 아닌가?

저자●　맞습니다. 2008년 4분기에 미국의 성장률은 전분기 대비 −1.0%였고, 영국은 전분기 대비 −1.5%였습니다. 두 나라의 경제상황이 크게 악화됐다지만 한국이나 일본에 비해서는 훨씬 양호합니다. 결국 이번 금융위기의 최대 피해자는 아시아의 수출국들이라고 봐도 될 것 같습니다. 그렇다면 이런 나라들의 경우 앞으로 어떻게 해야 하겠습니까? 수출을 포기해야 하나요?

여신● 그렇다고 수출을 포기할 수야 없겠지. 수출을 해야 외화를 벌어들여 외채원리금과 배당금을 지급하고 원자재나 식량 같은 것을 수입할 수도 있으니까. 그렇지만 수출에 대한 과도한 의존은 분명히 줄일 필요가 있네. 그대의 나라는 중국이나 일본, 독일보다도 더 심하게 수출에 의존하고 있지?

저자● 그렇습니다. 그러면 내수기반을 강화해야 한다는 말씀입니까?

여신● 물론이지. 수출에만 과도하게 의존하다 보면 해외에서 강풍이 불어올 때 더 많이 휘청거릴 수밖에 없으니까. 그것은 뿌리가 깊지 않은 데도 키만 커진 나무가 바람에 쉽게 꺾이는 것과 마찬가지 이치일세. 반면에 뿌리도 깊다면 웬만한 바람은 잘 견뎌낼 수 있겠지. 일본, 한국, 싱가포르는 바로 뿌리도 깊지 않으면서 높이 솟아오른 나무와 비슷한 경우 아니겠나?

저자● 그러면 이제부터라도 뿌리를 깊게 하고 줄기도 좀더 견고하게 만들 필요가 있다는 말씀이지요?

여신● 당연하네. 그런데 그 방법이 어렵네. 무조건 돈만 뿌린다고 되는 것도 아닐세. 돈을 뿌리는 것은 일시적인 경기부양을 위해서는 필요하지만 항구적인 방안이 될 수는 없네. 어쨌든 국내의 유효수요 기반을 확충해야 하는 것이 분명하네. 그 방법이 문제일 뿐이지. 국제통화기금이 2009년 5월에 제시한 방안을 보면 아시아 수출국들이 앞으로 해야 할 일이 무엇인지가 다소 분명해지네. 한마디로 좀더 강한 사회적 보호체계를 갖춰야 한다는 것이네. 자기와 가족의 건강과 교육, 그리고 퇴직 후에 안정된 생활을 누리기 위해 저축을 해야만 한다고 생각하는 국민의 강박관념을 줄여주어야 한다는 것이지. 이런 지적은 지금 그대의 나라에 아주 잘 들어맞는 것 아닌가?

저자● 그런 것 같습니다. 한국은 지금 자녀교육이나 노후생활을 위해 다른 지출은 무조건 줄이지 않으면 안 되는 나라입니다. 의료비도 스스로 준비하지 않으면 안 되고요. 가족 가운데 누군가가 아프게 되면 집안이 풍비박산 나고 마니 미리미리 저축해서 대비하지 않을 수 없습니다. 안정되고 유쾌한 삶을 위한 소비는 제대로 하기 어렵습니다. 과도한 소비도 문제이지만 너무 억제된 소비 역시 곤란합니다. 소비가 너무 억제된 상태에서는 경제의 안정된 발전을 위해 필요한 내수를 확보하기가 근본적으로 어려우니까요.

여신● 한 가지 더 유의해야 할 점이 있네. 그대의 나라를 비롯해 아시아 각국의 수출이 결국은 선진국을 비롯한 해외의 거품소비로부터 '은혜'를 받은 것임을 잊지 말아야 하네. 다시 말해 미국 등 선진국 국민들이 소득 이상으로 빚을 내서 하는 소비가 소비재 수입을 필요 이상으로 늘어나게 했다는 것이네. 과거에는 그로 인한 거품이 세계를 뒤덮었는데, 앞으로도 그런 거품소비를 기대할 수 있을까?

저자● 어려울까요?

여신● 내가 보기에는 어려울 것 같네. 거품소비의 대국인 미국에서도 최근에는 소비를 줄이고 저축을 늘리고 있다는 소식을 그대도 들은 바 있지? 미국도 이제 '검약'한 나라가 돼가고 있다는 외신보도도 있었지.

저자● 그렇습니다. 그렇지만 앞으로 미국경제가 회복되면 미국 국민의 소비도 다시 예전처럼 살아날 수 있지 않을까요? 각국이 금리인하나 그 밖의 여러 방법으로 돈을 많이 풀면 경기가 회복되고 자동차나 전자제품 같은 내구소비재에 대한 수요도 늘어나지 않을까 하는 기대가 있습니다.

여신● 그런 기대는 물론 할 수 있겠지. 그렇지만 기대가 때로는 사람을 속이는 수가 있다는 것을 그대는 알아야 하네. 미국을 비롯한 세계 각국이 내수를 살리기 위한 경기부양을 꾸준히 추진하고 있는 것은 틀림없네. 그 덕분에 한국, 중국, 일본 등 아시아 각국과 독일의 수출도 어느 정도는 회복될 수 있을 거야. 그렇지만 이제는 선진국들도 거품소비를 되풀이해서는 안 된다는 것을 절실하게 느끼고 있네. 그래서 과거와 같은 선진국의 무분별한 소비는 되살아나기가 어렵고, 그대 나라의 수출도 기대만큼 증가하지는 않을 걸세. 미국의 티머시 가이트너 재무장관도 "더 이상 미국인의 통큰 소비에 기대지 말라"고 했잖아?

저자● 그래도 환율이 비교적 높으니 거기에 기대면 안 될까요?

여신● 그것 역시 어리석은 생각이라고 여겨지네. 영국의 금융감독청(FSA)에서 나온 〈터너 보고서(Turner Review)〉를 보라고. 거기에 보면 중국을 비롯한 신흥 아시아 국가들의 막대한 경상수지 흑자가 이번 위기의 먼 원인으로 지목돼있다네. 그리고 신흥 아시아 국가들이 '상당히 관리된' 환율을 유지해 왔다고 지적돼있네. 미국의 가이트너 재무장관도 취임일성으로 중국을 '환율조작 국가'라고 비난한 바 있고. 그런 시각이 비단 중국만을 겨냥한 것이라고 생각해서는 안 되네. 그대의 나라도 표적에서 벗어날 수 없는 노릇일세. 따라서 환율이 언제나 그대의 나라에게 유리한 수준으로 유지된다고 보기 어렵네.

저자● 그렇다면 한국의 원화 환율이 2008년 하반기부터 2009년 상반기 사이에 많이 오르는 동안에 선진국들이 이에 대해 아무런 언급도 하지 않았던 것은 어떻게 이해해야 할까요?

여신● 그것은 한국의 대외신인도가 약해졌기 때문이지. 한국의 경제체질이 다소 약해진 상태라고 해외에서 생각했을 것이네. 그 무렵에는 비단 한국만 그런 것이 아니라 외채가 많고 대외신인도가 불안한 나라들이 대체로 그랬지. 그렇지만 과도하게 높은 환율은 한국의 '경제적 건강'에 해롭네. 계속 방치하면 금융회사나 기업들의 재무구조가 나빠지니까. 따라서 환율은 적당한 수준으로 안정시키지 않으면 안 되네.

저자● 결국 높은 환율에 의지하는 수출도 한없이 계속되기를 기대할 수는 없다는 말씀인가요?

여신● 그렇다네. 그리고 요즘처럼 세계경제와 국제무역의 여건이 나빠진 경우에는 환율이 높다고 해도 수출에 큰 도움이 되지는 않을 걸세. 오히려 국내 물가만 올려 내수를 살리는 데 장애만 될 뿐이네.

저자● 어느 모로 보나 수출에 의한 경제성장 모델은 이제 한계에 와있는 셈이군요. 선진국의 수요나 환율이나 어떤 변수를 봐도 마찬가지 결론이 나오는 것 같아요.

여신● 그렇지. 그대의 나라도 이제는 수출거품에만 매달릴 것이 아니라 내수를 살리기 위한 노력을 기울여야 할 걸세. 이것은 그동안 수출을 위주로 성장해온 모든 나라가 지금 직시하고 수용해야 할 운명일세.

저자●　　존귀하신 여신의 충고를 진심으로 고맙게 받아들이고자 합니다. 그런데 수출거품이 빠지는 것을 두고 "국제무역이 사실상 붕괴됐다"고 말하는 전문가들도 있습니다만, 이보다 더 큰 문제가 있습니다. 국가간 상품무역뿐만 아니라 사람과 돈의 이동도 정체상태에 빠졌다는 것입니다.

여신●　　그렇겠지. 물건을 판매하러 해외로 나가는 사람이 줄어들 뿐만 아니라 경제적 어려움으로 말미암아 해외여행 같은 것도 찬바람을 맞게 되겠지.

저자●　　맞습니다. 그래서 여행관광산업이 요즘 고전을 면치 못하고 있습니다. 특히 대서양을 오가는 항공노선이라든가 아시아와 미주를 오가는 비행기편이 승객의 감소로 큰 타격을 받고 있다고 합니다. 뿐만 아니라 몰디브처럼 관광산업이 큰 비중을 차지하는 나라들의 경제사정이 상당히 어려워졌다고 합니다. 앞으로 2년 동안 세계 관광산업에서 일자리가 1천만 개나 사라질 것이라는 예측이 세계여행관광협회(WITC)에서 나오기도 했습니다. 항공사나 여행사들이 모두 큰 어려움에 직면해 어찌할 바를 모르고 있는 것 같습니다.

여신●　　금융위기의 파장이 제조업에 이어 이제는 서비스업에까지 미치는 모양이군. 국제적인 자금이동도 그런가?

저자●　　그것도 마찬가지입니다. 한국금융연구원이 세계금융연구소(IIF)의 자료를 인용해 설명한 바에 따르면 아시아나 유럽의 신흥국가로 유입되는 자본의 규모가 가장 활발하게 유입됐던 2007년에 비해 80% 이상 감소했다고 합니다. 중국으로 유입되는 직접투자도 2009년 들어 크게 줄어들었다고 하고요. 한때 국제 투자자금이 몰리던 중동의 두바이도 요즘은 투자자금이 썰물처럼 빠져나가는 바람에 어려움에 처해있다는 소식이 전해지고 있습니다.

여신● 얼마 전에 〈일본경제신문〉이 "세계는 지금 사람, 돈, 물건의 움직임이 정체에 빠졌다"라고 지적한 바 있지? 정확한 표현인 것 같네.

저자● 결국 그것은 세계화의 퇴조 현상이 아닐까 하고 저는 생각합니다. 20년 가까이 한국을 포함해 세계의 많은 나라들을 들뜨게 했던 세계화가 이제는 저물어간다는 말입니다.

여신● 글쎄. 그건 너무 성급한 결론 아닌가? 국경을 넘나드는 인간활동이 다소 위축되고 있는 것은 사실이지만 세계화 자체가 퇴조한다고 말할 수 있을까?

저자● 저도 성급하게 판단할 생각은 없습니다. 하지만 사람, 돈, 물건의 국제적 흐름은 금융위기 이전과 비교할 때 확실히 줄어든 것 같습니다.

여신● 그런 점에서 세계화가 '다소 후퇴' 하고 있다고 말할 수는 있을 것 같네. 이런 상황은 하루 빨리 국가간 협력을 통해 극복해야겠지. 국가들 사이에 활발한 교류가 있어야만 문화와 사상도 전파되면서 뒤섞일 것이고, 국가간 분쟁 가능성도 줄어들 테니까. 그렇지만 세계화라는 것이 언제나 인간에게 유익한 것이라고 말할 수 있을까? 언필칭 세계화라는 말은 실상을 분식하는 효과가 있는 것이 아닌가?

저자● 무슨 뜻인가요?

여신● 오늘날 통용되는 '세계화' 라는 말은 그대가 말하는 바와 같은 무역이나 여행 등 선의의 국제교류만 뜻하는 것은 아닐 것이네. 다른 한편으로는 인간의 추악한 탐욕이 세계적인 규모로 확산되는 것을 미화하는 말이라고 볼 수도 있지 않을까?

저자● 존귀하신 여신께서 하시는 그 준엄한 지적을 이해할 듯하면서도 잘 모르겠습니다.

여신● 그대의 나라가 소중하게 생각하는 쌀 문제를 생각해보면 쉽게 이해할 수 있을 거야. 아마도 그대의 나라에서 세계화라는 말이 보편적으로 사용되기 시작한 것이 1990년대 초부터였지. 당시 김영삼 정부가 세계화를 부르짖었는데, 그로부터 얼마 지나지 않아 우루과이라운드 협상이 완전히 끝나고 세계무역기구가 출범했네.

저자● 그렇습니다. 그때 쌀시장도 결국 개방됐지요.

여신● 바로 그것이네. 쌀시장의 개방은 '세계화' 의 논리에서 보면 타당한 것이지. 모든 품목의 시장접근을 최소한이라도 허용해서 무역을 촉진해야 한다는 것이니까. 그렇지만 그대 나라의 입장에서 보면 쌀시장은 굳이 개방해야 할 필요가 있는 것은 아니었지. 쌀이 주식이고 자급자족되고 있는데 억지로 수입까지 할 필요는 없었으니까. 그런데도 선진국들이 그대 나라에 쌀시장을 개방하라고 요구한 것은 무엇 때문이었겠는가? 외국의 쌀 생산업자와 쌀을 거래하는 다국적기업들에게 문을 열어주고 장사를 할 환경을 만들어주라는 것 외에 아무것도 아니었네. 그렇지 않은가?

저자● 그런 것 같습니다. 어쨌든 한국의 쌀시장은 개방됐지요. 1997년의 외환위기 이후에 자본시장이 전면 개방된 것도 같은 원리로 이해해야 될까요?

  구체적인 방식은 다르지만 결국은 동일한 이치로 설명될 듯하네. 한국의 자본시장을 전면 개방하라는 미국의 요구도 1990년대 초부터 본격적으로 제기됐지. 1990년대 초라고 하면 동유럽과 사회주의권이 사실상 붕괴한 직후 아닌가? 세계가 자본주의 체제 하나로 사실상 통일된 셈이었지. 적어도 '철의 장막'과 같은 정치적, 이념적 장벽은 없어진 것이네. 그런 상황에서 미국 등 자본주의 중심국들의 금융자본이 전 세계로 질주하기 시작했고, 그들의 질주를 가로막는 모든 장벽은 제거의 대상이 된 거야. 외국 금융자본의 국내 진입을 가로막는 자본시장 규제는 공격의 명쾌한 표적이었다고 할 수 있겠지.

  존귀하신 여신께서 세계화의 속살을 잘 드러내주신 것 같습니다. 미국이나 영국 등 선진국의 금융자본은 '선진 금융기법'을 앞세워 전 세계로 진출해 고수익을 내려는 욕구가 강렬했지요. 그럼에도 한국은 부분적으로만 자본시장을 개방하면서 버티다가 외환위기를 맞은 뒤에 전면 개방하게 됐습니다. 당시 한국은 보유외환이 바닥을 보이는 바람에 달러화의 돈줄을 장악하고 있는 외국의 요구를 거절할 수 없었지요. 결국 선진국의 금융자본이 요구한 대로 한국은 걸어두었던 빗장을 완전히 풀어버리고 만 것입니다.

  그렇지. 1990년대 이후에 헤지펀드를 비롯한 선진국의 투기자본이 한국을 비롯한 동아시아 국가와 유럽 등지로 사업무대를 확장해가는데 그것을 끝까지 막아낼 장벽은 없었다네. CDO나 CDS 등 괴물 파생금융상품까지 침투해왔고. 한국과 일본의 큰 금융회사들은 이런 상품을 멋모르고 샀다가 그것이 부실화되는 바람에 크게 곤욕을 치르지 않았나. 이것이 어찌 보면 '세계화'의 진면목이 아니겠나? 좀더 심하게 이야기하면 오늘날의 세계화는 '헤지펀드의 세계화' 또는 '투기자본의 세계화'라고 해도 과언이 아니네. 더욱이 1990년대 말 이후에는 정보통신기술이 비약적으로 발전해서 미국의 월스트리트에 자리 잡고 있는 금융자본이 전 세계 시장을 주무르는 것도 쉬워졌네. 컴퓨터 단말기 앞에 앉아서 다른 나라의 주식이나 채권을 사고팔면서 시장을 좌지우지할 수 있게 됐으니까.

저자● 2008년 말부터 2009년 초까지 한국에서 환율이 급등하는 등 금융시장이 겪은 큰 혼란도 그런 측면에서 이해해야 할까요?

여신● 그것은 일차적으로 그대의 나라가 약점을 갖고 있었기 때문이지. 대외채무가 지나치게 많다든가 하는 문제점들이 있었던 것은 틀림없으니까. 그렇지만 헤지펀드 등 투기자본의 준동에 큰 영향을 받은 것도 사실이네. 동유럽 국가들도 마찬가지였고. 이처럼 세계는 지금 투기자본의 투기적 거래에 따른 충격과 공포에 너무 많이 노출돼있는 것이 현실이라네.

저자● 그렇다면 세계화라는 것이 실은 '탐욕의 세계화'라고 해야 더 옳을지도 모르겠군요.

여신● 꼭 그렇다고만 할 수는 없겠지만, 그것이 적어도 세계화의 중요한 일면을 보여주는 것은 틀림없네. 사실 우리 신들이 보기에 인간은 탐욕이라는 페스트균을 갖고 있네. 20세기 금융자본의 탐욕이 그런 페스트균과 비슷한 것이 아닐까? 20세기 후반의 세계화가 금융자본의 탐욕이라는 페스트균을 키우다가 마침내 세계적인 금융위기를 촉발시킨 것이라고 보면 될 걸세.

그런데 그 폐해는 페스트라는 질병보다 더 해롭고 위험하네.

저자● 어떤 점에서 그렇습니까?

여신● 페스트라는 질병은 증세가 명백히 나타나기 때문에 치료하기 위한 대상과 수단도 분명하지. 이에 비해 금융자본의 탐욕이라는 것의 실체는 눈에 잘 들어오지 않아 얼른 알아보기가 어렵네. 게다가 금융위기로 말미암아 삶을 포기하고 스러져간 사람들은 소리 없이 늘어나고. 그들의 숫자는 헤아리기도 어렵네. 그러니 치유하기도 어렵지. 참으로 무서운 것은 보이지 않는 법이라네.

저자● 탐욕이라는 페스트균이 얼마나 무서운지 알겠습니다. 특히 금융자본의 탐욕이 초래하는 무서운 결과를 이해할 듯합니다. 그렇지만 원래 세계화라는 것이 그런 것은 아니라고 저는 생각해왔습니다. 동서고금을 막론하고 물자와 사람과 돈이 자유롭게 오가면서 문명을 발전시켜나가는 과정이라고 생각해왔죠. 세계화 덕분에 인류는 폐쇄적이고 고립된 삶에 머무르지 않고 다양한 문명을 발전시키면서 교류하게 된 것입니다. 그 주역은 상인 혹은 무역인이 맡아 왔고요. 명저《로마제국 쇠망사》를 쓴 에드워드 기번이 말했듯이 상인은 인류의 영원한 벗이니까요.

여신● 그대가 말한 대로 세계화가 인류문명의 발전과 확산에 지대한 역할을 한 것은 틀림없네. 고대의 페니키아인와 그리스인, 그리고 아라비아의 대상이 세계화에 각각 한몫을 했지. 불교나 그리스도교 등의 포교에 앞장선 사람들도 세계화에 한몫을 했다고 볼 수 있고. 그렇지만 근대 이후의 상인들은 권력과 손잡고, 탐욕의 손길을 뻗치고, 세계를 식민지로 만들어버렸네. 영국이나 네덜란드의 동인도회사 등을 통해 그렇게 하지 않았나? 그러니 근대 이후의 세계화는 바로 탐욕의 세계화라고 해도 과언이 아닐 걸세. 오늘날에는 미국과 영국을 중심으로 한 앵글로색슨족의 금융자본이 그 첨병이 돼있고.

저자● 그러니까 결론적으로 오늘날의 세계화는 참된 세계화가 아니라 탐욕의 세계화이고, 그것이 극단적으로 발전한 끝에 현재와 같은 세계 금융위기를 낳았다는 말씀인가요?

여신● 요약하자면 그렇지. 그러므로 이제는 세계화의 허울을 쓰고 빚어진 탐욕과 투기의 확산을 억제해야 할 것이네. 최근에 무분별하게 진행돼온 탐욕의 세계화를 견제하기 위한 인간의 노력이 절실한 때이네. 세계화만이 살 길이요 번영의 길이라고 많은 사람들이 주장하고 믿어 왔지만, 과연 그런 주장이 옳은지에 대해서도 진지한 반성이 필요하지 않을까?

저자● 존귀하신 여신께서 강조하고 싶은 것은 결국 과거와 같은 '들뜬 세계화'를 재검토해야 한다는 것이지요? 사실 최근 10여 년 동안 한국에서는 미국 투자은행 출신이 과도하게 우대받는 등 이해할 수 없는 일이 많이 벌어졌습니다. 그런 인물들이 무슨 대단한 선진 금융기법이나 배운 것처럼 행세하고, 스톡옵션이다 뭐다 하며 낯선 제도를 앞장서서 들여왔어요. 그러다 보니 해외에서 대학을 다니고 해외의 기업이나 금융회사에 근무해본 경험이 있어야만 국내에서 인정받는 풍토가 조성됐습니다. 이런 풍토는 다시 '무작정 조기유학'이나 '영어에 대한 맹종'만을 조장하게 됐고요.

그렇다고 해서 한국이 다시 '은둔의 국가'로 돌아갈 수는 없는 노릇 아닙니까? 비단 한국만이 아니라 '개방'과 '세계화'가 경제의 근간을 이루고 있는 나라라면 어디에서나 이런 고민이 깊을 수밖에 없지요. 한국은 2008년에 수출액에서 세계 12위에 올랐고, 수입규모에서도 세계 10위를 차지했습니다. 영토와 인구의 규모 면에서 작은 나라이면서도 G20 국가의 일원이 됐고요. G20 국가 가운데 영토의 크기로 보면 대한민국이 아마도 가장 작은 나라가 아닌가 합니다. 이런 것들이 모두 세계화로 인해 가능했던 일이라고 모두들 생각하고 있습니다. 그러다 보니 이 나라에는 세계화의 필요성을 부인하는 사람이 거의 없다고 할 수 있을 것입니다.

여신●　그렇지만 세계화 자체가 흔들리는 요즘과 같은 때에는 지난날을 차분히 돌이켜볼 필요가 분명히 있다네. 2009년 들어 세계에 나돌고 있는 신종플루의 예를 보자고. 누군가가 그렇게 말했다지? 지금은 '국경 없는 질병의 시대'라고. 맞는 말이네. 그대의 나라에서 여행이나 유학 또는 사업을 하러 해외에 나가는 사람도 많고, 거꾸로 그대의 나라를 방문하는 외국인도 많지. 그러니 그대의 나라도 질병을 옮기는 바이러스의 영향에서 벗어날 수 없지. 그 질병을 옮긴 사람들 가운데 일부는 외국인 영어강사였다고 들었네. 그것은 그대의 나라가 맹목적인 영어열풍에 휩싸인 결과로 초래된 부작용의 하나이지.

저자●　그런 것 정도는 세계화의 시대에 감수할 만한 부작용이라는 시각도 있습니다.

여신●　뭐 그렇게 생각할 수도 있겠지. 그렇지만 세계화를 차분하고 질서있게 추진한다면 그런 부작용은 피할 수도 있을 것이네. 그대의 나라는 세계화를 중시하면서도 세계화의 관점에서 납득하기 어려운 일도 하고 있네. 그대의 나라는 1968년부터 가난한 나라로 의사를 파견해오던 사업을 중단했다고 들었네. 보도에 따르면 예산을 절감하기 위해 그렇게 했다면서? 세계에서 무역규모가 몇 번째니 하며 자랑하는 나라로서 무책임한 처사 아닌가?

저자● 사실 그것은 제가 보기에도 세계화의 올바른 길에서 벗어난 일 같습니다. 세계인을 상대로 돈 벌 궁리만 하고, '세계화' 된 나라로서 맡아야 할 책임은 회피하는 짓이지요.

여신● 내가 말하고자 하는 것이 바로 그것이네. 그대의 이야기처럼 부작용도 감수할 만한 가치가 있다면 감수해야 하겠지. 그렇지만 주어진 책임까지 회피해서는 안 되네. 그것은 올바른 세계화가 아닐세. 그러니 그대의 나라는 이제 세계화의 방법과 속도, 그리고 세계인으로서의 책임과 의무를 진지하게 성찰해야 할 때라고 보네. 선진국에 대한 맹목적인 환상이나 맹목적인 영어열풍 같은 것도 이제는 되돌아보고 고쳐야 할 부분이 있다면 고쳐야 할 것이고. 특히 세계화의 '은혜' 를 계속 누리고자 한다면 그 속에서 보다 건설적이고 책임 있는 역할을 수행해야 할 것일세.

보호주의의 유령

저자● 존귀하신 여신이여, 안녕하셨습니까? 금융위기 발생 이후 전 세계에 떠돌고 있는 보호주의의 유령 때문에 걱정이 돼서 찾아왔습니다.

여신● 잘 왔네. 나도 그것이 걱정되네. 유령이라는 것은 우리 진짜 신들도 언짢게 하는 존재라네. 그 유령이 사람들을 괴롭혀온 탓에 정작 우리들 진짜 신에 대한 인간의 믿음조차 흔들리게 되니 말일세. 16세기의 인문주의자 에라스무스의 말을 그대는 기억하는가?

> *신은 인간을 도와주는 존재로서 포도주와 곡물과 그 밖의 다른 유익한 것을 주었다.*
>
> *— 에라스무스, 《우신예찬》*

그런데 유령은 인간을 도와주기는커녕 신과 인간 사이에서 이간질이나 하고 있다네. 보호주의 유령도 그렇지. 우리 신들은 인간이 활발한 교역을 통해 경제생활과 복지가 향상되고 민족과 국가가 서로 화합하기를 진심으로 바란다네. 그런데 금융위기가 엄습한 뒤로 보호주의 유령이 출몰하면서 신의 진심을 왜곡하고 있네. 그 유령이 미국에서 힘을 쓰기 시작했다지?

저자 ● 예, 미국이 2009년 초에 7870억 달러 규모의 경기부양법을 제정하면서부터입니다. 오바마 행정부가 법안을 만들어 의회에 제출한 뒤 하원에서 그것을 심의하는 과정에서 '바이 아메리칸(Buy American)' 조항을 삽입한 것입니다. 경기부양을 위해 고속도로, 교량, 학교, 병원 등 사회간접자본을 건설하기로 한 것은 좋은데, 거기에 미국산 철강제품 외에는 사용하지 못하게 하는 제한규정을 둔 것입니다.

여신 ● 아니, 미국에서 시작된 금융위기 때문에 전 세계가 고통을 받고 있는데 뉘우치기는커녕 그런 짓까지 먼저 한다는 말인가? 다른 나라에 대한 예의랄까 인간에 대한 염치 같은 것이 없는 것 같군.

저자 ● 저도 그런 느낌을 갖게 됐습니다. 미국의 이기적인 조치에 대한 비판과 비난이 세계 각국에서 쏟아져 나왔습니다. 미국의 이웃나라인 캐나다를 비롯해 유럽 각국과 중국, 브라질 등 미국과 교역을 많이 하는 나라들이 연이어 비판의 목소리를 낸 것이죠. 그러자 미국 상원에서 '국제협약을 준수하는 범위' 안에서 그 규정을 적용하도록 법안을 수정했다고 합니다.

여신 ● 그것은 보호주의 색채를 완전히 지운 것이 아니라 다소 연하게 한 것에 불과하네. 다른 나라들에도 보호주의 움직임을 촉발할 가능성이 있으니까 다소 완화한 것이겠지.

저자● 그렇다고 생각됩니다. 세계무역기구의 정부조달협정(GPA)에 가입하지 않은 나라, 예컨대 중국이나 브라질 같은 나라에 대한 미국의 차별대우는 여전하니까요. 그럼에도 그 법안은 결국 오바마 대통령의 서명을 거쳐 시행되기에 이르렀습니다.

여신● 미국이 금융위기로 말미암아 심각한 경제후퇴를 겪고 있다고 하지만, 그런 식으로 자국의 시장만 보호하려고 해서는 곤란한 일인데…….

저자● 당연한 말씀입니다. 미국 안에서도 비판론이 나오고 있습니다. '바이 아메리칸' 조항이 미국경제를 부양시키기보다는 외국의 보복을 불러일으켜 결국은 미국 내의 일자리를 줄어들게 만들 것이라는 지적이 제기됐습니다. 미국이 위험한 보호주의와 경제국수주의로 돌아가고 있다는 신호를 주고, 결국은 세계적인 무역전쟁을 유발할 수도 있다는 경고도 미국 안팎에서 끊임없이 나오고 있습니다. 이 때문에 미국 상공회의소가 다른 나라들의 보복을 초래할 것이라면서 문제가 된 조항의 폐기를 요구하기도 했습니다.

여신● 그런 요구를 하는 것이 합리적인 태도이겠지. 그렇지만 심각한 경기침체와 일자리 상실 위기에 직면한 미국 국민에게 그런 요구가 호소력을 갖기는 어렵겠지? 당장 보호주의 정책을 취해서 얻게 될 이익이 더 선명하게 보일 테니 말일세. 그러니까 그런 비판은 당분간 메아리 없는 외침으로 머물러 있을 것으로 보네.

저자● 저도 그렇게 생각합니다. 그렇지만 캐나다에서는 주정부들이 미국산 제품의 사용을 중단하기로 했다는 보도가 나왔습니다. 역풍이 조금씩 불기 시작한 것이죠. 앞으로 역풍이 어느 정도로 강해질지를 예측하기는 아직 어렵지만요. 미국의 구제금융법에는 문제조항이 또 있다고 합니다. 구제금융을 받은 은행이 외국인을 고용하는 것을 금지하는 조항이 의회심의 과정에서 추가됐답니다. 이것은 적용기간이 2년으로 제한돼있다는 것만 다를 뿐 보호주의 정책이라는 점에서는 마찬가지입니다. 게다가 미국은 이웃나라인 멕시코에 대해 어처구니없는 조치를 취했습니다. 멕시코 트럭의 미국 내 운행을 갑자기 금지시켜버린 것입니다.

여신●   미국이 지금 시점에서 해서는 안 될 일만 골라서 하는 것 같군. 멕시코라면 미국이 캐나다와 함께 북미자유무역협정(NAFTA)을 맺고 무역장벽을 두지 않기로 '맹세' 한 사이 아닌가? 미국이 그렇게 한다면 '맹세' 가 유명무실하게 될 텐데. 멕시코에서 반발하겠군.

저자●   당연한 일입니다. 미국이 멕시코 트럭의 운행을 갑자기 막아버리자 멕시코는 미국산 공산품 90개 품목에 대해 10~45%의 보복관세를 부과하기로 했습니다. 그리고 미국이 멕시코 트럭의 운행에 대한 금지조치를 철회해야 관세부과를 해제하겠다는 입장이라고 합니다. 전형적인 맞불작전이지요.

여신●   미국경제가 여전히 침체국면에서 벗어나지 못하고 있으니 미국 정부가 앞으로 더 강도 높은 보호주의 정책을 쓸지도 모르겠네. 미국이 중국과 철강제품을 놓고 갈등을 빚고 있다는 이야기도 들리던데.

저자●   그렇습니다. 미국이 유전개발에 사용되는 중국산 강관에 대한 덤핑조사를 개시했습니다. 중국은 당연히 반발하고 있고요. 두 나라 사이의 이런 갈등이 어떤 결과로 이어질지는 아직 예측하기 어렵습니다. 다만 각국에 잠재해있는 보호주의의 기운이 이렇게 수시로 표출되는 일 자체는 앞으로도 계속 이어질 것 같습니다.

여신 그렇지만 내가 보기에 무역상대국에 대한 미국의 공세가 아직까지는 제한적인 것 같네.

저자 물론 지금까지는 그런 것 같습니다. 중국에 대한 환율공세를 제외하면 다른 나라의 시장을 더 개방시키기 위해 열을 올리는 것 같지는 않습니다. 그것은 이미 많은 나라들이 미국의 공산품이나 농산물은 물론이고 서비스에 대해서도 시장을 많이 열어놓은 상태이기 때문이 아닐까 생각됩니다.

그렇지만 앞날이 어찌 될지는 모릅니다. 기회와 여건이 달라지면 미국이 시장개방 공세를 거세게 퍼부을 가능성이 얼마든지 있지요. 론 커크 신임 무역대표도 "미국의 수출을 가로막는 외국의 심각한 무역장벽에 대해 목록을 만들고 세계무역기구(WTO)에 제소하거나 양자협상을 할 것"이라고 큰소리친 바 있습니다. 그러니 앞으로 미국이 언제든지 다른 나라들에 거센 공세를 펼 가능성이 있다고 봐야 할 것 같습니다.

여신 미국이 보호주의 정책을 펴면 그 자체도 문제이지만 다른 나라에도 영향을 끼친다는 것이 더 큰 문제이지. 다른 나라도 당연히 방어조치를 취하지 않을 수 없을 테니.

저자 사실 이미 다른 나라들도 보호주의 정책을 쓰고 있습니다. 유럽연합(EU)은 미국산 바이오디젤에 대해 최고 29%의 반덤핑관세를 부과하기로 결정했고, 프랑스는 자동차산업에 60억 유로 규모의 구제금융을 제공하는 조건으로 공장을 프랑스 안에 유지하라고 요구했습니다. 영국도 자국 기업에 우선적으로 대출하기로 하는 조건 아래 금융업계를 지원하고 있다고 미국의 〈월스트리트 저널〉 신문이 비판했습니다. 세계무역기구(WTO)가 조사해본 결과로는 2008년 11월에 워싱턴에서 G20 정상회의가 열린 뒤로 2009년 2월까지 모두 17개 나라가 47건의 보호무역조치를 취했다고 합니다.

여신● 그렇게나 많은 나라들이 약속을 위반하고 있다는 것인가? 보호주의를 배격하자고 한 2008년 11월 워싱턴 정상회의 선언문의 잉크도 아직 마르지 않았을 텐데.

저자● 인간세계의 한 사람으로서 부끄러운 일이지만, 그것이 사실입니다. 다만 과거의 보호주의 정책과 다른 것이 한 가지 있습니다.

여신● 과거처럼 노골적인 보호주의 정책은 삼가는 것을 말하는 것이지?

저자● 그렇습니다. 말하자면 요즘의 보호주의는 과거와 같은 '고강도 보호주의'가 아니라 '저강도 보호주의'인 셈이죠. 세계무역기구도 지적했듯이 수입관세 부과 등 명백한 보호주의 조치는 전체의 3분의 1 수준에 머물러있습니다. 나머지는 대체로 국제 무역규범의 테두리 안에서 애매모호한 형태로 위장돼있다고 합니다. 왜 그렇게 하는지를 저는 잘 모르겠습니다.

여신● 그것은 이해하는 데 별로 어렵지 않을 것 같네. 최근 인간세상에서는 자유무역의 흐름이 거세지 않은가? 게다가 1930년대 대공황 당시에 각국이 고율관세를 비롯해 보호무역 정책을 다투어 채택한 결과 세계경제가 더 어려워졌던 일에 대한 '원죄의식'이 남아 있지. 그러니까 노골적인 보호주의 정책을 쓰는 것은 아직 드문 편일 거야. 아무리 이기적인 인간들이지만 혼자만 살려고 한다는 세계인의 손가락질을 먼저 당하기는 싫을 테니까. 그러니 각국이 자국 시장을 보호하는 대책도 은근하게 쓴다고 봐야겠지.

저자● 그런 것 같습니다. 그러나 저강도 보호주의라고 해서 문제가 없는 것은 아니겠지요.

여신● 물론이지. 미국 의회에서는 오바마 대통령의 농업보조금 삭감 계획에 대한 반대주장이 공개적으로 제기되고 있다고 들었네. 미국의 농업보조금은 세계 농산물시장에서 미국의 우위를 유지시키고 제3세계의 농업에 해악을 끼친다는 비난이 오래전부터 있었지. 특히 후진국들이 그것을 없애라고 요구해왔고. 그런데 이제 오바마 대통령이 농업보조금을 일부 줄이려고 하니까 그것마저도 안 된다고 하는 목소리가 나오니 문제일세. 이래서는 보호주의가 근절되기 어렵네. 이런 크고 작은 언행들이 쌓여서 자유로운 무역을 저해하고 국내의 산업과 인력을 무조건 우대하게 하는 '보이지 않은 손'을 만들어낼 것이네.

저자● 미국의 한 조사에 따르면 미국의 기업들이 해외에서 생산을 하기보다는 국내에서 일자리를 더 만들어내는 역할을 해야 한다는 압력을 느끼고 있다고 합니다. 존귀하신 여신의 말씀대로 이런 식으로 가면 자유무역은 점차 퇴색하고 보호주의가 점차 힘을 얻게 되겠지요. 보호주의 정책을 쓸 때 당연히 가져야 할 '원죄의식'도 약해질 것으로 우려됩니다.

여신● 다행스럽게도 2009년 4월 2일에 영국 런던에서 열린 주요 20개국(G20) 정상회담에서 보호무역을 막아야 한다는 데 의견이 일단 모아졌다면서?

저자● 그렇습니다. 각국 정상들은 공동선언을 통해 보호주의를 저지해야 한다고 선언했습니다. 세계적인 금융위기로 인한 경기침체를 극복하기 위한 방편으로 보호주의를 동원하려는 유혹에 빠지지 말자고 결의한 것이죠. 그리고 무역과 투자에 대한 새로운 장벽 설치, 수출에 대한 규제조치, WTO의 규범에 부합하지 않는 수출촉진 조치 등을 배격하기로 했습니다. 특히 "과거의 보호주의와 보복의 역사적 실패를 되풀이하지 말아야 한다"는 원칙을 대전제로 내세웠다는 점이 눈길을 끕니다.

여신● 1930년대의 보호주의에 대한 원죄의식이 이번 회의에도 강하게 작용한 것 같군. 그렇지만 그런 결의야 2008년 11월 워싱턴 정상회의 때도 있지 않았나?

저자● 맞습니다. 그때 워싱턴 정상회의에서도 보호주의를 취하지 말자고 결의하고 선언했죠. 이번에는 그것을 재확인하면서 최근 조금씩 나타나고 있는 보호주의 움직임에 쐐기를 박자는 뜻이었고요. 사실 이번 회담이 열리기 전에 각국 지도자들이나 세계무역기구, 세계은행 등 국제기구의 수장들이 틈나는 대로 보호주의를 막아야 한다는 주장을 거듭 펼쳤습니다. 그렇지만 앞으로 국제사회가 보호주의를 정말로 막아낼 수 있을지는 여전히 불확실합니다. 그리고 또 다른 문제도 있습니다. 이를테면 사람들의 이동을 막는 것이죠. '인력보호주의'라고 할까요?

여신● 그것은 또 무슨 말인가? 외국인 노동자를 배척하는 움직임 말인가?

저자● 그렇습니다. 앞서 말씀드렸듯이 미국의 경우에는 구제금융을 받은 은행에 대해서는 외국인 고용을 제한한다는 규정이 경기부양법에 들어갔습니다. 이 때문에 450억 달러의 구제금융을 받은 아메리카은행이 미국의 대학에서 MBA(경영학 석사)를 취득한 외국인 50명의 채용을 취소했다고 합니다. 영국, 캐나다, 호주 등은 전문기술자를 비롯한 외국인에 대한 취업문호를 축소했습니다. 일부 국가의 대기업들은 경기위축을 견디지 못하고 인력을 줄일 때 해외공장부터 우선적으로 감원하고 있습니다.

여신● 실업자가 나라마다 크게 늘어나고 있으니 그렇게 하는 것이 어쩌면 불가피하겠네. 자국 노동자의 일자리도 지키기 어려운데 외국 노동자까지 유입되면 더 힘들어질 것이니까. 그렇지만 이것 역시 모든 나라로 확산되면 문제가 심각해질 것 같네.

저자● G20 회의에서도 이 문제는 제대로 다뤄지지 않은 것 같습니다. 인력이동 문제에 대해서는 언급이 별로 없었습니다. 그래서 앞으로는 각국이 외국인 근로자를 해고할 때 다른 나라의 눈치를 그다지 보지 않게 될 것 같습니다.

여신● 그렇다면 당분간은 어느 나라 사람이든 다른 나라로 가서 취업하기가 쉽지 않겠군. 그대의 이야기를 들어보니 요즘은 보호주의의 형태도 참으로 다양하군. 인간의 꾀가 갈수록 더 늘어나는 것 같아 참으로 안타깝네.

저자● 보호주의가 번지더라도 내수시장이 어느 정도 되는 나라들은 그런대로 견딜 수 있는 것 같습니다. 그러나 시장의 규모가 작거나 수출로 벌어먹어야 하는 나라들은 큰 어려움을 겪게 됩니다. 한국이나 일본, 독일 등이 대표적으로 그런 나라죠.

여신● 그렇지만 그런 나라들의 어려움이 결국은 부메랑이 되어 내수 위주의 나라들에게도 악영향을 끼치겠지. 그래서 모든 나라의 경제가 일제히 동반 추락하게 되고. 어차피 지금은 서로 의존해 살아가야 하는 세계 아닌가? 다만 과거와 달리 지금은 보호주의의 폐해에 대한 인식이 어느 정도 형성돼있으니 그나마 다행일세. 당분간 믿을 것은 그것뿐이겠네.

저자● 　그렇긴 합니다. 미국이 경기부양법에 보호주의 조항을 넣었지만, 중국은 '바이 차이니즈(Buy Chinese)' 를 하지 않겠다고 천명했지요. 중국 역시 암암리에 보호주의를 쓴다는 지적이 나오고 있긴 합니다. 그러나 일단 대외적으로 그런 방침이 천명됐으니 지켜봐야죠. 브라질은 무역적자를 줄이기 위해 사전 수입허가 제도를 도입하기로 했다가 철회해서 세계 각국으로부터 찬사를 받았습니다.

여신● 　그런데 개별 품목에 대한 수입규제보다 더 무서운 것이 있네.

저자● 　통화가치를 경쟁적으로 평가절하하는 것을 말씀하시는 건가요?

여신● 　그렇지. 특정 품목에 대한 보호주의는 대체로 그 영향이 그 품목과 관련된 부분으로 제한되지만 통화가치의 변경은 경제 전반에 차별 없이 영향을 끼치니까. 1930년대의 대공황 당시에도 각국이 경쟁적으로 통화가치 평가절하 경쟁을 벌이다가 사태를 더 악화시켰지.

저자● 　그런 일은 아직은 나타나지 않고 있습니다. 스위스가 스위스프랑화의 가치를 절하하려고 한때 시장에 개입하기도 했죠. 그렇지만 스위스는 경제규모가 그다지 크지 않고, 다른 나라들이 스위스를 따라가지도 않았습니다. 그래서 더 확산되지는 않았어요. 이 역시 다행스러운 일입니다. 그러나 미국은 중국에 대해 환율 문제를 끊임없이 물고 늘어질 작정인 것 같습니다. 가이트너 미국 재무장관이 취임 직후에 중국을 '환율조작국' 이라고 비난한 데 이어 다른 전문가나 학자들도 중국의 환율 문제를 자주 거론합니다.

중국의 반발이 거세면 잠시 자제하다가도 틈만 나면 다시 입버릇처럼 그것을 거론합니다.

여신● 미국이나 영국에는 중국의 환율이 관리되고 조작된다는 뿌리 깊은 인식이 있네. 영국의 경제 저널리스트인 마틴 울프는 저서 《금융공황의 시대》에서 '환율보호주의' 라는 표현을 쓰기도 했지. 중국이 국제수지 흑자를 유지하기 위해 인위적으로 통화가치를 낮게 유지한다고 보는 시각이지. 영국의 금융감독청(FSA)에서 금융위기 대책을 제시하기 위해 작성한 〈터너 보고서〉 에도 그와 같은 시각이 드러나 있네. 물론 중국이 미국과의 교역에서만 연간 2천억 달러 이상의 흑자를 계속 내고 있으니 그런 주장이 나올 법도 하네.

저자● 결국 1930년대와 같은 전면적이고 노골적인 보호주의는 나타나지 않고 있지만 국가간 무역갈등은 끊임없이 일어나고 있는 셈입니다. 아직까지는 부분적이고 간헐적인 언쟁 수준에 머물러있는 경우가 많긴 하지만요. 그러나 그런 분쟁들이 원만하게 해결되지 않고 자꾸 쌓이다 보면 더 큰 무역분쟁으로 번지지 않을까 우려됩니다. '가랑비에 옷 젖는다' 는 우리의 속담처럼 말입니다.

여신● 맞는 말이야. 특히 경제위기가 더 길게 이어지면 그동안 잘 견디던 나라들도 보호주의 유혹에 더 약해질 것이고, 그렇게 되면 세계가 또다시 과거처럼 치열한 무역분쟁이나 분열의 시대로 돌아가게 될 위험도 있지.

저자● 그렇게 되는 사태를 세계무역기구나 G20과 같은 국제기구가 막아줄 수 있을까요? 저는 그것이 궁금합니다.

여신● 　글쎄. 세계무역기구의 효용성은 의문의 여지가 있다고 봐야겠지. 요즘은 세계무역기구(WTO)보다 오히려 자유무역협정(FTA)을 더 애호하는 분위기 아닌가? 그대의 나라가 자유무역협정을 특히 좋아하는 것 같기도 하고. 그대의 나라는 칠레, 아세안, 미국 등과 자유무역협정을 체결한 데 이어 유럽연합과도 자유무역협정을 맺기 직전이라고 들었네.

저자● 　예. 세계무역기구만으로는 뚫기 어려운 해외시장을 더 확실하게 열어보자는 것이지요.

여신● 　그대의 말대로 자유무역협정은 세계무역기구가 열어주지 못하는 시장에 진입하는 데는 효과적인 방법이라고 할 수 있겠지. 하지만 그것도 너무 좋아할 것은 아니네. 멕시코의 경우에 북미자유무역협정을 체결한 뒤에 그 나라의 국민이 과연 더 행복해졌다고 말할 수 있는지 의문스럽네. 멕시코는 오히려 그 뒤로 심각한 외환위기를 겪었고, 최근에는 국제통화기금으로부터 470억 달러의 추가 자금지원을 받아야 하지 않았나? 게다가 자국 트럭의 미국 통행을 봉쇄당했으니 자유무역협정이 있어봐야 무슨 소용이 있나? 자유무역협정이 정말로 이익이 되는지는 냉정하게 판단해봐야 할 거야.

저자● 　결국 완전한 자유무역은 어렵다고 봐야 하지 않을까요? 또 그것이 바람직한지도 다시 검토해봐야 할 거고요.

여신● 　인간세계에서 보호주의가 완전히 없어질 수야 없겠지. 특히 뒤늦게 경제를 발전시키려는 나라들의 경우에는 보호주의가 불가피하기도 하고. 그렇지만 가능한 한 무역은 자유롭게 이루어지게 해야 할 걸세. 각국이 반드시 지켜야 할 시장은 되도록 존중해주더라도 무역은 활발해야 하지 않을까?

그래야 지구상의 인적, 물적 교류가 활성화될 것이니. 더욱이 한국처럼 수출로 벌어먹고 살아야 하는 나라야 오죽하겠는가?

저자● 존귀하신 여신의 말씀이 지당하다고 생각합니다. 그런데 지금 큰 문제는 선진국들의 이중적인 태도가 아닐까요?

여신● 그 말이 맞네. 이른바 선진국들이 표면적으로는 자유무역을 강조하면서 사실은 보호주의를 쓴다든가, 다른 나라에는 시장개방을 요구하면서 자국 시장은 닫아두려는 태도를 취하는 경우가 흔하지. 이를테면 미국은 다른 나라들로부터 농업보조금이나 덤핑관세를 없애라는 요구를 무수히 들으면서도 그런 요구를 수용하지 않고 있네. 반면에 미국 자신은 다른 나라들의 시장을 열어젖히기 위해 집요하게 물고 늘어지지. 발전된 나라들이 보호주의를 버리지 않는다면 세계경제의 고른 발전은 기대하기 어렵겠지.

저자● 그런데 최근에 금융보호주의를 경계해야 한다는 목소리도 나오고 있습니다. 자기 나라의 자본이 다른 나라로 투자되거나 대출되는 것을 막으려고 하거나 다른 나라에 이미 투자됐거나 대출돼있는 자본을 회수하려고 하는 움직임을 경계해야 한다는 얘기지요.

여신● 요즘처럼 금융을 통해 각국이 거미줄처럼 연결돼있는 상황에서는 금융보호주의의 가능성이 그만큼 더 높은 것이 사실이네. 또 금융회사나 금융자본의 '군중심리'도 경계의 대상이 되네.

저자● 그런 것 같습니다. 2008년 가을에 금융위기가 본격화하면서 아일랜드와 아이슬란드, 그리고 동유럽 국가들이 곤욕을 치렀습니다. 이런 나라들이 어려움을 겪은 것은 미국을 비롯한 선진국들의 보호주의에서 비롯된 것은 아니라고 봅니다. 오히려 존귀하신 여신의 지적대로 이런 나라들에 투자를 해놓은 금융회사나 금융자본의 '군중심리' 같은 것이 발동된 탓이었습니다.

한국에서는 2008년 9월 위기설이 나돌더니 2009년 들어서는 3월 위기설이 나돌았습니다. 외국계 은행이나 외국인 투자자들이 자금을 빼내가면서 한국이 심각한 외화유동성 위기에 처할 것이라는 소문이었지요. 특히 일본계 은행이 3월 말 결산을 맞아 한국으로부터 자금을 회수해갈 가능성이 제기됐습니다. 일본계 은행은 1997년의 외환위기 당시 한국이 외환부족에 빠지는 과정에 결정적인 역할을 한 바 있기 때문에 저는 무척 긴장했습니다. 그러나 다행스럽게도 그런 위기설이 기우로 판명됐습니다.

여신● 그런데 이번에 그대가 특별히 긴장할 만한 이유가 있었나? 일본이 의식적으로 그대의 나라에 진출한 은행이나 투자금을 철수할 것이라고 생각했나?

저자● 2007년에 독도 문제로 한국이 일본과 대립했을 때의 일입니다. 미국이 독도의 이름을 무인도인 것처럼 처리했다가 한국의 요구로 원상복구한 일이 있었습니다. 그러자 일본의 한 신문이 한국이 언젠가는 대가를 치를 것이라고 썼던 것으로 기억합니다. 그것은 한국의 외환사정이 곤란할 때 일본의 금융회사들이 자금을 회수할 수도 있다는 뉘앙스였습니다. 정말로 소름이 끼치더군요. 금융보호주의는 이렇게 정치적 목적을 달성하기 위한 무기로도 오용될 수 있겠구나 하는 생각이 들었습니다.

여신● 한국이 또다시 외환부족 사태에 직면하게 되면 일본도 곤란해질 텐데 그렇게 하기는 어렵겠지. 오히려 중국이 한국과 통화교환협정을 맺으니 일본도 뒤따라 같은 협정을 맺는 등 한국의 경제안정화 노력에 협조하지 않았나. 그러니 그대가 말하는 것과 같은 극단적인 금융보호주의는 현실에서는 함부로 쓰기 어려운 카드일 걸세.

다만 일부 국가들의 경우에는 요즘도 다른 나라에 대해 금융제재를 가하는 행동을 하고 있다네. 그런 행동을 하면서 거기에 적당한 이유를 붙이기는 하지만, 그 이유가 타당한지는 제3자가 확인하기 어려운 경우가 많네. 이런 일은 정치적인 것이라 논외로 치더라도, 일단 금융시장의 '군중심리'는 적절히 억제할 필요성이 있네. 선진국의 거대 금융자본이 작은 나라에 흘러들어가 그 작은 나라의 경제성장을 촉진하기도 하지만, 그런 금융자본이 갑자기 빠져나가게 되면 큰 소동이 일어나게 마련이니까. 이른바 '금융선진국'이 '금융후진국'을 필요 이상으로 불안하게 만들고 있지 않나 하는 생각이 드네. 국제적 자금이동을 통제해야 한다는 주장도 한때 있었지?

저자● 　그렇습니다. 일단 국내로 유입된 해외자금은 쉽게 다시 빠져나가지 못하게 하자는 제안도 있었던 것으로 알고 있습니다. 그렇지만 지금 당장 그런 식으로 자금의 흐름을 막았다가는 뜻하지 않은 부작용이 생길 수 있습니다. 어떤 나라가 자금흐름을 통제하려고 한다면 그 나라에 이미 진출해 있는 대형 금융회사나 자금이 급격하게 빠져나가버릴 수도 있기 때문이죠.

여신● 　그렇다면 당장 자금흐름을 규제하는 조치를 취하기보다는 국내에 들어와 있는 해외자금이 되도록 그대로 머물러 있도록 유도하면서 시간을 벌어 자국 금융의 힘을 키우는 것이 현명하겠군. 어쨌든 이 문제는 그대의 나라를 비롯한 모든 '금융후진국' 이 다 같이 안고 있는 과제라고 할 수 있네.

저자● 금융보호주의의 파괴력이 매우 크다는 점을 감안할 때 G20 회의에서 금융보호주의를 배격해야 할 보호주의에 포함시킨 것은 적절한 것 같습니다. 특히 미국이나 영국 등 금융선진국의 금융구조조정 과정에서 다른 나라 금융회사나 자본에 대한 차별대우를 하지 않도록 하는 게 중요하다고 여겨집니다.

여신● 그런 문제는 금융선진국들도 이제는 대체로 인식하고 있다고 생각되네. 외국 금융회사나 외국 자본에 대해 차별대우를 하면 그것이 부메랑이 되어서 돌아온다는 것은 이제 너무나 분명한 사실이니까. 예를 들어 미국 정부가 1800억 달러 이상의 공적자금을 투여한 AIG가 유럽의 은행들을 차별대우했다면 유럽만이 아니라 미국도 금융위기에 대처하기가 더 어려웠을 걸세. 그러니 금융보호주의를 하고 싶어도 하지 못하는 측면도 있는 것이지. 2008년 10월에 미국이 7천억 달러 규모의 구제금융법을 만들면서 미국에 진출해 있는 외국 금융회사들도 법적용 대상에 포함시킨 것도 금융보호주의를 억제한다는 측면에서 긍정적인 요소일세.

저자● 그런데 금융보호주의는 선진국보다는 경제규모가 작은 나라에 더 민감한 문제 아닌가요?

여신● 그렇지. 작은 나라는 금융거래 규모가 작기 때문에 약간의 충격만 가해져도 엄청난 동요가 일어나거나 아예 파산하게 될 수 있으니까. 선진국은 거래규모가 커서 웬만한 충격에는 흔들리지 않는데다가 여러 겹의 완충망도 갖춰져 있다네.

저자●　　금융보호주의의 파괴력은 무역보호주의보다 훨씬 더 복잡하고 파괴적 영향도 더 큰 것 같습니다.

여신●　　그럴 것이네. 무역보호주의는 수출입을 위축시키는 데 그치고 그 영향은 각국이 어떤 식으로든 흡수할 수 있지. 그러나 금융보호주의는 그야말로 무시무시하네. 한 나라의 경제를 일거에 마비시키고 파괴할 수도 있으니까 말이야. 말하자면 그것은 핵폭탄 같은 것이야. 인류가 핵무기 사용을 막아야 하듯이 금융보호주의도 확실히 막아야 하네. 금융보호주의를 비롯한 보호주의는 아직까지는 비교적 억제돼있네. 그렇지만 보호주의는 세계 도처에 유령처럼 떠돌고 있네. 이 유령이 언제 어느 곳에서 인간들을 홀리게 될지는 아무도 예측하기 어렵다네. 나만 살아보자는 의식은 누구에게나 잠재돼있으니까. 전 세계가 함께 보호주의라는 유령을 감시해야 할 걸세.

국가간 협조와 갈등

저자● 존귀하신 여신이여, 요즘 평안하십니까?

여신● 반갑네. 금융위기도 이제 어느 정도 가닥을 잡아가는 것 같군. 실물경제가 쉽게 살아날 것 같지는 않지만, 금융시장의 엄청난 폭풍우는 이제 한결 가라앉은 것 같네. 이렇게 되기까지 그대를 비롯해 인간세계가 마음을 많이 졸였겠지?

저자● 그렇습니다. 전 세계의 모든 사람이 초조하게 위기가 진정되기를 고대했었죠.

여신● 그 마음 충분히 이해하네. 모든 사람이 애를 많이 썼네. 이번에는 특히 나라들 사이의 협조가 비교적 잘 되었지?

저자● 그렇습니다. 지난해 9월에 미국의 투자은행 리먼브라더스가 파산한 뒤로 금융시장이 아수라장이 되자 각국이 모두 함께 나섰습니다. 2008년 10월 3일에 미국 연방준비제도이사회(FRB), 유럽중앙은행, 잉글랜드은행 등 각국의 중앙은행이 일제히 금리를 내렸습니다. 같은 날 중국도 금리를 대폭 인하했고요. 동반 금리인하는 1회로 끝난 것이 아니라 그 뒤로도 몇 차례 더 있었습니다.

또 미국 연준이 세계에 달러화를 공급하기 위해 9월 13일에 영국, 일본, 캐나다의 중앙은행과 통화교환협정을 맺은 데 이어 호주, 덴마크, 스위스 등과도 차례로 같은 협정을 맺었습니다. 처음에는 통화교환의 한도를 설정했다가 나중에는 아예 없앴고요. 협정체결 대상도 처음에는 일부 국가로 제한돼있었지만 나중에는 한국, 브라질, 멕시코 등 신흥국가들로 확대됐습니다. 이런 노력들이 금융위기의 불길이 한없이 번지는 것을 막는 데 큰 기여를 했다고 할 수 있을 겁니다. 다만 우리 한국으로서는 경제규모나 교역량이 호주, 스위스, 덴마크, 노르웨이 같은 나라들보다 큰데도 한도가 300억 달러로 묶인 것이 불만이긴 하지만요. 미국 연준의 기준이 무엇인지 의아스럽기도 합니다.

아시아에서도 한국과 일본, 한국과 중국 사이에 통화교환협정이 맺어지는 등 공조가 비교적 활발하게 이뤄졌습니다. 1997년의 외환위기 때에는 한국이 이웃나라인 일본과 중국으로부터 아무런 도움도 받지 못한 것에 비하면 확연히 달라진 것이지요.

여신● 통화교환협정의 규모를 제한한 기준에 관한 그대의 지적에는 나도 공감하네. 그렇지만 10여 년 전의 위기 때와는 달리 이번에는 나름대로의 안전장치가 마련됐다는 데서 위안을 찾기를 바라네. 아무튼 이와 같은 국가간 협조는 리먼브라더스가 파산하기 전에도 있지 않았나?

저자● 그렇습니다. 리먼브라더스가 파산하기 전에 서브프라임 모기지 문제로 금융시장이 불안해진 일이 여러 차례 있었습니다. 특히 금융회사들 사이의 불신으로 말미암아 단기자금 거래가 안 되는 일이 발생했습니다. 그때마다 여러 나라 중앙은행들이 함께 시장에 단기유동성을 공급해서 급한 불을 껐지요.

여신● 그렇게 국가간 공조가 잘 되기는 과거에는 보기 힘들었던 일이지. 특히 좋은 목적을 위한 국가간 협조라는 것은 보기 드물었던 것 같네.

저자● 저도 그렇게 알고 있습니다만, 그런 게 전혀 없었던 것은 아닙니다. 소말리아 해역에서 출몰하는 해적을 퇴치하기 위해 최근에 여러 나라가 해군함정을 파견하고 있는데, 이런 것은 비교적 공조의 정신에 부합하는 것이 아닌가 합니다. 그러나 이라크전쟁에 여러 나라가 군대를 파견한 것은 '공조'가 아니라 '공모' 또는 '야합'이라고 해야 더 정확할 것입니다.

여신● 재미있는 표현이로군. 각국의 이해관계가 엇갈리는 경우가 많으니 국제적 공조를 실현하기란 원래 어려운 법이지. 그런데 이번에 그렇게 어려운 공조를 이뤄냈으니 가상하군. 19세기 프랑스의 계몽주의 사상가가 했던 말을 오늘날의 인간이 실천한 셈이야.

> *우리가 서로 도와서 힘들고 덧없는 삶의 짐을 견디도록 해주소서.*
> *—볼테르, 《관용론》*

저자● 그렇게 칭찬을 해주시니 인간세계의 한 구성원으로서 감사드립니다. 그런데 모든 나라가 각기 국익을 앞세우는데 어떻게 해서 그렇게 공조가 가능했는지 신비스럽기도 합니다.

여신● 어린애 같은 소리를 하는군. 그것은 신비도 아니고 불가사의도 아닐세. 따지고 보면 결국은 각기 자국의 이익을 위해서 그렇게 한 것이지. 만약에 이번 금융위기를 맞아 공조를 하지 않았다고 가정해보세. 그러면 어떻게 됐을까 상상해보았나?

저자● 아마도 전 세계의 금융시장이 붕괴되고 말았겠지요. 세계 각국의 주식시장은 자유낙하하듯 했을 것이고, 채권시장과 외환시장은 마비상태에 빠지지 않았을까요? 나아가 국제무역도 파탄에 빠지고, 실물경제 역시 붕괴했을 것 같습니다. 공장은 문을 닫고 실업자는 거리로 쏟아져 나오고……. 지금도 세계 각국이 실물경제 후퇴와 실업자 급증으로 골머리를 앓고 있는데, 만약에 국제공조가 없었다면 훨씬 더 비참한 상황에 직면하게 됐을 것 같습니다.

여신● 그대가 한 말 그대로일세. 그러니 모든 나라가 협조를 하지 않으면 다 같이 패망하고 만다는 절박한 위기의식을 갖게 된 것이지. 그런 위기의식이 각국의 정부와 중앙은행을 움직이게 해서 그나마 더 참혹한 사태를 피할 수 있었던 것이라고 봐야 할 걸세. 게다가 이번에 국가간 협조가 금리인하와 통화교환협정에 국한되지 않고 그 밖의 다른 사안에서도 비교적 훌륭하게 이루어졌다고 평가하고 싶네. 예를 들면 이번 위기가 발생한 뒤로 가장 염려됐던 것 중 하나가 보호주의 망령의 부활 아니었나? 그런데 여러 국가가 훌륭한 공조정신을 발휘해 그것을 현재까지는 최대한 억제해왔지.

저자 ● 존귀하신 여신의 평가에 대해 저도 동의하지 않을 수 없습니다. 각국의 지도자들이나 국제기구의 책임자들이 한 목소리로 보호주의를 막아야 한 다고 외친 것이 어느 정도 효과를 발휘해 보호주의의 득세를 상당히 견제할 수 있었지요. 나라별로 일부 눈살 찌푸리게 하는 조치들이 취해지긴 했지 만, 큰 틀에서 보면 보호주의는 아직까지는 크게 힘을 쓰지는 못하는 것 같 습니다. 앞으로는 어떻게 될지 모르지만, 적어도 지금까지는 그렇다고 여 겨집니다. 존귀하신 여신께서 인간에게 자제하는 능력과 현명하게 판단하 는 능력을 함께 주신 덕분이라고 생각합니다. 인간의 한 사람으로서 감사 의 말씀을 드립니다.

여신 ● 알아주니 고맙네. 뿐만 아니라 금융개혁과 조세피난처 문제에서도 비교 적 협조가 잘된 것으로 알고 있네.

저자 ● 이번 위기가 발생하자마자 세계적으로 지금까지의 금융시스템으로는 더 이상 안 되겠다는 공감대가 형성됐습니다. 그리고 세계 각국이 금융회 사와 금융시장에 대한 규제와 감독을 강화하기 위한 방안을 함께 모색하고 있습니다. 조세피난처 문제도 해결의 실마리를 잡았습니다. 런던에서 열린 G20 정상회의에서 이 문제가 제기된 직후에 경제협력개발기구가 조세피난 처를 제공하는 국가의 명단을 발표했습니다. 아직까지 금융거래의 투명성 에 관한 국제기준에 미달하는 나라들은 국제기준을 수용하고 따르기로 약 속했습니다. 그러니 이 문제도 공조를 통해 해결의 실마리를 찾은 사례의 하나라고 볼 수 있을 것입니다.

여신 ● 조세피난처 문제는 오랫동안 각국이 속앓이를 하던 문제였지. 그런데 이제 그것이 국제공조를 통해 정리되는 단계에 들어섰다니 다행이군. 지역 단위로도 국제공조가 활발하게 추진됐지?

저자● 그렇습니다. 아시아에서는 한일, 한중 통화교환협정이 체결되는 동시에 아세안과 한중일 3국이 공동기금을 조성하는 방안도 확정됐습니다. 그렇지만 지역 차원에서는 아무래도 유럽지역의 공조가 특히 활발했습니다. 유럽연합(EU) 가맹국 정상회담과 재무장관 회의가 여러 차례 열렸고, 경기부양이나 금융개혁방안을 함께 마련하기도 했습니다. 부실금융회사 구제방안을 조율해서 발표하기도 했고, 경기부양책을 추진하는 데도 나름대로 힘을 모으기 위해 노력했죠. 또 조세피난처를 갖고 있는 나라들에게 그것을 포기하라고 유럽연합 측에서 요구했고, 해당국들로부터 동의를 얻어냈습니다.

여신● 그런 과정을 통해서 여러 가지 논의가 활발하게 전개됐고, 그 결과가 런던에서 열린 G20 회의를 통해 집대성된 셈이군.

저자● 그렇게 볼 수 있겠지요. 런던의 G20 회의에서 채택된 공동선언을 보면 경기부양을 위해 2010년까지 5조 달러를 투입하고 IMF와 세계은행의 기금을 1조 1천억 달러로 늘리기로 했습니다. 무역금융도 2500억 달러로 확대하고, 가난한 나라를 지원하기 위해 IMF가 보유하고 있는 금을 내다판다는 내용도 들어있습니다. 고든 브라운 영국 총리의 설명대로 "경제위기에 대처하기 위해 G20 회원국들이 사상최대 규모의 광범위한 공동대책을 마련한 것"이 큰 성과라고 할 수 있겠습니다.

여신● 비교적 잘된 것 같군. 그렇지만 대체로 아직은 선언에 불과하니 앞으로 그것을 이행하는 것이 더 중요하겠지. 그런데 지금까지 국가들 사이에 의견이 엇갈렸다든가 갈등을 빚은 일은 없었나?

저자● 왜 없겠습니까? 인간세상의 일인데요. 2008년 10월에 금융위기가 발생하자 각국이 모두 제각기 살길을 찾는 과정에서 우선 엇박자가 노출됐습니다. 유럽연합 가맹국인 아일랜드가 유럽연합 국가들 사이의 합의를 어기고 은행예금에 대한 전액 지급보증을 선언한 것입니다. 그 결과 국제자금은 당연히 아일랜드의 은행으로 몰리기 시작했고, 다른 나라의 은행들은 빈털터리가 될 위험에 처하게 됐지요. 당시에 아일랜드의 사정이 워낙 어려웠기 때문이긴 했지만, 이기주의적인 조치라고 아니할 수 없었습니다. 그래서 할 수 없이 다른 나라들도 은행예금에 대해 전액 지급보증 조치를 취하거나 보증액을 늘리게 됐지요.

프랑스 파리에서 프랑스, 독일, 영국, 이탈리아 등 4개국 정상이 회동했을 때에도 의견차이가 드러났습니다. 그때 프랑스가 3천억 유로 규모의 구제금융기금을 조성하자는 제안을 내놓았는데 독일과 영국이 반대했습니다. 결국 프랑스의 제안은 무산됐습니다. 또 2009년 초에 열린 유럽연합 정상회담에서는 헝가리의 지원요청이 거부되자 헝가리의 총리가 "새로운 철의 장막이 조성될 수도 있다"고 으름장을 놓기도 했습니다.

여신● 그런 정도의 차이는 인간사에서 흔히 있는 일이고, 파국을 초래할 만한 것은 아니지. 그 정도의 차이에서 서로 자제하고, 앙심을 품지 않으면 되는 것 아니겠나? 오히려 더 큰 차이는 런던 G20 회의를 앞두고 나타났던 것으로 알고 있는데.

저자● 　맞습니다. G20 회의를 앞두고 미국과 유럽 사이에 중요한 의견차이가 있었습니다. 경기부양을 위해 정부지출 규모를 더 늘려야 한다는 미국의 주장과 더 이상의 경기부양 지출은 곤란하고 금융개혁에 집중해야 한다는 유럽의 주장이 팽팽하게 맞섰지요. 유럽에서 독일과 프랑스가 완강하게 버텼습니다. 특히 사르코지 프랑스 대통령은 회담의 성과가 기대에 미치지 못하면 자리를 박차고 나갈 것이라고 공언하기도 했습니다. 이렇게 미국과 유럽이 티격태격하다가 결국은 양쪽의 입장이 모두 반영된 내용의 공동선언이 발표되기에 이르렀죠. 다만 유럽 쪽에서 앞으로 국제적인 금융감독 업무를 맡을 새로운 국제기구를 만들자는 제안을 내놓았지만 이것은 수용되지 않았습니다. 그렇지만 금융안정포럼(FSF)을 금융안정이사회(FSB)로 확대개편하기로 한 것은 유럽의 입장을 일부 반영한 것이라고 볼 수 있을 것입니다. 그런데 저는 독일과 프랑스가 왜 그렇게 완강한 태도를 보였는지 잘 모르겠습니다.

여신● 　그것은 두 나라가 갖고 있는 피해의식 때문이 아닐까? 자신들은 이제까지 비교적 견고한 금융시스템을 지켜왔는데 방만한 미국과 영국 때문에 금융위기에 휘말렸다는 인식 말이야. 말하자면 영미식 자본주의가 문제를 일으켰고, 자신들은 죄도 없이 끌려들어가 곤욕을 치르고 있다고 판단했겠지. 실제로 두 나라의 정부 당국자들은 기회가 있을 때마다 그런 시각을 드러내지 않았나? 그래서 이 기회에 영미식 자본주의가 판치는 상태를 확실하게 바로잡자는 의지를 갖게 됐을 테고.

저자● 　독일과 프랑스의 그런 시각이 옳다고 할 수 있는 것입니까?

여신 ● 　그대도 금융위기의 전개과정을 봐서 알겠지만, 결국은 미국과 영국 두 나라의 자유방임적 시장주의가 이번 금융위기를 빚어낸 것이 명백하지 않나? 다른 나라들은 허황된 번영을 누리던 두 나라와 거래를 하다가 유탄을 맞은 것이고. 이는 독일과 프랑스뿐만 아니라 일본과 중국, 그리고 그대의 나라도 다 마찬가지라고 할 수 있지. 그러나 이런 경우에 그대의 나라나 일본은 그저 침묵하지만 독일과 프랑스는 침묵하고만 있지는 않는다는 점이 다르다면 다르달까.

저자 ● 　그런 차이가 있는데도 G20 정상회의에서 중요한 진전을 이룬 것은 나름대로 의미가 있다고 생각됩니다. 종전의 국제공조가 부분적이고 때로는 이기적인 야합인 경우도 있었지만 이번에는 좀 다른 것 같습니다. 왜 그런 걸까요?

여신 ● 　그것은 아마도 다양한 나라들이 고르게 참여했기 때문이 아닐까? 과거에는 G7 또는 G8이라고 해서 극소수의 선진국들만 모여 세계경제를 주물렀지만, 이번에는 한국과 중국을 비롯해 신흥국들이 대거 참석했으니까 이익의 균형을 도모할 수 있었던 것으로 생각하네. 그 회의에 참여한 국가들이 생산하는 경제적 가치도 전 세계에서 산출되는 부의 80%를 차지하니 대표성도 어느 정도 갖췄다고 볼 수 있고. 이들 나라 가운데 어느 나라나 지역이 어려움에 빠지면 다른 나라들도 함께 수렁에 빠져들 수밖에 없겠지. 그러니까 이제는 어느 한 나라가 독주하기는 어려운 세상이 된 것이지. 그렇기 때문에 룰라 브라질 대통령도 "선진국과 대등한 입장에서 회의에 참여했다"고 스스로를 평가했던 것이고.

저자● 그렇다면 과거와 같은 선진국 위주의 세계경제 질서는 변화를 겪게 될 까요?

여신● 지금 단정적으로 이야기하기는 어렵지만, 그렇게 될 가능성을 조심스럽게 내다볼 수 있지 않을까 하네. 이제는 선진국이라도 신흥국을 무시하고는 안정적인 성장을 도모하기 어려울 테니까. 선진국이 특별히 호의를 갖게 돼서라기보다는 세계경제의 균형추가 이미 상당히 달라졌기 때문이지. 동남아국가연합(아세안)과 한국, 중국, 일본이 역내 자금지원 기구인 '치앙마이 이니셔티브(CMI)'의 분담액을 확정하고 역내 채권신용보증을 위한 채권보증투자기구(CGIM)를 설립하기로 한 것도 괄목할 만한 변화라고 할 수 있네. 10여 년 전만 해도 이런 것은 미국의 위세에 눌려 감히 추진하기도 어려웠네. 그런데 이제는 미국이 그런 것에까지 신경 쓸 겨를이 사실상 없다보니 비로소 가능했던 것이지.

저자● 미국 연준이 4월 6일에 유럽중앙은행을 비롯해 영국, 일본, 스위스의 중앙은행과 '역통화교환' 협정을 맺은 것도 그런 맥락에서 봐야 할까요? 예전에 체결된 통화교환협정은 달러 유동성을 공급하기 위한 것이었던 반면에 이번의 역통화교환협정은 미국이 파운드, 엔, 유로, 스위스프랑 등의 유동성을 확보하기 위해서 체결한 것이니까요. 그 규모도 모두 합쳐서 2870억 달러에 이른다고 하니 제법 큰 것 같습니다.

여신● 그 협정도 국가간 공조가 이뤄낸 하나의 작품이지. 그렇지만 그대의 말대로 이번에는 미국이 도움을 받는 것이지. 그러니까 의미가 상당히 다른 것이라고 볼 수 있을 듯하네. 미국도 이제는 국제공조 없이는 자국 경제를 유지할 수 없음을 재차 증명한 사례라고 할 수 있을 것이네.

저자● 　최근에 IMF와 세계은행 등도 국제공조에서 나름대로 한몫을 한 것 같은데 앞으로도 그럴까요?

여신● 　그런 국제기구들이 아직은 비교적 공신력을 인정받고 있다는 점에서 당분간 그럴 것으로 전망되네. IMF의 경우 너무 가혹한 지원조건 때문에 많은 나라들로부터 비판의 대상이 되기는 하지만, 현재로서는 그 역할을 대신할 만한 국제기구가 별로 없네. G20 회의에서 향후 금융개혁을 추진하는 과정에서 IMF와 협의하도록 한 것도 이런 점 때문일 거야. 그리고 유동성 부족으로 고전하는 나라를 지원하는 데서 주도적인 역할을 할 수 있는 국제기구로는 IMF가 가장 유력하네. 실제로 지난해 9월에 금융위기가 발생한 뒤로 아이슬란드, 파키스탄, 멕시코를 비롯해 모두 10개 이상의 나라가 IMF로부터 지원을 받은 것으로 알고 있네. IMF가 지원을 할 때 보이던 고압적인 태도가 이제는 다소 누그러지지 않았나?

저자● 　예, 그런 것 같습니다. 멕시코에 대한 470억 달러의 지원도 비교적 쉽게 이루어졌습니다. IMF가 과거 같으면 온갖 요구조건을 갖다 붙였을 텐데 이번에는 그렇게 하지 않았습니다. 오히려 IMF가 2008년에 마련한 단기대출제도에 대한 호응이 약하자 2009년에는 그 조건을 대폭 개선해서 신축적 신용공여제도(FCL)를 시행하기로 한 것도 재미있는 대목입니다. 이것은 대출한도를 정해놓지 않고 최장 5년까지 회원국이 필요한 만큼 자금을 빌려 쓸 수 있게 한 제도입니다. 조건도 과거에 비해 까다롭지 않습니다. 일부 예외가 있기는 하지만 대체로 IMF가 과거보다 상당히 유연해진 것은 분명한 것 같습니다. 이제야 비로소 IMF가 진정한 국제공조의 정신을 실천해나가는 것 아닌가 하는 생각까지 듭니다. 물론 앞으로 더 두고 봐야 하겠지만 말입니다.

여신● 그대가 그렇게 이야기하는 것을 보니 뭔가 맺힌 것이 많은 듯하군.

저자● 부인하지 않겠습니다. 한국인은 대부분 IMF에 대해 좋지 않은 감정을 갖고 있습니다. 1997년에 한국이 외환위기를 당했을 때 IMF가 유동성 지원을 해주면서 너무나도 야박하게 굴었기 때문입니다. 물론 한국의 금융회사와 재벌들의 경영이 부실했다는 잘못은 있었지만, 그렇더라도 IMF가 돈을 빌려주면서 지나치게 가혹한 조건을 부과했다고 한국인들은 생각하고 있습니다. 이번 금융위기의 과정에서 미국이나 IMF가 하는 행동을 보면 그런 한국인들의 시각이 결코 잘못된 것은 아닌 것 같습니다. 미국은 '좀비' 같은 은행이나 대기업들을 지원하는 데서 한국보다 한 술 더 뜨고 있으니까요. 그런데도 IMF는 미국에 대해서는 꿀 먹은 벙어리나 다름없고요.

여신● 그대의 나라 사람들이 품고 있는 감정을 나도 충분히 이해할 수 있네. 그러나 그런 어려운 과정을 다 헤쳐 나왔으니 이제는 한국도 진정한 국제공조의 정신을 발휘해야 할 때가 온 것 같네.

저자● 저도 동감입니다만, 과연 국제공조의 정신이 오래 계속될 수 있을까요? 저는 그것이 궁금합니다. 일시적으로 모든 나라가 공조의 모양새를 취하고 있지만, 때가 되면 또다시 서로 으르렁거리게 되지 않을까 걱정됩니다.

여신● 모르긴 몰라도 그렇게 될 가능성이 높네. 그럴 요인도 여기저기 널려 있기도 하고. 예를 들어 G20 정상회의 선언문을 봐도 보호주의 조치를 쓰지 않기로 한 것이 향후 2년간 아닌가? 지금과 같은 공조의 정신이 영원히 계속될 것이라고는 아무도 믿지 않는다는 뜻이겠지. 금융위기로 말미암아 경제난이 가중되고 있는 나라들에 대한 지원 문제나 IMF 등 국제기구의 지분을 둘러싼 갈등이 점차 커질 수도 있고, 때로는 거친 분란으로 이어질 수도 있어.

각국의 IMF 출연금을 늘리기로 한 G20 회의의 결정도 장차 논란의 씨앗이 될 수 있네. 어느 나라가 얼마나 출연금을 늘리게 되는지가 분명하지 않거든. 일본, 캐나다, 중국, 브라질 등이 이미 나라별로 100억~1000억 달러의 자금을 내놓기로 했지만, 발언권이나 지분조정 문제가 앞으로 계속 제기되겠지.

이 밖에도 지금까지 예상하지 못한 어떤 문제가 튀어나와 나라들 사이를 이간시킬지 예측하기 어렵네. 국제관계는 여전히 정글의 법칙에 의해 지배되고 있고, 어제의 적이 오늘의 동반자가 되기도 하고 그 반대의 경우도 흔하니까. 인간들 사이에는 불화의 여신이 언제나 살아 숨 쉬고 있다네. 어떤 이유로든 나라들 사이의 관계가 악화되면 순조로운 경제회복을 이루는 것도, 새롭고 원만한 국제질서를 만들어나가는 것도 어려워질 걸세. 그러니 그런 일이 생기지 않도록 각국이 최대한 자제하는 미덕을 발휘하는 것이 절실하게 필요하네. 17세기의 철학자 스피노자의 말을 인간들은 기억하기 바라네.

인간의 공동체에 유대관계를 형성하거나, 또는 인간이 화합하여 살도록 힘쓰는

앞으로 국가들 사이에 심각한 불화가 초래되는 사태를 막아야겠지만, 인간의 한계를 고려하면 그것을 완전히 막지는 못할 것이라고 생각해야겠지. 그러니 그대와 그대의 나라도 국제적 불화가 일어날 가능성을 언제나 염두에 두고 앞날에 대비해야 할 걸세.

저자● 이번 경우에는 각국의 협조자세가 비교적 확고해 보이는데도 국제공조가 깨질 가능성이 있다는 말씀인가요?

여신● 앞에서 이야기했듯이 아직까지는 분명히 공조가 비교적 잘 되고 있고, 국가간의 관계도 원만한 편이네. 하지만 경제불황이 길어지는 경우에는 어떻게 될지 알 수 없네. 불황이 다소 길어지더라도 각국이 더 참고 견디며 상호부조의 정신을 견지하면 가장 좋겠지. 그렇지만 그렇게 된다고 누가 장담할 수 있겠는가?

1929년 대공황이 일어났을 때를 돌이켜보세. 대공황이 발생한 지 2년 뒤에 일본이 만주사변을 일으켰지. 그로부터 다시 2년 뒤에는 독일에 나치정권이 등장했네. 그리고 중일전쟁에 이어 마침내 2차 세계대전이 일어났네. 역사가 이런 전례를 반드시 되풀이하라는 법은 없지만, 현재의 불황이 장기화될 경우에는 국가간 관계가 어떻게 될지 알 수 없는 일이네.

저자● 예, 그것은 사실입니다. 그리고 곳곳에 지뢰밭이 있습니다. 중동이나 중앙아시아가 특히 위태롭습니다. 그리고 남북한 사이에도 긴장이 해소되기는커녕 도리어 고조되고 있습니다. 이런 문제들이 앞으로 국제공조에 위협 요인으로 작용할 가능성이 크겠지요. 그러면 앞으로 어떻게 해야 하겠습니까?

여신● 각국이 경제위기 극복을 위해 긴밀히 협조하는 한편 지역분쟁을 비롯한 국제적 갈등을 해소하기 위한 노력도 더욱 적극적으로 기울여야 할 것으로 보이네. 남북한 사이에도 긴장을 완화시키기 위해 최대한 힘과 지혜를 모으는 것이 그 어느 때보다 중요하네.

특히 그대의 나라는 북한과의 긴장이 고조되면 경제를 회복시키기가 더욱 어렵다는 것을 명심해야 하네. 남북한간의 긴장이 고조되면 그대 나라의 신용등급이 상승하기 어렵고, 그러면 국제 금융시장에서 손해를 보게 될 테니까. 또 긴장이 더 높아지면 외국인투자를 유치하기가 어려워지고, 자칫 '셀 코리아(Sell Korea)' 가 유발될 수도 있으니까.

저자● 그럴 것입니다. 그럼에도 최근 들어 남북한 사이의 긴장을 유발하는 정부정책이 많았는데, 앞으로는 방향전환이 절실히 요구된다고 봐야겠네요.

존귀하신 여신께서는 인간의 속성이나 치부를 잘 알고 계시는 것 같습니다. 우리 인간이 겉으로는 선한 듯하면서도 모두가 자기 개인이나 나라의 이익을 챙기기에 혈안이 돼있다는 것을 꿰뚫고 계시네요. 사실 그런 속성 때문에 인간은 고귀하고 선한 신의 목소리를 귀담아 들으려고 하지도 않습니다. 그저 연극하듯이 흉내만 낼 뿐이죠. 아무튼 존귀하신 여신의 친절한 충고에 감사드립니다. 인간세계의 일원으로서, 그리고 한국 국민의 한 사람으로서 말입니다.

여신● 그런 말 하지 말게. 인간이 그렇게 이기적이면서도 때로는 서로 협조를 잘 하고 원만한 관계를 유지하는 모습을 보면 신기하기도 하네. 그런 선량한 모습이 앞으로도 오래도록 이어지기를 간절히 바라네. 특히 지금과 같은 위기의 국면에서는 각국이 자신의 이익만을 앞세울 것이 아니라 서로 협조하고 도와가며 위기를 원만하게 수습해나가야 하네. 그렇게 되기를 진심으로 기원하네.

달러화에 대한 도전

저자● 존귀하신 여신이여, 별고 없으셨습니까?

여신● 덕분에 잘 있네. 요즘 그대와의 진지한 대화를 나도 즐기고 있네. 오늘은 무슨 이야기를 하는 것이 좋을까?

저자● 요즘 미국이 달러화에 대해 도전을 받고 있는 이야기를 할까 합니다.

여신● 그것이 정말인가? 달러화는 현재 세계 유일의 기축통화 아닌가?

저자● 바로 그것입니다. 그 기축통화의 지위를 도전받고 있다는 것입니다. 중국과 러시아를 비롯한 일부 나라가 연이어 세계 기축통화를 바꿔야 한다는 주장을 제기하고 있습니다.

여신● 좀더 자세히 이야기해보게.

저자● 발단은 중국이 달러화 대신 국제통화기금의 특별인출권(SDR)을 폭넓게 사용해야 한다고 촉구한 것이었습니다. 저우샤오촨(周小川) 중국 인민은행 총재가 2009년 3월 23일에 인민은행의 웹사이트에 영어와 중국어로 동시에

게재한 글에서 국제통화기금(IMF)이 지난 1969년에 만든 SDR이 "국가를 초월하는 슈퍼통화가 될 가능성이 있다"면서 "지금은 그것이 제 기능을 발휘할 때"라고 주장했습니다.

인민은행 총재의 이 말은 결국 달러화 대신 특별인출권을 세계통화로 삼자는 것입니다. 러시아도 런던에서 열린 G20 회의를 통해 새로운 세계통화를 만들어야 한다는 주장을 폈다고 외신들이 전했습니다.

여신● 그런 주장에 대해 미국은 단호하게 거부했겠지?

저자● 처음에는 그랬습니다. 중국의 주장이 나온 직후에 오바마 대통령이 기자회견을 하면서 "새로운 세계통화의 필요성은 없다"고 잘라 말했죠. 그의 논리는 "미국은 정치가 세계에서 가장 안정돼있고 경제도 강하기 때문에 달러화는 강하다"는 것이었죠. 자신감이 넘치고 명쾌한 논리였습니다. 그날 미국 의회에서도 비슷한 반응이 나왔습니다. 공화당의 어느 하원의원이 "중국과 러시아의 주장, 즉 세계통화로 가자는 주장에 반대하는가?"라고 가이트너 장관과 버냉키 연준 의장에게 연이어 물었죠. 두 사람에게서 당연히 똑같은 반응이 나왔습니다. "그렇다"라는.

그야말로 한 목소리로 중국의 요구를 뿌리친 것이죠. 미국이 그렇게 과격하게 반응한 것은 자존심이 상했기 때문이겠지요?

여신● 아마도 그렇겠지. 미국이 경제적으로나 군사적으로나 최강대국이라고 생각하고 있었는데 느닷없이 그런 도전을 받았으니 불쾌하기 짝이 없었겠지. 미국이 비록 지금은 심각한 금융위기에 처해 있지만 중국 같은 '신흥국가'로부터 조롱당할 정도는 아니라는 생각을 했을 거야.

저자● 그런데 이상한 것은 그 직후에 미국의 태도가 갑자기 온화해졌다는 것입니다. 이틀 뒤에 가이트너 재무장관은 "통화시스템을 혁신하려는 노력에 대해 열린 자세를 갖고 있다"고 말한 것입니다. 물론 그는 달러화가 오랫동안 기축통화의 자리를 지킬 수 있을 것이라는 입장은 굽히지는 않았습니다. 그렇지만 가이트너 장관의 발언이 전해지자 달러화의 가치가 급락했습니다. 그래서 가이트너 장관은 "달러화는 기축통화로 계속 남을 것"이라고 다시 강조하지 않을 수 없었습니다. 요즘 미국의 어려워진 처지가 잘 드러나는 에피소드가 아닌가 싶습니다.

여신● 그러고 나서 어떻게 됐지? 잠잠해졌나?

저자● 논란이 두 나라 사이에서는 더 이상 확대되지 않았지만 국제적으로는 더 확산됐습니다. 중국과 러시아뿐만 아니라 여러 나라가 이 논란에 가세했습니다. 룰라 브라질 대통령, 차베스 베네수엘라 대통령이 중국의 입장에 동조했고, 아시아에서도 인도네시아와 말레이시아가 중국의 입장에 대한 지지의사를 표명했습니다.

나중에는 도미니크 스트로스 칸 국제통화기금(IMF) 총재까지 나서서 "새 통화에 대한 논의는 지극히 적절하다고 생각한다"고 거들었습니다. 그는 이번 금융위기의 해결을 둘러싸고 미국과 큰 견해차를 보여온 프랑스 사람입니다. 그러나 그런 사실을 감안한다 해도 미국의 입김이 센 국제금융기구의 수장을 맡고 있는 그가 그런 입장을 보인 것 자체가 작지 않은 의미를 지닌다고 볼 수 있습니다.

여신● 결국 친달러 진영과 반달러 진영이 대립하는 양상이군.

저자●   그런 모습이죠. 그렇지만 미국의 일부 인사들도 달러화가 기축통화의 지위를 언젠가는 상실할 가능성이 있다는 견해를 밝히고 있습니다. 세계 헤지펀드계의 대부라고 할 수 있는 조지 소로스와 2001년에 노벨 경제학상을 받은 조지프 스티글리츠 같은 사람들이 비슷한 의견을 밝혔습니다.

여신●   그렇다면 논란이 제법 커진 셈이군. 런던에서 열린 G20 정상회의에서는 이 문제가 논의되지 않았나?

저자●   중국과 러시아는 G20 회의에서 이 문제도 논의하기를 희망했죠. 그렇지만 논의는 없었습니다. 다만 후진타오 중국 국가주석이 "더 다각적이고 합리적인 기축통화를 모색하는 것이 바람직하다"고 말했을 뿐입니다. 그래서 이 문제는 일단 잠복됐습니다. 그렇지만 이 문제가 언제든지 다시 세계의 현안이 될 수 있다는 것은 분명합니다. 중국과 러시아가 이 문제에 관한 기존의 입장을 고수하고 있으니까요. 2009년 6월에도 중국 인민은행 총재가 그런 주장을 다시 했습니다. 아마도 다음번 정상회의에서는 두 나라가 이 문제를 정식 안건으로 올리려고 할 것으로 예상됩니다.

여신●   일단 운을 떼었으니 계속 밀고 나가겠지. 그런데 중국은 정말로 달러화 대신 특별인출권(SDR)을 기축통화로 삼아야 한다고 생각하는 걸까? 오히려 속마음은 위안화를 기축통화로 만들자는 데 있는 것 아닐까?

저자●   사실 저도 중국의 이번 주장을 '속마음을 숨긴 주장'으로 보고 있습니다. 중국의 진심은 SDR보다는 위안화에 있는 것 같습니다. 실제로 중국은 3월 3일에 개막된 전국인민대표대회(전인대)와 전국인민정치협상회의(정협)에서 위안화를 기축통화로 격상시키자는 의견을 제기했었다고 외신들은 전했습니다.

여신●　그랬었군. 말하자면 성동격서(聲東擊西)의 전법이라고 할 수 있겠네. 일
단 운만 뗀 뒤 국제사회의 반응을 지켜보는 것도 손해 볼 일은 없을 것이고.
지금이 그런 문제를 꺼내기에는 아주 좋은 시기이기도 하지.

저자●　그것은 왜 그런가요?

여신●　그대도 알다시피 지금 미국이 금융위기로 큰 어려움을 겪고 있지 않은
가. 달러화의 위상도 예전 같지 않고. 아직까지는 달러가 강세라고 하지만,
그 강세가 언제까지 유지될 수 있을까 하는 의문이 끊임없이 제기되고 있
고. 특히 미국이 금융위기 탈출을 위해 달러화를 대량으로 찍어서 살포하
고 있으니 그런 의문이 더욱 커지고 있지.

저자●　그러니까 미국경제가 휘청거리고 달러화의 힘이 약해진 틈을 타서 위안
화의 존재를 부각시켜보자는 거로군요. 다만 위안화를 곧바로 내세우기는
다소 낯 뜨거운 면도 있으니까 우선은 SDR을 내세워 국제여론을 떠보자 이
거로군요.

여신●　바로 봤네. 그대도 알다시피 중국의 위안화가 아직은 달러화만큼의 위상
을 확보한 것은 아니네. 그러니까 그렇게 될 때를 기다리며 지켜보자는 전
술을 택하는 것이 현명하겠지.

저자●　그렇지만 중국은 이미 위안화를 국제적으로 널리 통용시키기 위해 상당
히 노력하고 있습니다. 그래서 위안화는 동남아에서는 무역거래 결제통화
로 점차 자리 잡아가고 있습니다. 동남아에는 화교가 워낙 많아 중국과의
교역이 활발한 터에 2004년에는 중국과 아세안 사이에 자유무역협정까지

체결됐습니다. 중국의 경제력이 커감에 따라 아세안은 점차 중국의 앞마당 비슷하게 되어가는 것 같기도 합니다.

최근에 중국이 여러 나라와 통화교환협정을 맺은 것도 그런 노력의 하나라고 생각됩니다. 중국은 2008년 12월에 한국과 1800억 위안 규모의 통화교환협정을 맺은 것을 비롯해 홍콩, 말레이시아, 인도네시아, 벨로루시, 아르헨티나까지 모두 6개국과 6500억 위안(약 950억 달러) 규모의 통화교환협정을 체결했습니다. 미국이 주요 선진국 및 한국, 브라질, 멕시코 등 신흥국들과 맺은 통화교환협정의 규모에 비하면 물론 작은 규모입니다만.

또한 4월 8일에는 중국이 상하이를 비롯한 5개 도시에서 대외무역을 할 때 위안화를 결제통화로 사용하는 것을 허용한다고 발표했습니다. 그 뒤에도 중국은 외국 금융회사가 중국에서 위안화로 표시되는 '판다본드'를 발행하는 것을 허용하는 등 다각도로 움직이고 있습니다. 이런 것들은 중국의 성장속도나 교역규모로 미뤄볼 때 작지만 분명히 의미 있는 위안화 국제화의 출발이라고 해도 될 것 같습니다.

여신● 그대의 이야기를 들어보니 그럴듯하군. 그렇지만 너무 이른 것 같지 않나? 중국의 경제력이 커지면서 세계 기축통화를 바꾸자는 주장이 중국으로부터 나오리라고 예상되기는 했지. 그렇지만 아무래도 그런 예상보다는 너무 일찍 중국이 드라이브를 건다는 느낌을 지울 수 없네. 열매가 익기도 전에 따먹으려는 것처럼 말이야.

저자● 중국이 나름대로 자신감이 있어서 그런 것 아닐까요? 중국은 현재 세계 최고의 외환보유국이죠. 중국의 외환보유액은 2009년 6월 말 현재 2조

1320억 달러에 달했습니다. 처음으로 2조 달러를 돌파한 것입니다. 게다가 미국 국채도 중국이 가장 많이 보유하고 있죠. 중국이 보유하고 있는 미국 국채의 규모가 2009년 1월 말 현재 약 7400억 달러에 이릅니다. 게다가 세계 금융위기로 말미암아 2009년에 거의 모든 나라의 성장률이 마이너스로 돌아선 반면에 중국은 사실상 '나 홀로 성장'을 하고 있거든요. 성장률만 과거보다 다소 낮아졌을 따름입니다. 그러자 세계의 많은 경제전문가들이 중국을 '세계경제의 엔진'으로 추켜올려주면서 세계의 경기부양에 앞장서도록 고무하고 있는 상황 아닙니까? 심지어 미국 오바마 행정부의 힐러리 클린턴 국무장관까지 중국을 방문해서 미국 국채를 계속 사달라고 당부했으니까요.

여신● 　그대의 말대로 중국의 성장속도나 중국경제가 세계경제에서 차지하는 비중 같은 것을 보면 중국이 자신감을 갖는 것이 당연하겠지. 그렇지만 위안화를 기축통화로 삼는 것은 아직은 무리일세. 그렇기 때문에 중국의 그런 움직임을 '미국 흔들기'로 해석할 수도 있지 않을까 하네. SDR을 고리로 해서 말이야.

저자● 　사실 위안화가 기축통화의 지위에 올라가려면 아직 갈 길이 멀다고 봐야겠지요.

여신● 　그렇지. 위안화가 기축통화가 되려면 중국이 외환자유화를 더 진전시키고 보다 더 자유로운 사회분위기를 조성하는 등 경제사회적인 여건을 갖춰야겠지. 그런데 그것이 아직은 불충분한 것이 사실 아닌가? 위안화가 세계 기축통화가 되려면 한마디로 중국의 사회와 경제가 국제사회로부터 신뢰를 얻는 것이 무엇보다 중요한데, 과연 그것이 언제나 가능할까? 현재 전 세계가 중국을 주목하는 이유에는 중국의 경제력이 급속도로 커가고 있다는 사실 외에는 아무것도 없지 않은가.

저자● 러시아 재무장관은 위안화가 기축통화가 되는 데는 앞으로 15년가량이 소요될 것이라고 전망했다고 합니다.

여신● 그런 전망이 옳을 거야. 앞으로 적어도 10년 안에는 어렵다고 생각되네. 지금 달러화를 대신하기에는 위안화와 중국의 역량이 부족하니까. 그러니 지금은 그 정도로 만족하고 훗날을 도모하는 것이 바람직할 거야. 지금 자꾸 무리하게 기축통화 변경을 추진하다 보면 달러화를 흔드는 꼴 밖에 안 되네. 지금 달러화를 흔드는 방법이야 그것 말고도 여러 가지가 있겠지만, 달러화를 너무 흔들어도 결코 좋다고 할 수 없네.

저자● 왜 그렇습니까?

여신● 만약 달러화를 너무 흔들어서 그 가치가 크게 하락한다고 가정해보세. 그렇게 되면 금융위기가 발생한 뒤로 지금까지 유지돼온 세계경제의 기조가 일거에 무너지게 될 걸세. 미국 국채에 투자를 해놓은 중국, 일본, 한국 등의 투자수익이 크게 저하되고, 원유를 비롯한 원자재의 국제가격은 폭등하겠지. 그러면 중국이나 한국 등은 미국 국채에 투자해놓은 외화를 급히 회수해야 할 것이니 달러화의 가치는 더 하락하게 될 것이고….

이런 식으로 갑자기 국제 금융시장과 원자재 시장이 아수라장이 되겠지. 그러면 지금까지 추진되던 각국의 경기부양책도 혼란에 빠지지 않겠어? 더 길게 설명하지 않아도 그대는 이해할 것이라고 생각하네. 그러니 지금은 지금의 상황에 맞게 대처하면서 합리적인 방법을 추구해야지. 중국도 이런 점을 잘 알고 있을 걸세.

저자● 지금 달러화를 함부로 흔들어선 안 된다는 말씀을 이해할 수 있습니다. 지금 만신창이가 된 세계경제의 상처를 덧내기 쉽다 이 말씀이죠? 그러니 상처를 덧낼지도 모르는 위험한 짓은 삼가고 조심조심 하자는 것이죠? 중국이 지금 미국 국채에 투자해놓은 자금을 회수하지 않는 것도 그 때문인가요?

여신● 그렇다고 봐야지. 향후 달러화의 가치가 하락할 가능성을 생각하면 중국으로서는 지금 당장 미국 국채를 팔아치우고 자금을 회수하고 싶을지도 모르지. 그렇지만 그렇게 할 때 달러화의 가치가 폭락하면 감당할 수 없는 사태가 벌어질 가능성이 크네. 따라서 오늘날 세계경제에서 중요한 일익을 맡고 있는 중국이 그렇게 할 수는 없는 노릇이지. 그리고 미국이나 달러화가 급격하게 흔들린다는 것이 중국에 이익이 되는 것도 아닐 테고. 이럴 때일수록 중국은 너무 서두르지 말고 자제하는 것이 안전하고 유익할 것이라고 믿네.

저자● 그렇다면 중국은 무작정 기다리기만 해야 할까요? 이를테면 G20 회의에서 IMF 기금을 늘리기로 함에 따라 IMF가 사상 처음으로 5천억 달러 규모의 채권을 발행하기로 했는데, 이런 일에도 참여하지 말아야 하나요?

여신● 그런 것에는 참여해야지. 중국처럼 외환보유액 많은 나라는 당연히 참여할 의무를 지고 있다고 할 수 있어. 그렇게 해서 일단 세계의 인심을 얻으면 장차 SDR 배분이나 국제통화기금 지분 문제에 대한 발언권도 키울 수 있을 테니까. 한마디로 중국으로 봐서는 참여해서 손해 볼 것이 없고, 긴 안목으로 볼 때도 동참하는 것이 이익일세.

저자●　존귀하신 여신의 지적대로 중국은 국제통화기금의 지분과 투표권 구조를 바꾸기를 원하는 것으로 전해지고 있습니다. 각국의 발언권을 경제력에 맞게 조정해야 한다는 것이지요. 리융(李勇) 중국 재정부 부부장은 2009년 4월 26일에 미국 워싱턴에서 열린 IMF－세계은행 연차총회에서 "기축통화와 다른 화폐들 간의 환율을 안정시키며 국제 통화시스템을 다양화하고 건전하게 만들어야 한다"고 주장했습니다. 또 IMF와 세계은행에서 차지하는 개도국의 발언권과 투표권 비중을 선진국과 평형을 이루는 수준으로 높여야 한다고 주장했습니다. 중국의 이런 주장은 결국 신흥경제국들의 요구를 상당부분 반영한 것으로, 브라질 같은 나라가 적극적으로 거들고 있습니다. IMF가 재원확충 방안으로 채권을 발행하기로 한 것도 중국 등 신흥경제국들의 요구에 따른 것입니다. IMF가 재원을 차질 없이 늘리기 위해서는 신흥국들의 협조가 긴요하니까 그 같은 요구를 수용한 것 같습니다.

여신●　중국이 국제 경제무대에서 영향력을 확대하기 위해 목소리를 점차 높여나가는 모습이 눈에 선하군.

저자●　여러 가지 정황에 비추어 중국이 위안화를 기축통화로 만들고 싶어 하는 것은 분명한 것 같습니다. 기축통화국의 이점 때문이겠죠?

여신●　기축통화국은 여러 가지 이점을 누리게 되지. 무엇보다 중요한 이점은 외화를 조달하기 위해 안간힘을 쓸 필요가 없다는 것일세. 1997년에 그대의 나라가 보유외환이 바닥나는 바람에 국제통화기금에 손을 벌리고 그 과정에서 수모를 겪었던 일을 그대는 잊지 않았을 테지. 자국의 통화가 기축 통화가 되면 적어도 그런 수모는 당할 이유가 없다네. 위기상황에서도 중 앙은행의 화폐제조 기계를 돌리기만 하면 되니까. 현재의 미국처럼 말일 세.

저자● 중국이 단지 그런 이유만으로 기축통화의 변경을 꾀한다고 볼 수는 없겠 지요? 아무래도 커가는 국력에 맞게 통화에 대한 대우도 걸맞게 받고 싶다 는 뜻이 담겨 있겠지요.

여신● 그것은 당연한 상식이겠지.

저자● 그렇다면 중국이 당장은 모르지만 앞으로 위안화의 영향력을 계속 키워 가겠네요. 미국과 일본, 유럽 등 경제선진국들이 고전하는 사이에 중국은 성장을 계속할 것으로 예상되는데, 이런 추세라면 언젠가는 중국의 위안화 가 기축통화가 될 수 있다고 봐야겠네요. 15년이 걸리든 51년이 걸리든 말 입니다.

여신● 중국이 지금처럼 성장을 계속해나간다면 언젠가는 그렇게 되겠지. 반면 에 달러화의 위상은 점차 추락할 것이고. 기축통화가 완전히 뒤바뀌는 것 은 쉽지 않겠지만, 최소한 위안화가 달러화와 함께 나란히 기축통화로서의 역할을 하게 될 수는 있지 않을까 생각되네.

저자● 그럴 가능성도 있겠네요. 지금도 중국은 미국과 함께 세계경제의 두 축 가운데 하나로 간주되고 있죠. 영국의 경제신문 〈파이낸셜 타임스〉도 "G20 이후에는 G2가 중요하다"는 기사를 게재한 적이 있습니다. 세계경제 의 안정을 위해서는 결국 미국과 중국이 잘 해나가야 한다고 말입니다.

여신• 정곡을 찌른 것 같네. 앞으로 세계경제의 향방은 결국 두 대국이 결정할 것이 거의 확실하다고 봐야 할 걸세. 중국의 힘이 그만큼 무섭게 강해졌고, 앞으로 더 강해질 가능성도 크기 때문이네. 그리고 그대의 나라도 이런 전망을 염두에 두고 향후의 경제전략을 짜야 할 거야. 요컨대 기축통화 변경에 관한 중국의 주장에 담겨 있는 중국의 위상이나 정치적 영향력을 주목해야 한다는 말일세.

중국의 경제력이 최근에 워낙 커지니 주변국가들에게는 중국이 사실상 블랙홀과 같은 작용을 하고 있네. 자원과 자금, 인력이 중국으로 흡수되고 있다는 말일세. 금융위기로 말미암아 이런 경향이 주춤해지고는 있지만, 그 잠재적인 파괴력은 작지 않네. 미국 예일대학의 한 교수는 앞으로 홍콩과 상하이가 미국의 뉴욕이나 영국의 런던을 밀어내고 새로운 금융중심지가 될 것이라고 예측하기도 했지.

저자• 최근 중국의 국영기업이 대만 이동통신회사의 지분을 인수하기로 했습니다. 중국 정부는 이미 본토 기업의 대만 직접투자를 허용함은 물론이고 대만의 기업을 유치하기 위해 대만해협 서안의 푸젠성(복건성)을 경제특구로 개발하는 방안을 확정했습니다. 중국이 이제 대만을 경제적으로 사실상 흡수하게 된 것 같습니다.

여신• 사실인 것 같네. 그런 일이 앞으로 자꾸 늘어나고 결국에는 대만경제가 중국에 흡수되겠지. 그런 파괴력이 앞으로 대만뿐만 아니라 동남아시아 전반으로 확산될 가능성도 크네. 특히 화교가 많은 나라들은 조심해야 할 걸세.

저자● 반면에 미국의 영향력은 퇴조한다고 볼 수 있을까요?

여신● 현재의 구도로 보면 그렇지. 미국은 현재 여러 군데서 힘을 허비하고 있으니까. 이라크와 아프가니스탄에서 전쟁을 벌이고 있고, 안에서는 경제난을 해결하지 않으면 안 되는 처지에 있지. 그러다보면 대외적인 영향력이 상대적으로 약해지겠지. 그래서 미국의 시대도 이제 저물어가고 있다는 관측이 무성하고.

저자● 그렇다면 한국은 장차 어떻게 해야 할까요?

여신● 그렇게 단도직입적으로 물으면 바로 대답하기가 쉽지 않네. 다만 나는 그런 점을 염두에 두라고 한국인에게 권유하고 싶을 뿐이야. 최근 베트남이 미국에 접근하는가 하면 러시아의 잠수함을 구입하기로 한 것은 중국에 대한 경계심 때문일 걸세. 인근의 대국과 적대관계에 놓이게 되면 곤란하겠지만, 그 구심력에 휩쓸려 들어가지 않도록 경계하는 것도 중요하겠지. 요컨대 중국의 성장에 따른 과실을 최대한 흡수하고 향유하되 거기에 매몰되지 말라는 말이네.

저자● 바로 가까이에 있는 중국의 경제력이 커지니까 우리에게 유익한 측면도 있지만, 한편으로는 두렵기도 합니다. 중국의 동북공정을 보거나 중국이 동남아 국가와 벌이고 있는 남중국해 섬에 대한 영유권 분쟁을 보면 중국의 대외팽창 욕심도 결코 작지 않은 것 같으니까요. 이런 상황에서 한국이 나아가야 할 방향은 어디일까요?

여신● 너무 두려워할 필요는 없네. 그대의 나라가 비록 작은 나라이기는 하지만 독자적인 정치경제적 힘을 키우고 세계로부터 존중받는 나라가 되면 앞

날이 어둡지는 않을 걸세. 중국은 물론이고 중국의 팽창을 막으려는 미국
으로부터도 실력과 중요성을 인정받는 것이 필요하네. 그러니 한국의 역량
을 발전시키기 위해 노력과 슬기를 모으는 것이 앞으로 그 어느 때보다 중
요해질 걸세. 그렇게 스스로 노력하는 사람이나 나라는 신들의 세계에서도
존중받는다네.

중앙은행의 돈 찍는 기계

저자● 존귀하신 칼리오페 여신이여, 오랜만에 뵙습니다.

여신● 어서 오게.

저자● 요즘 세계 각국의 중앙은행들이 몹시 바쁩니다. 금융위기가 발생한 뒤로 무너지는 금융시장을 지키고 경제를 살리기 위해 안간힘을 쓰고 있으니까요.

여신● 들었네. 세계 각국의 중앙은행들이 대부분 금리를 바닥수준까지 내리고 시중에 자금도 엄청나게 퍼붓고 있지?

저자● 그렇습니다. 영국의 중앙은행인 잉글랜드은행이 2009년 2월 5일에 기준금리를 연 0.5%까지 인하했고, 5월에는 유럽중앙은행이 기준금리를 1.0%로 낮춰 놓았습니다. 잉글랜드은행은 1694년에 창설된 뒤로 금리를 가장 낮은 수준으로 떨어뜨렸고, 유럽중앙은행도 1992년에 세워진 뒤로 가장 낮은 금리를 운용하게 된 것이지요. 이번 위기의 진앙인 미국의 연준(FRB)은 이미 2008년 12월에 기준금리를 0~0.25%까지 끌어내렸고, 일본의 기준금리도 0.1%로 떨어진 상태입니다. 주요 선진국들에서 금리가 더 이상 낮출 수 없는 수준까지 내려간 것입니다.

여신 • 모두들 절박한 모양이군. 그렇게 내리고 또 내리다가 '막장'까지 간 것을 보니.

저자 • 말할 필요도 없죠. 유럽중앙은행이나 잉글랜드은행 같은 경우에는 2008년 10월부터 거의 매월 금리를 내리다시피 했습니다. 미국 연준도 1913년에 창설된 이후 처음으로 제로금리 시대를 맞이했습니다.

여신 • 2008년 9월에 투자은행 리먼브라더스가 파산신청을 한 뒤로 세계 각국이 금리를 동반인하하기도 했지? 그 사이에 금리를 내리지 않은 나라는 거의 없겠군. 그대의 나라도 금리를 이미 몇 차례 인하했지?

저자 • 그렇습니다. 우리 한국도 버틸 도리가 없었죠. 2008년 10월에 5.25%였던 금리가 몇 차례에 걸쳐 3.25%포인트나 인하됐습니다. 지금은 2%이니 아마도 역사상 최저수준일 것입니다. 한국을 포함해 모든 나라가 금리를 내렸어도 세계의 경기는 여전히 바닥권에 머물러 있습니다. 더 나빠질 것 같지는 않지만 예전 같은 활력이 되살아날지는 불확실합니다.

여신 • 우선 가계나 기업의 부채가 너무 많기 때문이 아니겠나? 금리를 낮춰주니 이자부담이 줄어들긴 하겠지만, 부채상환 부담 때문에 소비여력은 여전히 별로 없지. 또 금리인하로 시중에 자금이 엄청나게 풀리긴 했지만, 그 자금이 제대로 돌고 있다고는 보기 어렵지. 모든 경제주체가 어려움에 빠졌으니 금융회사들은 자금을 빌려줬다가 회수하지 못할까봐 대출을 기피할 것이고. 특히 부실기업이 적지 않으니 자금순환이 더 어렵다고 봐야하겠지. 부실기업은 채무상환을 제대로 할 가능성이 크지 않으니까 금융회사들이 대출을 꺼리게 되지. 그러니 대출은 안 되고, 금융회사나 기관들 사이에서만 돈이 맴돌게 되는 것이네. 그 결과로 그대의 나라에서도 부동자금이 늘어나 MMF 잔액이 사상최대 규모로 늘어났던 것 아니겠나? 기업이나 개인은 앞으로의 경기에 대해 확신을 갖지 못하니까 돈을 함부로 쓰지 않고 쌓아두는 쪽을 택하고 있겠지. 일자리를 지킬 수 있다고 안심하기가 어려우니 그럴 수밖에. 그러다 보니 미국의 저축액이 50년 만에 최대치로 늘었다잖아?

저자● 그렇다면 경제가 호전될 가능성이 엿보이거나 돈을 빌려줘도 떼이지는 않을 것이라는 믿음이 생겨야 금리인하가 효과를 낼 것이라는 말이 되겠군요.

여신● 그렇다네. 그렇게 되도록 하기 위해 각국 정부가 경기부양을 위한 대책을 거듭 마련하고, 부실한 금융기관이나 기업을 어떤 식으로든 정리하려고 하는 것이네. 이런 점에서 부실한 금융회사나 기업에 대해서는 빨리 처리방향을 결정해야 하네. 아예 퇴출시키거나, 아니면 확실하게 살리거나. 1997년에 그대의 나라에 외환위기가 닥쳤을 때 정부가 가장 역점을 둔 것이 무엇이었나를 생각해보게.

저자● 부실한 종합금융사와 은행, 그리고 대기업을 정리하는 것이었지요.

여신● 바로 그것일세. 금융위기가 발생한 뒤에 미국이 부실금융회사를 문 닫게 하거나 다른 금융회사에 인수시키는 등의 조치를 취한 것도 그 때문이지.

저자● 그렇지만 아직도 생사가 불분명한 기업이나 금융회사가 적지 않습니다.

여신● 맞는 말이야. 신용등급이 다소 낮은 기업이나 금융회사가 아직 많은데, 이런 기업 또는 금융회사가 발행한 회사채나 기업어음은 잘 팔리지 않네. 그래서 각국은 일단 시중에 더 많은 자금을 공급해서 이런 기업이나 금융회사의 채권도 유통되도록 유도하고 있는 것이야. 그런데 금리를 이미 더 이상 낮출 수 없는 수준까지 내려놓았으니 다른 방식까지 동원하고 있는 것이네.

저자● 각국의 중앙은행이 쓰고 있는 '양적완화' 정책을 말하는 건가요?

여신● 그렇다네. 양적완화라는 것은 금리를 아무리 낮춰도 효과가 없을 경우에 중앙은행이 추가로 자금을 시중에 공급하기 위해 쓰는 방법이지. 국공채나 회사채 또는 기업어음 등을 직접 매입하는 방식으로 말이야. 일본이 2001년부터 2006년까지 금리를 0%까지 내렸는데도 효과가 없어서 사용한 방책이야. 당시에 일본은 양적완화 정책까지 썼는데도 경기가 회복되지 않아 큰 어려움을 겪었지. 그래서 양적완화 정책의 효과에 대한 의구심도 있긴 하네. 그렇지만 중앙은행이 금리를 더 낮출 여지가 없는데다가 정부의 재정지출도 더 늘리기 어려울 때에는 달리 방법이 없을 거야. 그나마 자금이라도 풍부하게 공급하지 않으면 경제가 무너질 위험이 있으니까. 양적완화 정책을 쓰면 이미 물이 가득 차 있는 저수지에 소나기가 퍼붓는 경우와 같은 상황이 펼쳐지네. 소나기로 인해 저수지에서 물이 넘치면 지금까지 물을 받지 못하던 땅에도 물이 흘러가겠지.

저자● 그렇군요. 그래서 요즘 그런 방식으로 시중에 자금을 공급하는 중앙은행이 늘어나고 있군요. 영국의 잉글랜드은행은 중장기 국공채와 회사채 750억 파운드어치를 사들이기로 했다가 나중에 1250억 파운드까지 매입규모를 늘렸지요. 잉글랜드은행이 사상 처음으로 쓰는 양적완화 정책이라고 합니다.

여신● 영국의 위기감이 컸던 모양이군. 양적완화 정책을 가장 적극적으로 쓰는 나라는 어디인가?

저자● 역시 일본이 아닌가 생각됩니다. 일본은행은 2008년 12월 시중은행에 대출할 때 담보로 받는 회사채의 범위를 신용등급 A에서 BBB로 확대한 바 있습니다. 그것은 직접적인 양적완화는 아니지만 간접적인 양적완화 방식이라고 할 수 있지요. 일본은행은 2009년에 들어 본격적인 양적완화에 뛰어들었습니다. 기업어음과 회사채를 직접 매입하고, 기업채무를 담보로 시중은행에 저리대출도 해주고 있습니다. 또한 금융기관이 보유하고 있는 기업주식도 사들이고 있고, 장기국채 매입도 꾸준히 확대하고 있습니다. 그야말로 전방위적 양적완화 정책이라고 할 수 있습니다.

여신● 미국도 양적완화 정책을 전면적으로 동원했지?

저자● 그렇습니다. 미국의 연준은 2009년 3월에 연방공개시장위원회(FOMC)를 열어서 6개월 동안 국채를 3천억 달러까지 매입하기로 결정했습니다. 사실 연준은 그에 앞서 2008년 10월부터 이미 사실상의 양적완화 카드를 꺼내들었습니다. 기업어음과 모기지 증권을 직접 매입하고 자산유동화증권(ABS)을 담보로 한 대출을 시행했으니까요.

여신● 유럽중앙은행도 양적완화 정책을 쓰기로 하지 않았나?

저자● 긴 검토 끝에 그렇게 하기로 했습니다. 다만 국채를 매입하지 않고, 그 대신에 '커버드 본드(covered bond)'를 2010년 6월까지 600억 유로어치 매입하기로 했습니다. 커버드 본드라는 것은 은행이 갖고 있는 주택담보대출 채권이나 공공분야의 채권을 담보로 발행되는 증권을 말합니다.

여신● 그대의 나라는 아직 양적완화 카드를 꺼내지 않았지?

저자● 예 그렇습니다. 한국은행은 비교적 신중한 입장인 것 같습니다. 이성태 한은 총재가 국회에서 의원들에게 답변하는 과정에서 "국채를 인수하는 것은 불가능한 것은 아니지만 마지막 수단"이라면서 "가능하면 국채가 시장에서 소화될 수 있는 방안을 생각하고 있다"고 말했지요. 정부가 경기부양을 위해 국채를 발행하더라도 가능한 한 한은에서는 그것을 직접 매입해주지 않고, 우선은 그 소화를 시장에 맡기겠다는 것 같습니다. 다만 한은도 2008년에 증권시장을 살리기 위해 2조 원의 자금을 시중에 공급해서 효과를 보았고, 은행자본의 확충이나 채권시장 안정펀드에 자금을 출연하는 등의 다른 역할은 하고 있습니다.

여신● 이렇게 훑어보니 세계 주요 국가들의 중앙은행이 대부분 양적완화를 동원한 것 같네.

저자● 원래 중앙은행은 '최종 대부자'로서 은행을 통해 간접적으로만 시중에 자금을 공급하는 기관인 것으로 저는 알고 있습니다. 일반적인 기업자금을 직접 지원하거나 국공채를 직접 인수하는 일은 하지 않는 것이 중앙은행의 원칙이라고 할 수 있지요.

여신● 물론 그렇다고 할 수 있지. 그러나 지금 각국의 경제사정이 워낙 나쁘다

보니 찬 밥 더운 밥 가릴 때가 아니라고 생각한 것일 테지. 중앙은행들도 고민이 많을 거야. 금리를 내릴 만큼 내린데다 양적완화까지 동원했는데도 효과가 없으면 어쩌나 하고 걱정할 거야. 그 걱정과 고민을 직접 듣지 않아도 나는 알지. 한국은행이 신중한 입장을 취하는 것도 충분히 이해가 되네.

저자● 그런데 일부에서는 경기부양을 위해 중앙은행이 아예 마이너스 금리 정책을 써야 한다는 주장도 내놓았습니다. 가령 중앙은행이 1억 원의 대출을 한 뒤에 이자를 받는 것은 아예 포기하고 원금도 9500만 원만 돌려받으려는 것이죠.

여신● 그런 주장도 있었나? 경기가 나쁜 상황이니 그런 주장 자체를 이해하지 못할 이유는 없네. 하지만 양적완화 정책도 그런 효과를 내는 것 아닐까? 그리고 마이너스 금리를 적용한다고 해서 얼마나 효과가 있을지 모르겠네. 효과가 약간 있다고 해도 그 대가가 너무 클 것 같기도 하고.

저자● 어떤 대가가 있을까요?

여신● 아마도 상환능력이 없는 기업이나 개인까지 너도나도 대출을 받으려고 할 것이고, 나중에는 그런 대출이 더 큰 부실화를 초래할 가능성이 크지. 그리고 시중에 엄청난 자금이 살포되면서 1920년대 독일의 바이마르공화국이나 최근의 짐바브웨처럼 엄청난 인플레이션이 초래될 가능성도 있고.

모든 일에는 일정한 한도가 있는 법이야. 금리를 최대한 낮추고 자금공급을 늘려 금융불안과 실물경기 추락을 막는 것이야 당연히 해야 할 일이네. 하지만 그것도 가능한 범위 안에서 하면서 경기를 점진적으로 살려가도록 해야 후환이 없는 법이지. 마이너스 금리는 그러한 한도를 넘어서는

것이라고 판단되네. 그렇게까지 하지 않더라도 이번 금융위기 과정에서 각
국의 중앙은행들은 이미 잘 대처해왔다고 생각되네.

저자 ● 그렇습니다. 각국의 중앙은행들은 금융시장에 장단기 자금이 부족할 때
마다 갖가지 방식으로 자금을 공급했죠. 미국 연준은 2008년 10월에 MMF
를 방어하는 데 5천여억 달러를 투입했습니다. 11월에는 패니메이와 프레
디맥 등 모기지 금융기관으로부터 6천억 달러어치의 모기지담보증권을 매
입했습니다.

최악의 상황에서는 벗어났으니 '출구전략'을 마련해야 한다는 주장이
일부에서 제기되던 2009년 6월에도 유럽중앙은행은 유로화를 사용하는 16
개 회원국들의 은행에 연 1%의 금리로 1년짜리 대출을 4422억 유로(약
6200억 달러)나 공급했습니다. 이는 유럽중앙은행이 창립된 이후 최대 규
모의 자금공급입니다. 〈파이낸셜 타임스〉 신문에 따르면 유로화를 사용하
는 국가들의 국민 1인당 1300유로만큼이 자금시장에 추가로 투입된 것입
니다.

여신 ● 재미있군. 유럽중앙은행은 양적완화에 가장 소극적인 태도를 취하더니
막상 뒤늦게 나서자 훨씬 큰 규모로 사실상의 양적완화를 했으니 말이야.
그대의 나라에는 늦게 배운 도둑질에 날 새는 줄 모른다는 속담이 있지? 이
번 일이 그 속담 그대로인 걸.

저자 ● 경기가 여전히 살얼음판을 밟는 것 같으니까 그렇게 했으리라고 생각됩
니다. 아니면 너무 재다가 적절한 시기를 놓쳤기 때문일지도 모르겠습니
다. 해야 할 일을 뒤늦게 하다 보면 그만큼 큰 부담을 져야 하는 법이죠.

여신● 　결국 중앙은행들이 경기를 살리기 위해 모든 카드를 다 꺼내면서 돈을 소나기처럼 퍼붓고 있는 셈이군. 전통적인 방식이든 아니든 가릴 것 없이 모든 카드를 다 꺼내들고 있네. 버냉키 미국 연준 의장이 경제를 살리기 위해 "할 수 있는 모든 일을 다 하겠다"고 공언하더니 그 말 그대로네그려. 중앙은행들이 경제붕괴를 막는 최후의 보루 노릇을 톡톡히 하고 있군.

저자● 　그런 것 같습니다. 연준의 노력 덕분에 미국에서 모기지 대출 금리가 사상최저 수준으로 떨어지기도 했답니다. 그 금리가 떨어졌다고 해서 미국의 주택시장이 곧바로 다시 살아나는 것은 아니지만, 모기지 금리의 상승에 시달리는 서민들에게는 그나마 단비 같은 소식이겠죠.

여신● 　각국 중앙은행들 사이의 공조도 그 어느 때보다 활발했던 것으로 알고 있네만.

저자● 　그렇습니다. 2008년에 금융시장의 경색이 가시화되면서 금융회사들이 서로 자금공급을 하기를 기피하고 이 때문에 시중의 단기자금이 부족했던 일이 있었습니다. 미국뿐만 아니라 유럽에서도 마찬가지였죠. 그래서 미국 연준을 비롯해 유럽 주요 국가들의 중앙은행이 함께 단기자금을 시중에 공급한 일이 있었습니다. 덕분에 그때 급한 불은 끌 수 있었습니다.

여신● 　중요한 순간에 중요한 일을 했군. 중앙은행들끼리 통화교환협정도 맺었잖아?

저자● 　예. 미국 연준이 유럽중앙은행을 비롯해 영국, 일본, 캐나다 등 여러 나라의 중앙은행과 통화교환협정을 맺은 것도 공조의 사례라고 볼 수 있을 것입니다. 금융위기가 본격화된 이후 최근까지 미국 연준은 10여 개 나라의 중앙은행과 통화교환협정을 맺고 달러를 공급했죠.

그런데 2009년 4월에는 정반대의 통화교환협정이 체결됐습니다. 연준이 영국, 일본, 스위스의 중앙은행 및 유럽중앙은행과 통화교환협정을 맺었는데, 이것은 각국에 달러를 공급하기 위한 것이 아니었습니다. 오히려 미국이 필요한 외국통화를 확보하기 위한 것이었죠. 세계 중앙은행의 역사에서 과거에도 이런 일이 있었는지는 잘 모르겠습니다.

여신● 나로서도 들어보지 못한 일이네. 전례가 있든 없든 필요한 일이라면 해야지 어떡하겠나. 상식이 허용하는 범위 안에서라면 굳이 전례에 구애받을 필요는 없겠지.

저자● 저도 그렇게 생각합니다. 그런데 각국이 이번의 위기와 싸워가는 과정에서 중앙은행의 기여도가 과연 어느 정도나 될까요? 특히 정부와 비교해서 말입니다.

여신● 그대들 인간은 역시 어쩔 수 없군. 그렇게 기여도를 굳이 비교해보고 싶어 하는 것을 보니 말이야. 솔직히 말해서 중앙은행의 기여도를 한마디로 이야기하기는 지극히 어렵지. 특히 정부와 비교해서 이야기하기는 더더욱 어렵네. 정부의 역할과 중앙은행의 역할은 엄연히 다르니까. 그래도 어느 정도 단순화의 위험을 감수하면서 이야기한다면 중앙은행의 기여도가 더 크지 않았나 싶네.

저자● 어떤 근거에서죠?

여신● 이렇게 이야기해보세. 영국 〈BBC〉 방송의 계산에 따르면 미국이 금융위기를 해결하기 위해 8조 5천억 달러를 썼거나 쓰기로 약속했다고 하네.

그 가운데 정부재정에서 지출되는 돈이 얼마나 될까? 이것저것 다 합쳐봐야 1조 달러 안팎에 불과하네. 대부분의 돈은 결국 연준의 돈 찍는 기계에서 나온다는 것이지. 연준이 그렇게 하지 않는다면 미국의 경제는 물론이고 세계경제도 그야말로 바벨탑 무너지듯 무너지겠지.

저자● 지난 과정을 돌이켜보니 각국의 중앙은행들이 한 역할이 정말로 크다고 해야겠네요. 그런데 중앙은행이 그렇게 경제 살리기에 깊숙이 개입하게 되면 독립성을 훼손당하지 않을까 하는 우려의 목소리도 나오는 것 같습니다.

여신● 그런 우려도 당연히 나오겠지. 사실 중앙은행이 한 일 가운데 정부가 할 일을 대신한 것이 적지 않으니까. 재정지출의 한계 때문에 정부가 나서기 어려울 때 자금공급의 역할을 중앙은행이 대신 떠맡은 셈이야. 그러다 보니 어느 것이 정부가 한 일이고, 어느 것이 중앙은행이 한 일인지 구별하기 어려울 정도네.

2009년 3월 미국에서 연준과 재무부가 연준의 독립성을 재확인하는 공동성명을 발표한 것도 바로 그런 우려에서 비롯된 것이라고 할 수 있겠지. 시의적절한 입장발표였다고 생각되네. 사실 그 시점에 미국의 연준과 재무부가 그런 입장을 천명한 것은 훗날을 위해서도 중요한 의미를 가진 것이었다고 할 수 있네.

저자● 훗날을 위해서라니, 무슨 말씀인가요?

여신● 그대가 좀 전에 이야기했듯이 이번 위기에 대처하는 과정에서 가장 큰 역할을 한 것이 각국 중앙은행의 '돈 찍는 기계'였지. 그것은 바로 통화를 살포한다는 것 아닌가? 그것도 한두 푼도 아니고 천문학적인 규모로. 그대의 나라에서 한동안 '돈벼락'이라는 말이 유행했던 것으로 알고 있는데, 이번에 각국 중앙은행들이 그야말로 돈벼락을 퍼부었단 말이야. 그 결과로 앞으로 후유증이 생길 것이 분명하네.

저자● 　어떤 후유증인가요? 인플레이션 말인가요?

여신● 　바로 그것이네. 지금 이렇게 돈을 살포하는 것이 당장 위기극복에 필요하고 도움이 되는 것이기는 하지만, 시간이 흐른 다음에는 심각한 인플레이션을 유발하지 않겠는가? 흔히 하이퍼인플레이션이라고 하는 것 말이야.

저자● 　그럴 가능성이 크다고 저도 생각합니다.

여신● 　그대는 인플레이션이 얼마나 무서운지 아는가? 과거 1920년대에 독일의 바이마르공화국에서 인플레이션이 얼마나 심했으며, 최근에 많은 나라에서 인플레이션 때문에 서민들이 얼마나 고생하고 있는가 하는 이야기는 들었지?

저자● 　들었습니다. 짐바브웨 같은 나라가 특히 심하다고 알고 있습니다.

여신● 　바로 그거야. 만약에 미국도 지금처럼 돈을 많이 퍼부었다가 풀린 돈을 나중에 제대로 흡수하지 못한다면 바이마르공화국이나 짐바브웨처럼 되지 말라는 법이 없네.

저자● 　최근 발간된 《금융 아마겟돈》 같은 책을 보면 금융위기를 수습하고 나면 심각한 인플레이션이 찾아올 것이라고 전망합니다. 각국의 경제전문가들도 이구동성으로 같은 우려를 표명하고 있습니다. 투자의 귀재라고 불리는 워런 버핏도 인플레이션의 가능성을 제기했으니까요.

여신● 그렇다면 현재의 위기를 수습하고 나면 인플레이션을 억제하는 것이 가장 큰 과제가 될 것이 명약관화(明若觀火)하군. 그 일은 또 누가 하겠는가? 정부가 하겠는가?

저자● 아닙니다. 그런 일은 중앙은행의 몫입니다.

여신● 그렇지. 모르긴 몰라도 정부는 인플레이션을 수습하는 데는 그다지 관심을 보이지 않을 것이네. 독일과 프랑스는 추후에 닥칠 수 있는 인플레이션에 대한 염려 때문에 경기부양을 위해 정부지출을 대폭 늘리라는 미국의 요구를 수용하지 않고 있지. 그러나 이는 예외적인 경우이고, 대부분의 정부들은 오히려 인플레이션 지향적이라고 봐도 좋을 거야.

저자● 왜 그런가요?

여신● 어느 정도의 인플레이션은 경제성장에 도움이 되고, 그러면 정부나 정치권에서는 국민들에게 그 경제성장을 자신들의 치적으로 홍보할 수 있기 때문이지.

저자● 그렇겠군요. 그렇다면 어떤 정부는 오히려 인플레이션을 즐길 가능성도 있겠네요.

여신● 바로 그거야. 지난날에 그대 나라의 정부도 그랬었지. 물론 그 결과는 대체로 나빴고. 결국 인플레이션을 수습하는 일은 중앙은행의 책임이 된다네. 그런데 중앙은행이 그런 책무를 다하려면 독립성이 있어야 하네. 중앙은행이 인플레이션을 즐기려는 정부나 정치권의 눈치를 살피지 않고 의연하게 본연의 책임을 다하기 위해서는.

저자 ● 존귀하신 여신의 말씀, 잘 알겠습니다. 앞으로 각국 중앙은행이 하는 일에 좀더 관심을 갖고 지켜보겠습니다.

여신 ● 한 가지 덧붙이자면, 금융위기 수습을 위해 각국 정부와 중앙은행들이 공동보조를 취한 일이 많았지만 인플레이션을 수습하는 과정에서는 그렇게 되기가 어렵지 않을까 싶네. 인플레이션을 수습하는 역할을 하는 국제적인 기구는 없으니 그런 일은 각국의 중앙은행이 알아서 하는 수밖에 없지. 그렇지만 나라마다 상황이 다르고 집권세력의 성격과 철학이 상이하니 인플레이션 수습을 위해 손발을 쉽게 맞출 수가 없다네. 이런 문제도 염두에 둬야 할 것이야.

저자 ● 저도 동감입니다. 그런데 전문가가 아닌 제가 중앙은행이 하는 일에 대해 이렇게 함부로 이야기해도 되는지 모르겠습니다. 이 문제에 대해 잘 아는 전문가들이 무수히 많은데 말입니다.

여신 ● 괘념치 말게. 중앙은행의 일도 전문적인 언어로 이야기하자면 한없이 어렵고 복잡하지만, 인간사의 건전한 상식으로 접근해서 안 될 이유가 무엇이 있겠는가? 그대가 인간세계의 행복을 진심으로 걱정하고 진리를 탐구하려는 자세만 잃지 않는다면 말일세. 17세기 프랑스의 철학자 데카르트가 한 말이 떠오르네.

> 올바르게 인도되기만 하면 보통 상식으로 불리는 것만으로도 어려운 진리를 발견할 수 있다.
>
> ─르네 데카르트, 《자연의 빛에 의한 진리탐구》, 이현복 옮김, 문예출판사

인간사의 문제를 해결하는 데는 전문적인 지식도 중요하지만 때 묻지 않은 상식과 올곧은 탐구정신이 더 중요하다는 것을 그대는 잊었는가?

저자● 존귀하신 여신의 그 말씀, 이해하겠습니다. 만약 중앙은행들이 이번 금융위기에서 아무 일도 하지 않았다면 지금쯤 세계가 어떻게 됐을까 하고 생각해보곤 합니다. 아마도 세계는 이미 1930년대와 같은 대공황으로 다시 빠져들지 않았을까 하는 상상을 해봅니다.

여신● 그대의 상상이 공연한 것 같지는 않네. 지금 중앙은행들이 그렇게 애쓰는데도 세계가 대공황(Great Depression) 이후 최대의 경기후퇴를 겪고 있다잖아? 이 점에 대해서는 앨런 그린스펀 전 연준 의장을 비롯해 모든 전문가들이 동의하고 있네. 위기가 더 심각해질 수 있다는 전망도 있고.[*] 그래서 '대침체(Great Recession)'라는 말도 새로이 등장했고 말이야. 그러니 각국의 중앙은행들이 나서지 않았다면 대공황 같은 사태가 재연됐으리라고 추정하는 것도 무리는 아니네.

저자● 그러나 오늘날 세계경제가 이렇게 어지럽고 혼란스러운 것은 중앙은행들이 불환지폐를 너무 많이 발행했기 때문이라는 지적도 있습니다. 그리고 이런 문제를 근본적으로 해결하기 위해서는 금이나 은을 화폐로 사용해야

---

[*] 그린스펀 전 연준 의장은 2009년 2월에 한 연설에서 이번의 세계적인 경제침체가 1930년대 이후 가장 길고 깊은 경제침체가 될 것이라고 전망했다(〈로이터〉, 2009년 2월 17일). 또한 1980년대에 연준 의장을 지낸 폴 볼커는 이번 위기가 대공황보다 더 빠르게 악화될지도 모른다고 지적했다.(〈로이터〉, 2009년 2월 20일)

한다는 주장도 있습니다. 이런 견해를 담은 책이 나오기도 했고요.

여신●　그런 것은 그야말로 어려운 문제이기 때문에 간단히 말할 수 없네. 그것

이야말로 전문가들의 토론이 필요한 문제일세.

저자●　그런데 최근 중국이 금 보유를 늘리는 것에 눈길이 끌립니다. 중국 중앙

은행의 금 보유량이 2003년에 600톤이었으나 지금은 1050톤을 넘었다고

합니다. 미국에 비하면 아직 보잘 것 없는 규모이긴 하지만, 달러화의 앞날

에 대한 불안감 때문에 중국은 앞으로도 금 보유량을 꾸준히 늘려나갈 것

으로 보입니다. 그런가 하면 금본위제로 돌아가야 한다는 주장이 점점 더

많이 나오고 있고, 일부 헤지펀드들은 벌써부터 금을 사 모으고 있다는 소

식도 전해지고 있습니다.

여신●　중국의 금 보유량은 아직 세계 전체 금 재고의 2%에 불과하네. 하지만

앞으로 중국이 금 보유를 얼마나 더 늘려갈지에 주목할 필요는 있을 것 같

네. 사실 금본위제도나 금태환화
폐제도가 사라진 뒤로 국제적으
로 통화가치가 급속히 변동하고,
그 틈을 이용해 투기자본이 활개
를 친 것은 사실 아닌가? 앞으로
금본위나 금태환으로 돌아가기
가 쉽지는 않겠지만, 통화가치 급
변을 억제하고 국가자산을 안정
적으로 운용하는 데는 일단 금이

각국 중앙은행 금 보유량 (단위: 톤)		
	1999년	2009년 3월
유럽중앙은행	747.4	536.9
일본	753.6	765.2
스위스	2590.2	1040.1
중국	395	1054
이탈리아	2451.8	2451.8
프랑스	3024.6	2487.1
독일	3468.6	2487.1
미국	8138.9	8133.5
기타	8736.3	7047.2
전 세계	33523.7	30145.7

자료: 〈연합뉴스〉

유용한 수단이 될 거야. 그러니 앞으로 금의 중요성과 가치에 주목할 필요가 있네.

저자●　　반면에 화폐발행을 중앙은행에 맡기지 말고 정부가 직접 해야 한다는 의견도 있습니다. 일본에서도 경기침체가 워낙 깊다 보니 내수부진을 탈피하기 위해 정부지폐를 찍자는 주장이 한때 제기된 적이 있었지요. 지금은 그런 주장이 쑥 들어갔지만, 만약 경기침체가 정말로 길어지고 깊어진다면 다시 그런 주장이 떠오를 가능성도 있습니다.

여신●　　화폐를 중앙은행에서 발행해야 하는지, 아니면 정부가 직접 해야 하는지는 그대들 인간이 알아서 하게. 경기의 과도한 변동을 억제하고 안정적인 성장을 도모하는 데 어느 쪽이 더 도움이 되는지를 잘 판단해서 말이야. 화폐발행은 다른 동물과 달리 인간만 하는 일이고 인간이 스스로 개발한 것이니 인간의 지혜를 잘 발휘해 보게나.

저자●　　그런 지혜는 앞으로 중앙은행 제도와 경제발전의 관계를 잘 아는 전문가들이 논의하겠지요. 저는 다만 인간세계의 일원으로서 그런 전문가들이 그동안 배운 지식을 잘 활용해 가장 유익한 결론을 내려주기만을 바랄 뿐입니다. 그런 것을 정확하게 잘 하기만 해도 그들은 신으로부터 부여 받은 책무를 다하는 것이라고 생각됩니다.

여신●　　그대의 말이 맞네. 바로 그런 데서 영웅도 탄생하는 법이라네. 얼마 전에 미국 제너럴일렉트릭(GE)의 최고경영자를 지낸 잭 웰치가 버냉키 연준 의장에 대해 금융시스템을 구해낸 '국가적 영웅' 이라고 극찬했다는 이야기를 들었네.

그가 진짜 영웅인지 아닌지는 좀더 두고 봐야겠지. 사실 영웅은 특별한 존재가 아니긴 하네. 주어진 과제가 어려울 때 온 힘을 다해 올바르고 정확하게 그 과제를 해결해내는 사람이 영웅이지. 19세기 영국의 사상가 토머스 칼라일이 말한 바와 같이 영웅이 되려면 무엇보다 성실해야 하네. 그렇게 볼 때 버냉키 의장도 영웅이 될 가능성은 충분히 갖고 있네.

저자● 그렇지만 버냉키 의장 혼자서 그런 일을 한 것은 아니라고 봅니다. 각국의 중앙은행 수장들이 모두 다 이번 경제위기의 타개에 노력했습니다. 뿐만 아니라 기업의 경영자나 노조의 간부 가운데서도 판매감소 등 온갖 악조건 속에서 일자리를 유지하고 노동자들의 실직을 막기 위해 노력한 사람들이 적잖이 있습니다.

여신● 그렇다면 이번 금융위기를 극복하는 과정에서 영웅이 많이 탄생할 수도 있겠네그려.

국가의 부활

저자● 존귀하신 여신이여, 한동안 뜸했습니다.

여신● 인간세상은 여전히 복잡한 것 같더군. 이렇게 복잡한 때일수록 마음을 차분하게 갖고 강인하게 살아가기 바라네.

저자● 존귀하신 여신의 그 말씀을 명심하겠습니다. 세계 각국에서 지금 실물경제가 심각한 침체에 빠지는가 하면 존립이 어려운 기업도 크게 늘어나고 있습니다. 이같은 침체가 언제 끝날지 도무지 예측할 수도 없습니다.

여신● 나도 그런 상황을 잘 알고 있네. 지금 많은 기업들이 부실화되고 있는데, 그 기업들이 다 쓰러지면 실물경제는 더욱 악화되고 실업자도 더욱 늘어날 것 같아서 걱정되네. 그렇게 되는 사태를 막기 위해 인간세계에서 무척 애쓰고 있지?

저자● 물론입니다. 그 어떤 나라도 이런 상황에서 팔짱만 끼고 있을 수는 없으니까요. 그래서 각국이 실정에 맞는 대책을 제각기 동원하고 있습니다. 미국에서는 자동차산업을 살리고 구조조정하는 데 정부가 매달려 있습니다.
그런데 설마설마 하던 일이 벌어졌습니다.

여신●　자동차회사를 국유화한 것 말인가?

저자●　그렇습니다. 미국의 자동차회사 2개가 결국 정부의 휘하에 들어가게 됐습니다.

여신●　어떻게 그런 일이 벌어진 것이지? 세계에서 자유시장 경제를 원리원칙대로 신봉한다는 나라가 미국인데, 정부가 자동차회사를 직접 소유하는 일이 어떻게 있을 수 있나?

저자●　그런 상상하기 어려운 일이 2009년 6월 1일에 일어났습니다. 그날 제너럴모터스(GM)가 뉴욕 파산법원에 파산보호 신청을 냈고, 뉴욕 파산법원은 같은 날 크라이슬러의 자산매각 계획을 승인했습니다. 크라이슬러는 2009년 4월에 파산보호 신청을 냈고, 그 사이에 재생계획을 마련해 법원의 승인을 받은 것입니다.

여신●　결국 그렇게 됐군. 그러면 두 회사에 대한 정부지분이 커지는 것이지?

저자●　그렇습니다. 구조조정을 거쳐 다시 출범할 '새로운 GM'의 지분구조를 보면 미국 정부가 약 60%의 지분을 갖게 됩니다. 캐나다 정부도 12%의 지분을 소유하고, 나머지는 전미자동차노조(UAW)의 퇴직자건강보험기금 17.5%, 채권단 10%로 분산됩니다. 크라이슬러의 경우는 약간 다릅니다. 미국 정부와 캐나다 정부가 각각 10%씩의 지분을 보유하고, 전미자동차노조가 55%, 이탈리아의 자동차회사인 피아트가 20%의 지분을 확보하게 됩니다.

여신●　새로운 GM은 미국 정부가 최대주주가 되니 명실상부한 '국영' 자동차

▲ 1908년 9월 16일 윌리엄 듀런트, 뷰익모터컴퍼니 합병해 GM 창립

▲ 1909년 1월 20일 GM, 폰티액의 전신인 오크랜드모터 인수

▲ 1919년 GM, 할부금융 자회사 GMAC 설립

▲ 1929년 GM, 오펠 지분 80% 인수

▲ 1990년 GM, 스웨덴의 사브 지분 50% 인수(10년 뒤에 잔여지분 모두 인수). GM, 새턴 브랜드 창설.

▲ 1998년 10월 5일 왜고너, GM 사장에 선임됨

▲ 1999년 GM, 부품업체 델파이 분사

▲ 2000년 6월 1일 왜고너, 최고경영자(CEO) 겸임

▲ 2001년 9월 19일 GM, 9.11 테러 발생 후 금리 0%의 할부금융 프로그램 발표

▲ 2002년 GM, 한국 대우자동차 지분 42% 인수 후 GM대우오토앤테크놀로지로 개명.

▲ 2003년 5월 1일 왜고너, GM 이사회 의장에 선임됨

▲ 2005년 10월 3일 GM, 9월 자동차 판매 24% 급감 발표

▲ 2005년 10월 8일 부품업체 델파이, 파산보호 신청

▲ 2007년 9월 26일 GM과 전미자동차노조(UAW), 이틀간의 노조 파업 후 퇴직자 건강보험기금 창설 등을 담은 계약에 합의

▲ 2008년 8월 1일 GM, 2분기 155억 달러 순손실 발표

▲ 2008년 11월 7일 GM, 정부에 운영자금 부족 호소

▲ 2008년 11월 18일 GM 등 빅3 CEO, 자금지원 호소

▲ 2008년 11월 20일 상원, 자동차 구제입법 합의

▲ 2008년 12월 2일 빅3, 의회에 자구계획 제출. 340억 달러 지원 요구

▲ 2008년 12월 3일 무디스, GM과 크라이슬러의 신용등급 하향조정

▲ 2008년 12월 10일 미국 하원, 빅3에 140억 달러 지원 등 구제법안 통과

▲ 2008년 12월 11일 미국 상원, 자동차 구제법안 통과 실패

▲ 2008년 12월 19일 미국 정부, GM과 크라이슬러에 대한 174억 달러 지원 발표

▲ 2009년 2월 17일 GM과 크라이슬러, 미국 정부에 216억 달러 추가지원 요청

▲ 2009년 2월 23일 미국 재무부, 자동차 태스크포스 특별보좌관에 스티븐 래트너 임명

▲ 2009년 3월 29일 왜고너, 사임 발표

▲ 2009년 3월 30일 오바마 미국 대통령, GM과 크라이슬러의 자구계획 거부

▲ 2009년 4월 21일 미국 정부, GM과 크라이슬러에 운전자금 55억 달러 제공계획 발표

▲ 2009년 4월 27일 GM, 추가감원 등 자구책 발표

▲ 2009년 4월 30일 크라이슬러, 파산보호 신청

▲ 2009년 5월 21일 GM과 전미자동차노조, 퇴직자 건강보험기금 보조금 삭감 등에 합의

▲ 2009년 5월 22일 미국 정부, GM에 40억 달러 추가지원

▲ 2009년 5월 29일 캐나다 부품업체 마그나, GM의 독일 자회사인 오펠 인수 합의

▲ 2009년 5월 30일 GM 채권단, 출자전환 등 구조조정 방안 합의

▲ 2009년 6월 1일 GM, 파산보호 신청

자료: 〈연합뉴스〉

회사가 되는군 그래. 크라이슬러의 경우는 최대주주가 노조이니 정확하게 말하면 '사회화'라고 해야겠고. 그렇지만 정부의 영향력이 클 것이니 별 차이가 없을 것 같네. 두 회사의 구조조정 과정에 필요한 자금지원이나 구조조정도 정부가 사실상 총지휘하고 있다지?

저자● 그렇습니다. GM의 경우 미국 정부는 우선 파산보호기간 중 300억 달러가량을 지원하기로 했습니다. 이 회사가 파산보호를 신청하기 전에 이미 정부가 200억 달러가량을 지원했으니 국고에서 GM에 지원되는 자금은 모두 500억 달러에 육박하게 됩니다. 오바마 행정부가 두 회사의 처리를 위해 설치한 자동차구조조정 전담팀도 아직 해체되지 않고 활동하고 있습니다.

여신● 어차피 국가가 나섰으니 두 회사를 경쟁력 있는 회사로 재생시킬 책임을 지게 됐다고 봐야겠네. 그렇다면 전담팀도 당분간 더 놔두면서 구조조정 작업을 더 힘 있게 밀고 나갈 필요가 있겠지.

저자● 그래야겠지요. 사실 미국 정부는 GM이 파산보호를 신청하기 전부터 GM의 정상화 작업을 이끌었습니다. 릭 왜고너 최고경영자를 퇴진시켰고, 270억 달러의 채권을 가진 채권단과의 협상도 정부가 주도했으니까요. 그런데 호랑이는 굶어도 풀을 먹지 않는다는데 자본주의 최고 선진국이 기업을 국유화하다니 꽤 낯설어 보입니다.

여신● 그런 느낌 갖는 것이 무리는 아닐 거야. 그렇지만 이번이 처음은 아니네. 이미 미국의 역사에서 기업의 국유화가 몇 차례 있었다네. 지금 시티그룹이나 모기지 금융기관인 패니메이와 프레디맥도 국유화된 것이나 다름없고.

저자● 그래도 이번과 같이 많은 대기업이 한꺼번에 국유화된 것은 미국의 역사상 없었던 일이지요. 미국이 과거에 소련이나 중국이 하던 일과 비슷한 일을 하게 된 것 같습니다. 그러니 미국도 이제는 United States of America가 아니라 United Soviets of America라고 불러야 할지도 모르겠네요. 한국어로는 '아메리카소비에트합중국'이라고 해야 할까요? 어쨌든 이번 일은 금융위기가 일어난 뒤로 각국 정부가 경제 살리기에 뛰어들면서 취해온 여러 가지 조처의 완결판이라고 할 수 있을 것 같습니다.

여신● 그렇지. 미국을 비롯해 각국 정부가 취해온 일련의 조치들은 곧 '국가의 부활'을 의미하는 것이네. 1980년대 이후 사실상 경제분야에서 용도폐기됐던 '국가'가 되살아나는 것이지. GM의 국유화는 그 상징이라고 할 수 있네.

저자● 사실 '국가'는 이번 금융위기 해결 과정을 처음부터 주도해왔습니다. 금융회사나 기업에 자금을 지원하고 경기부양을 위해 재정지출이나 세금감면 등의 수단을 동원해왔지요. 부실금융회사의 채권발행이나 자금조달을 돕기 위해 보증을 서주기도 하고 경영진 교체에도 관여했고요.

여신● 그런 기업이나 금융회사들은 모두 스스로가 정부의 개입을 부른 것이네. GM의 예를 더 살펴보면 부실경영으로 부채가 수백억 달러에 이르는데다가 정부가 1차로 지원한 134억 달러로 회생을 이루지도 못했지. 게다가 정부에 제출한 경영개선계획마저 퇴짜를 맞았지. 경영개선계획조차 제대로 만들지 못한 채 자금지원을 또 요청했으니 최고경영자를 내보내는 것은 지극히 당연한 일이지. 정부가 아니라 주주의 입장에서도 그런 경영자는 교체하는 것이 마땅하네. 조지 부시 행정부 시절인 2008년 9월에는 AIG에 850억 달러의 구제금융을 제공하면서 최고경영자를 바꾼 적이 있지 않은가.

저자● 그렇지만 과거에는 미국이 그렇게 민간기업이나 금융회사의 경영에 개입한 일이 없지 않습니까?

여신● 이런 상황에서는 과거가 중요한 것이 아닐세. GM은 민간기업이기는 하지만 부실은행처럼 ‘좀비’나 다름없는 상태였지. 그런데 정부가 국가경제에 미칠 타격을 우려해서 그런 회사를 어떻게든 살려보려고 한다면 좀더 유능하고 책임감 있는 사람을 경영자 자리에 앉혀야겠지. 건실한 기업의 경우에는 정부가 함부로 최고경영자를 흔들면 곤란하겠지만, GM은 그런 건실한 기업이 아니지 않은가? AIG의 경우도 마찬가지이고.

사실 미국 정부가 없었으면 시티그룹이나 아메리카은행(BOA), AIG 등은 살아남지 못했을 것이고, GM이나 크라이슬러도 구조조정작업을 질서 있게 추진하지도 못했을 거야. JP모건이나 골드먼삭스 같은 투자은행들도 마찬가지였지. 자체 신용으로는 채권발행도 할 수 없는 상황이었으니까. 이제라도 채권발행을 가능하게 해준 것이 바로 정부였지.

저자● 그리고 보면 2008년과 2009년에 미국 정부가 움직이는 모습은 과거와 비교할 때 너무나 다릅니다. 과거에는 상상도 못했던 일을 과감하게 하고 있으니까요. 2008년에는 공화당이 집권하고 있던 때였습니다. 공화당은 기본적으로 보수적인 정치경제 이념을 갖고 있지만, 거대한 위기 앞에서는 그런 이념도 소용없었죠. 공화당을 이어받은 민주당도 국유화는 되도록 하지 않으려고 애썼지만 ‘현실의 무게’ 앞에서는 어쩔 수가 없었고요.

여신● 그것은 경제적 재앙으로 인한 충격이 워낙 크기 때문이지. 이런 재앙 앞에서 이념의 구분이 무슨 의미를 가질 수 있겠나? 현실의 문제를 정확하게 해결하는 것이 훨씬 더 중요하지.

저자● 　그렇습니다. 그런 점에서 이번 금융위기가 미국에는 '과거와의 단절'을 의미하는 것이 아닐까 생각되기도 합니다. 존귀하신 여신께서 앞에서 말씀 하셨듯이 미국 정부가 과거에도 직접 나선 일이 있었죠. 이를테면 1980년대 에 저축대부조합 위기가 발생했을 때에도 미국 정부가 1250억 달러를 투입 해서 문제를 해결했지요. 그렇지만 그것은 극히 예외적인 경우였습니다. 오 히려 대공황 시절 투자은행과 상업은행을 분리시키기 위해 제정된 글래스 스티걸법이 폐기된 것처럼 기존에 있던 규제마저 없앴으니까요. 그런데 이 번 위기를 맞이해서는 미국 정부가 전면에 나서서 문제해결을 진두지휘하 고 있으니, 실로 상전벽해(桑田碧海)의 변화를 맞이했다고 볼 수 있을 것 같 습니다. 그러니까 미국이 맹목적인 시장주의와 결별하고 정부가 경제운용 에 개입하는 시대로 진입했다는 의미를 부여할 수 있을 것 같습니다.

여신● 　그런데 정부가 직접 뛰어드는 것은 미국뿐만 아니라 유럽이나 일본 등 세계 각국이 비슷하지? 일본 정부가 특히 적극적으로 나서고 있다면서?

저자● 　말도 마십시오. 정부가 재정정책과 금융정책 등 가능한 모든 정책을 끌 어들이고 있습니다. 일본 정부는 2009년의 벽두부터 일반기업에 공적자금 을 투입하겠다는 계획을 발표했습니다. 공적자금은 은행 등 금융회사에 투 입하는 것이 일반적이지만, 일본은 기업에도 부어넣겠다는 것입니다. 일본 정부는 1차로 1조 엔의 예산을 동원한 데 이어 4월에 그 규모를 1조 엔 더 늘렸습니다. 이런 조치는 일본이 장기불황에 시달리던 지난 1990년대에도 하지 않았던 일인데 이번에 과감하게 들고 나온 것입니다.

공적자금은 주로 정책금융기관인 정책투자은행과 국제협력은행을 통해 집행되고 있죠. 이에 따라 도요타, 닛산 등 자동차회사와 일본항공, 그리고 음악기기회사인 파이오니아 등이 수백억 엔에서 수천억 엔의 자금을 출자 또는 융자받는 혜택을 누리게 됐습니다. 2009년 6월에는 반도체 기업인 엘피다도 300억 엔의 공적자금을 출자 방식으로 지원받았습니다.

정책투자은행은 또한 기업어음 매입을 통해 2조 엔가량을 대기업과 중소기업에 지원하고 있습니다. 심지어 일본 정부는 보유외환이나 우편저축 자금까지 끌어다 기업을 지원한다고 합니다. 기업 살리기에 국력을 집중하고 있는 셈입니다. 세계 2위 경제대국이라는 체면도 다 무시하고 말입니다. 하긴 일본은 전후 최대의 경제위기을 맞이했다고 하니 그렇게 하는 것이 어느 정도 불가피하긴 합니다.

여신● 그래서 중앙은행인 일본은행까지 발 벗고 나서고 있는 것이겠지.

저자● 그렇습니다. 일본은행까지 나서서 기업어음과 회사채를 사들이고 있습니다. 사들이는 규모는 3조 엔에 달한다고 합니다. 게다가 일본은행은 기업어음과 회사채를 담보로 잡고 금융회사에 대출을 해주는가 하면, 은행이 보유하고 있는 기업주식을 4년 만에 다시 사들이기로 했습니다. 제가 알기로는 이런 일들은 모두 중앙은행의 본업과는 거리가 먼 것들이죠. 그렇지만 지금은 그런 것을 따질 때가 아니라고 판단한 것 같습니다. 하긴 미국도 연준에서 기업어음을 매입하고 있으니 일본이야 망설일 필요도 없겠죠.

여신● 우리 신들도 일본의 움직임에 모두 놀라고 있네. 특히 도요타나 닛산과 같은 자동차회사들까지 공적자금을 받는다는 것이 얼른 납득되지 않네. 그동안 일본기업이 너무 자신감에 넘친 나머지 교만하거나 스스로 도취돼있었기 때문이 아닐까?

저자● 그렇게 볼 수도 있다고 생각합니다. 오랫동안 해외시장에서 호평을 받고 수출에서 승승장구하다보니 언제나 성공을 거두리라고 믿었겠죠. 그러다보니 해외공장도 많이 지었고, 생산능력도 적극적으로 확대해왔죠. 그러다가 금융위기가 닥치고 실물경제에까지 그 영향이 파급되자 생산능력이 과잉상태가 된 것이 아닌가 합니다. 게다가 엔화까지 강세를 보이고 있으니 일본의 기업들이 참으로 힘들 것으로 생각됩니다.

여신● 지금까지 한 것만 가지고도 모자란다면 추가대책을 쓰겠지?

저자● 아닌 게 아니라 정부지폐를 도입해야 한다는 주장까지 나왔습니다.

여신● 중앙은행인 일본은행에서 발행하는 일본은행권 말고 정부가 별도로 돈을 찍어내자는 주장인가? 미국에서 남북전쟁 때 링컨 행정부가 달러화를 직접 찍어낸 적이 있긴 하지. 그렇지만 20세기에 중앙은행 제도가 정착된 뒤로는 그런 일이 없었는데…. 다만 1930년대에 대공황을 맞아 정부지폐를 찍어야 한다는 주장이 일부 진보적인 인사들로부터 제기됐지만 채택되지는 않았지. 오늘날에는 정부지폐를 발행하자는 의견은 거의 소멸된 것이나 다름없었는데.

저자● 일본에서 내수를 살리기 위한 방안의 하나로 그런 목소리가 다시 나온 것입니다. 시간이 흐르면서 그런 주장이 잦아들긴 했지만, 앞으로 경제상황이 더 나빠지면 그런 주장이 또다시 제기될지도 모르지요.

여신● 일본에 관한 그대의 이야기를 들어보니 현기증이 나네. 그러나 현기증

나는 것은 나의 사정이고, 어떻든 일본으로서는 우선 기업을 살려놓고 보자는 것이겠지. 그런데 일본이 이제 다시 예전 같은 정부 주도의 경제성장 모델로 돌아가는 것 아닌가 싶네.

저자● 사실 그런 측면이 있다고 생각됩니다. 정책금융기관을 총동원하고 있으니까요. 일본 정부는 100% 정부출자 기관인 정책투자은행에 대한 출자 규모를 2조 엔에서 5조 엔으로 늘리고, 그 민영화의 시기도 3년 늦추기로 결정한 것으로 전해졌습니다. 엘피다의 경우에는 민간은행에서 1천억 엔의 협조융자도 해준다고 들었습니다. 실로 일본 정부와 중앙은행은 물론이고 민간은행과 재계도 모두 한 몸이 된 것처럼 행동하고 있습니다. 일본의 국가채무는 국내총생산의 170%에 이르러 선진국 가운데 정부의 재정여건이 가장 나쁘다고 합니다. 그럼에도 일본 정부는 지금 경기부양, 특히 기업 살리기에 엄청난 국고를 쏟아 붓고 있습니다.

여신● 그렇게 하다 보면 민간의 활력은 오히려 더 떨어지지 않을까?

저자● 일본 국내에서도 그런 지적이 나오는 모양입니다. 그렇지만 지금은 기업 살리기가 발등의 불처럼 다가와 있는데 그런 것까지 돌아볼 겨를은 없다고 생각하는 것이겠지요.

여신● 영국, 프랑스, 독일 등 유럽의 선진국들도 고전하는 기업을 살려내기 위해 갖가지 방책을 다 동원하고 있다고 들었네.

저자● 그렇습니다. 이를테면 독일도 1천억 유로 규모의 기업지원기금을 만들기로 했습니다. 그러자 포르셰 같은 자동차회사나 대형 건설회사들이 그 자금을 지원받고자 한다는 소식이 외신을 통해 전해지더군요.

여신 • 동시에 기업의 일탈행위에 대한 통제도 강화되고 있는 것으로 알고 있네.

저자 • 그렇습니다. 특히 프랑스가 과단성 있게 움직이고 있습니다. 예를 들면 공적자금을 받은 은행과 자동차회사에 대해서는 정부가 보너스 지급에 직접 제동을 걸고 있습니다. 미국보다 더 확실하게 움직인 것입니다, CEO도 과감하게 교체했고요. 한발 더 나아가 구제금융을 받은 금융회사가 과도한 보너스를 주지 못하도록 행정명령까지 발동했습니다. 그리고 사르코지 대통령이 금융회사 최고경영자들을 소집해 놓고 조세피난처에서는 영업을 하지 말라고 요구해서 동의를 받아내기도 했습니다. 금융회사 최고경영자들을 불러서 그런 요구를 한 것은 과도한 것이 아닌가 싶기도 합니다.

여신 • 그렇게 볼 수도 있겠네. 그렇지만 미국의 경우를 보면 2008년 10월에, 그러니까 부실은행에 공적자금을 투입할 때 폴슨 당시 재무장관이 은행 최고경영자들을 불러서 정부의 우선주 매입에 동의하라고 요구하고 관철시킨 일도 있었잖아. 일부 은행들은 수용하지 않으려고 했지만, 정부의 요구가 워낙 강력해서 따르지 않을 수 없었지. 그것은 공화당 정권 시절이었네. 시장상황이 그렇게 행동하도록 요구하니 아무도 거역하지 못한 것이네. 대통령도, 장관도, 금융회사 경영자도. 신흥국가들도 기업을 살리기 위해서는 가만히 있을 수가 없을 텐데?

저자 • 그렇습니다. 대만, 브라질, 노르웨이 등이 자국기업 지원을 위해 갖가지 직접지원 방안을 쏟아내고 있습니다. 대만은 반도체 가격의 하락으로 어려움에 빠진 기업들에 8억 6400만 달러를 투자하기로 했습니다. 브라질도 보유외환에서 355억 달러를 빼내 기업과 은행의 외채차환을 지원하는 방안을 마련했습니다. 노르웨이도 1천억 크로나의 돈으로 펀드 2개를 조성해서 기업의 회사채 같은 것을 매입한다고 합니다.

여신 ● 정말 각국이 기업 살리기 경쟁이라도 하는 것 같군. 그런 경쟁이야 늘 있어온 것이긴 하지만 이렇게까지 노골적으로 자국 기업들에게 '퍼주기' 하는 것은 드문 일이지. 이번 금융위기가 일어나기 전만 해도 정부가 그렇게 하면 자유시장경제의 질서에 어긋나는 조치를 취한다고 비난을 받았을 텐데. 1990년대 이후에는 정부가 특정 기업을 지원하는 것은 큰 죄라도 짓는 것처럼 여겨지지 않았나?

저자 ● 그렇습니다. 국제통화기금이나 외국정부, 투자기관 등이 눈에 쌍심지를 켜고 그런 일이 일어나지 않는지 감시했습니다. 정부가 어떤 기업을 지원한다는 것은 시장경제의 원칙을 어기는 것이자 보조금을 주는 행위로 간주됐어요. 따라서 정부가 그런 조치를 취하려면 외국의 보복대상이 될 것을 각오해야 했고요. 그러다 보니 부실기업을 쓰러지게 내버려두거나 외국에 매각하기 일쑤였어요. 그러나 요즘은 정부의 특정 기업 지원을 그 누구도 비난하지 않습니다. 아니, 그 누구도 비난할 상황이 아닙니다. 너도나도 그렇게 하니까요. 다 같은 처지라는 말이지요.

여신 ● 그대 말이 맞네. 이런 상황에서 누가 누구를 비난할 수 있겠나? 특히 자본주의 최강대국인 미국마저 그렇게 하는데, 다른 나라들이야 더 눈치 볼 필요가 없지.

저자 ● 미국이나 일본 등 선진국이라는 나라들이 과거에 우리에게 하지 말라고 했던 일들을 오히려 앞장서서 하고 있습니다. 요즘은 마치 해가 서쪽에서

뜨는 것 같습니다.

여신• 그대의 말처럼 인간세상이 참으로 묘하게 돌아가네그려. 그대의 나라도 이런 위기상황을 맞아 어려움에 빠진 기업이 적지 않을 텐데, 어떻게 대처하고 있나?

저자• 한국은 기업지원에 대해 미국이나 일본보다 오히려 더 신중한 편입니다. 1997년에 외환위기를 겪어본 경험 때문에 정부 당국자와 국민, 그리고 기업이 모두 이번에는 차분하게 대응해왔지요.

그렇지만 경기침체가 길어지면서 정부가 여러 가지 방책을 마련하기에 이르렀습니다. 건설회사의 미분양 아파트와 토지를 사주고, 해운 구조조정 과정에서 매물로 나오는 선박도 은행이 매입해주기로 했습니다. 선박매입을 위해 4조 원 규모의 펀드가 만들어졌지요. 여전히 적자의 늪에서 벗어나지 못하고 있는 반도체회사 하이닉스에 대해서는 증자와 채권만기 연장을 통해 숨통을 터줬고요. 산업은행은 사모펀드를 만들어 동부그룹으로부터 동부메탈에 대한 지분을 매입하기로 했습니다.

하지만 중앙은행이 기업어음이나 회사채를 사주는 일은 하지 않고 있습니다. 정부나 금융계 또는 재계의 어느 누구도 그런 것을 요구하지 않습니다. 오히려 이 기회에 한국은 부실기업을 솎아내야 한다는 의견이 더 강합니다. 그래서 예전에 무리하게 차입금으로 기업을 인수한 몇몇 재벌에 대해서는 재무구조 평가와 개선작업이 진행되고 있습니다. 그런 재벌에게는 계열사를 팔라는 주문이 계속 들어가고 있습니다. 결국 금호그룹은 무리하게 인수했던 대우건설을 다시 매각하기로 했고요.

여신● 　그런데 그대의 나라에서 하고 있는 해운사의 선박 매입이나 산업은행의 동부메탈 지분 매입 같은 것에 대한 국내의 반응은 어떤가?

저자● 　과거였다면 이런 일들이 수용되기 어려웠겠지만, 지금은 특별히 거부감이 표출되고 있지는 않은 것 같습니다. 미국이나 일본 같은 선진국도 기업을 위해 그렇게 펑펑 돈을 쏟아 붓는데 우리라고 하지 말란 법이 없으니까요. 사실 한국도 1997년이나 2000년대 초에 지금 미국이나 일본처럼 기업을 지원했다면 기아와 대우, 현대 등 이미 망하거나 해체된 재벌들 가운데 일부는 살아남았을지도 모릅니다. 그때 한국 안팎에는 감시자가 워낙 많아 그렇게 하기가 어려웠지만 말입니다. 그때 망한 기업에 몸담았던 사람들 가운데 요즘 미국이나 일본이 하는 모습을 보면서 억울하다고 생각하는 사람이 많을 것 같습니다.

여신● 　그대의 말도 일리가 있다고 생각되는군. 특히 대우자동차나 쌍용자동차 등 몇몇 기간산업 업체와 큰 은행이 외국의 손에 넘어간 것에 대해 분하게 생각하는 한국인도 있을 거야. 그렇지만 지금 와서 그것을 분하게 생각한들 무엇 하겠나? 그 당시에 그런 재벌과 금융회사에 수십조 원을 퍼줄 만한 여력이 그대의 나라에 있었는지도 의문이고.

　　아무튼 그 당시에는 그렇게 움직였기에 한국이 위기의 탈출구를 찾은 것 아니겠나? 그러니 과거의 일에 미련을 두지 말아야 하네. 지금은 당면한 위기를 헤쳐 나가기 위해 슬기를 모아야 할 때야. 그때의 슬기는 그때의 슬기이고, 지금의 슬기는 지금의 슬기일세. 지난날을 자꾸 되새기고 원망하지 말게. 이런 취지로 고대 그리스의 시인 호메로스가 남긴 말이 있네. 내게는 그 말이 마치 그대의 나라에 사는 사람들을 위한 말처럼 들리네.

아무리 괴롭더라도 지난 일은 잊어버리고
필요에 따라 마음을 억제하도록 합시다.
― 호메로스, 《일리아스》

저자● 존귀하신 여신의 진심 어린 충고, 명심하겠습니다. 그런데 시장원리주의자들은 요즘 다 어디로 갔나요? 지금 각국이 이렇게 기업들을 파격적으로 지원하는 것을 보고도 왜 가만히 있는지 모르겠습니다. 시장원리주의자들이 보기에는 지금 각국이 하는 일이 모두 시장원리에 어긋나고 죄를 짓는 짓일 텐데요.

여신● 지금 시장원리주의자들은 소수에 불과한 것 같네. 그들의 주장대로 할 경우 주요 대기업이나 은행을 모두 파산시켜야 하는데, 그렇다면 어떤 결과가 초래될지는 예측하기 어렵지 않지. 그러니 시장원리주의자들이 호응을 받지 못하고 있는 것이네.

사실 그런 원리주의자들은 어느 시대, 어느 분야에나 있는 것 같네. 종교계나 사상계에만 원리주의자들이 있는 것이 아니지. 경제분야에도 꽤나 많은 것이 사실이네. 어느 분야에서든 원리주의자들은 대체로 현실을 도외시하고 이론과 이념에 집착한다는 점에서 비슷하네. 정삼각형만 알고 직각삼각형 또는 이등변삼각형 같은 것은 모르는 사람들인 것처럼. 그들은 주의주장만 앞세운 나머지 불필요한 희생자를 너무 많이 내거나 유연한 사회발전을 가로막곤 하네.

저자●　재미있는 것은 미국과 영국의 보수인사들이 보이는 반응의 차이입니다. 미국의 공화당 인사들을 비롯한 보수파는 오바마 대통령이 금융위기 극복을 위해 추진하는 여러 가지 정책을 '사회주의' 라고 매도하면서 공격하곤 합니다. 그렇지만 영국의 보수당은 보수주의 정당이면서도 조금은 다른 것 같습니다. 영국 보수당의 캐머런 당수는 지금의 경제위기에 대해 국민들에게 사과한다고 말했습니다. 사실 영국은 노동당이 집권한 지 벌써 여러 해가 지났고, 따라서 보수당으로서는 이번 금융위기에 대해 직접 책임질 일이 없다고 해도 그만입니다. 그런데 보수당의 당수가 야당으로서 책임을 다하지 못했다고 사과했다는 것입니다. 그리고 한발 더 나아가 부유세 신설에도 찬성한다고 말했답니다. 우스갯말로 '놀랠 노자' 라고 아니할 수 없습니다.

여신●　그런 일이 있었다니 나로서도 놀랍군. 영국은 정부의 재정사정도 어렵다고 하니 보수당이 집권당이 아니라도 그런 현실을 외면할 수 없겠지. 그러나 그렇게 지도층이 솔선하고 나서면 일반 국민을 설득하는 일도 비교적 용이할 걸세. 영국과 프랑스의 백년전쟁 당시에 칼레의 유력자들이 보여준 행동처럼 말이야. 그때 영국군에 포위당한 칼레의 유력자들이 시민들을 살리기 위해 자신들의 목숨을 내놓겠다고 나섰고, 이에 감동한 영국의 왕도 칼레의 시민들을 모두 살려주기로 결정을 내렸지. 고귀한 신분을 가진 시민이라고 할 수 있는 지도자의 고귀한 행동은 만민에게 귀감이 되는 법이네. 영국 보수당 당수의 충정도 참으로 깊다고 해야겠네. 그와 같은 변화도 금융위기 이전의 시대와는 사뭇 다른 흐름이라고 할 수 있겠네.

저자●　동감입니다. 프랑스와 독일은 예전부터 미국이나 영국과는 달리 '사회적 시장경제'를 추구해왔지요. 경제구조는 기본적으로 자본주의식으로 유지하되 사회안전망과 복지를 아울러 갖추자는 것이죠. 이를 위해 정부가 경제운용에 여러 가지 방식으로 개입해왔고, 또 규제도 많은 편이고요. 그런데 미국이나 영국, 일본이 취하는 정책도 이제는 프랑스나 독일의 경제운용 방식에 보다 가까워지고 있는 게 아닌가 하는 생각이 듭니다.

여신●　맞아. 프랑스와 독일의 경제운용 방식은 최근까지도 비판과 냉대의 대상이었지. 그대의 나라에서도 그 두 나라의 경제운용 방식을 사실상 실패한 모델이라거나 시대에 뒤떨어진 것이라고 주장하는 사람들이 많았지. 그렇지만 이번 위기를 통해 두 나라의 모델은 영미식 자본주의보다 안정되고 견고하다는 점이 입증된 셈이지. 두 나라의 모델에 대한 비판적인 시각은 이제 찾아보기 어렵게 됐네. 영미식이냐 아니냐가 이제는 큰 문제가 아니게 된 걸세. 경제운용 과정에 정부가 나서지 않으면 아무것도 해결되지 않을 상황이니.

당장 해야 할 금융시스템 복원과 위기재발 방지를 위한 금융개혁은 말할 것도 없고, 경제난으로 인해 상처받은 사람들을 돌보고 취약한 부문을 지원하는 일 등이 모두 정부의 손길을 기다리고 있네. 과거처럼 모든 것을 시장에 맡기고 정부의 역할을 최소한으로 줄여야 한다는 식의 시장만능주의 혹은 무조건적인 '작은 정부'론으로는 그런 문제들이 해결되기 어려울 것 같네.

저자●　세계경제가 최악의 상황에서는 다소 벗어났다고 보는 시각도 있지만, 그것도 사실은 각국 정부가 나서서 시장붕괴 요인을 대거 제거했기 때문일 것입니다. 만약 각국 정부가 손을 떼면 그때는 시장이 다시 와르르 무너질 수도 있습니다. 그만큼 요즘 각국 정부에게는 할 일이 그 어느 때보다 많다고 할 수 있을 것입니다. 한때 국가는 시장에 거추장스러운 존재로만 간주됐지요. 그런데 이제는 인간세계에서 국가가 부활하는 것 같습니다.

여신● 국가의 역할과 관련해 그대의 나라에도 지금 큰 현안이 하나 있지?

저자● 쌍용자동차 문제 말씀인가요?

여신● 그렇지. 노조에서는 국유화하라고 요구하고 있는데, 정부가 어떻게 할지 궁금하군.

저자● 저도 관심을 가지고 그 문제를 지켜보고 있습니다. 과거 같으면 국유화 주장은 어림도 없는 소리라고 매도당했을 겁니다. 그렇지만 지금은 다릅니다. 자본주의 최강대국인 미국도 제너럴모터스를 국유화하는데, 쌍용차라고 해서 국유화하면 안 될 이유가 없으니까요. 더욱이 쌍용차는 예전에 중국 업체가 인수했었지만, 그러한 방식은 참담한 실패로 끝나고 말았습니다. 그러니 이제는 다른 대안을 찾아봐야 합니다. 그런데 사실 당장은 국유화 외에 다른 뚜렷한 대안이 없어 보입니다.

여신● 그런 것 같네. 쌍용차를 회생시키고 노동자와 협력업체가 다 같이 살기 위해 더 좋은 방안이 있으면 좋겠지. 자동차산업이 공급과잉 상태이니 쌍용차는 필요 없다고 과감하게 결론을 내리고 청산하는 방안도 있을 수 있고. 그렇지만 그런 방안을 현실적으로 채택하기 어렵다면 국유화가 하나의 유력한 대안이 될 수 있을 것이네. 어떤 방안을 선택할 것인지는 그대의 나라가 결정할 사항이겠지. 그렇지만 이제는 과거처럼 국유화는 무조건 안 된다는 강박관념을 가질 필요는 없어 보이네. 필요하면 하면 되는 걸세.

저자●　그렇게 하고 나서 언젠가 여건이 갖춰지고 필요하다고 판단될 때 다시 민영화하면 되겠지요.

여신●　그렇지. 그것이 언제일지는 모르지만. 그런데 냉정하게 볼 때 미국의 제너럴모터스나 크라이슬러, 영국의 노던록은행 등도 언제 다시 민영화될지 알 수 없네. 정부의 계획대로 경영이 정상화되고 인수능력을 갖춘 투자자가 나타나면 민영화해야겠지. 그렇지만 언제 그렇게 될지 장담할 수는 없는 일이야. 한국에서 1997년의 외환위기 이후에 전개된 구조조정 과정에서 국유화된 몇몇 대기업과 은행도 아직 민영화되지 않고 있지? 프랜시스 베이컨이 한 말이 참고가 될 것 같네.

> 현재 행해지는 선은 보장할 수 있지만, 장래의 선은 그렇지 않다. 사람은 현재에 올바른 것을 추구하고, 장래의 일은 신의 섭리에 맡겨야 하는 것이다.
> ― 프랜시스 베이컨, 《학문의 진보》

그러니 국유화된 기업의 미래는 향후 경제상황을 보아가면서 결정하면 되는 걸세. 이는 미국이나 그대의 나라나 다 마찬가지일 거야.

차라리 금융회사의 크기를 줄일까

저자● 존귀하신 여신이여, 다시 찾아왔습니다.

여신● 어서 오게. 요즘도 경제문제로 사람들이 살아가기 어렵지? 언젠가는 이 고통도 끝날 때가 있을 것이니 잘 참고 견디라는 말을 해주고 싶네. 로마의 시인 베르길리우스가 남긴 시에도 이런 대목이 있잖은가.

> *그대들은 이보다 더한 일도 겪었소.*
> *신께서 이번 일도 끝내주실 것이오.*
> *— 베르길리우스, 《아이네이스》*

저자● 동감입니다. 그렇지만 지금의 고통을 끝내고 다시 세상이 안정되려면 지난날에 대한 깊은 반성과 아울러 근본적인 대책이 필요하지 않을까 생각합니다.

여신•　지극히 당연한 일이네. 그런 반성과 대책도 없이 넘어가면 안 되겠지. 지금의 위기가 금융에서 시작됐으니 금융의 새로운 질서를 만들어내는 것이 무엇보다 필요하지 않을까?

저자•　요즘 인간세상에도 그런 공감대가 형성돼있습니다. 허술하기 짝이 없는 금융체제가 이번 금융위기를 불러왔다는 자각이 일어난 것입니다. 그래서 금융시스템 개혁을 누구나 강조하고 있습니다. 위기의 진앙인 미국뿐만 아니라 영국이나 유럽대륙에서도 이 문제가 핵심과제로 떠올라 있습니다. 유럽에서는 사르코지 프랑스 대통령과 메르켈 독일 총리가 앞장서서 그것을 외쳤습니다. 그리고 국제통화기금이나 유럽연합 같은 국제기구에서도 금융개혁 방안을 마련하기 위해 움직이고 있습니다.

여신•　현대 금융시장의 중심은 미국에 있으니 미국에서 어떻게 움직이는지가 무엇보다 중요한 관심사일세.

저자•　그렇습니다. 미국은 2009년 1월에 오바마 대통령이 취임한 뒤로 금융시스템 개혁 문제를 본격적으로 논의하기 시작했습니다. 그 전에는 우선 급하게 불길을 잡느라 여유가 없었죠. 하지만 새 행정부가 출범한 뒤에는 금융개혁 없이는 금융위기의 해결이 불가능하다는 사실을 미국이 직시하게 된 것입니다. 오바마 대통령 자신도 "21세기의 시장을 20세기식 규제 아래 더 이상 둘 수 없다"면서 "금융시장을 튼튼하게 유지하려면 선명한 규제를 필요로 한다"고 강조했습니다. 특히 위기의 원인이 된 월가에 대한 감독을 강화할 것을 티머시 가이트너 재무장관과 의회 의원들에게 주문했지요.

여신•　말로 하는 수사는 누구나 할 수 있는 것이지. 수사보다 중요한 것이 실행을 하는 것이네. 그 뒤로 구체적인 방안도 제시됐나?

저자● 그렇습니다. 미국 재무부가 3월 25일과 26일에 금융개혁에 관한 청사진을 처음 발표하고 의회에서 설명했습니다. 그리고 6월에는 오바마 대통령이 직접 최종방안을 발표했습니다. 미국 정부가 내놓은 방안 가운데 가장 눈에 띄는 것은 연방예금보험공사(FDIC)의 권한 밖에 있는 금융회사들에 대해 정부가 개입하겠다는 것입니다. AIG처럼 은행이 아니면서도 규모가 큰 금융회사에 지급불능 등의 문제가 생길 경우에 정부가 직접 그 금융회사를 인수하고 긴급조치를 취하는 것입니다. 부실한 대형 금융회사를 정부가 장악해서 자산이나 부채를 정리하는 등의 조치를 취함으로써 금융시스템 전반으로 위기가 번지는 것을 막기 위한 것이지요.

여신● 그것은 미국으로서는 상당히 혁명적인 방안이라고 해야겠네. 정부가 기업이나 은행을 '소유' 하는 것에는 질겁하는 나라이니.

저자● 그래서 사실 지금까지는 그렇게 하는 것이 불가능했습니다. 모기지 전문 금융기관인 패니메이나 프레디맥 같은 경우에만 정부가 우선주를 인수하고, 경영진을 교체하고, 정부 산하기관의 감독을 받게 했습니다. 그렇지만 그것은 큰 의미가 있는 것은 아니었어요. 그 두 회사는 민간기업의 형태를 취하고는 있지만 정부의 암묵적인 보증 아래 운영돼왔기 때문입니다. 말하자면 정부의 그늘 아래 있다가 아예 정부의 품안으로 들어간 것입니다.

반면에 다른 비은행 금융회사가 위기에 몰렸을 때에는 정부가 직접 나설 수 있는 방법이 사실상 없었습니다. 그래서 그동안 그런 금융회사가 생기면 파산시키거나 정부나 연준이 나서서 다른 금융회사를 끌어들여야만 했던 겁니다. 이를테면 2008년 봄에 베어스턴스가 파산위기에 몰렸을 때 JP모건체이스가 인수하도록 정부가 '중개' 했고, 메릴린치를 아메리카은행(BOA)이 인수한 것도 미국 재무부와 연준이 유도한 것이었습니다. 폴슨 당시 재무장관이나 버냉키 연준 의장이 아메리카은행에 메릴린치를 인수하라고 협박했다는 증언이 최근 나와 논란이 되기도 했습니다. 그렇지만 사실 미국 정부로서는 그렇게 하는 것 말고는 달리 방법이 없었다고 봐야겠지요.

여신● 대형 금융부실이 발생하지 않도록 예방하는 것 못지않게 '사건' 이 일어났을 때 신속하고 질서 있게 처리하는 것 또한 중요하지. 그런데 미국에는 그런 장치가 없었다는 말이군.

저자● 그렇습니다. 2008년 9월에 리먼브라더스가 파산한 것도 결국은 그 때문입니다. 당시 리먼브라더스는 한국산업은행을 비롯해 해외 금융회사들과 매각협상을 벌이기도 했지만, 모든 노력이 실패로 돌아가자 결국 파산할 수밖에 없었던 것입니다.

여신● 바로 그때 AIG도 같은 운명을 맞이할 뻔했는데 미국 정부가 리먼브라더스의 경우와는 달리 구제금융을 주어서 살려냈지. 둘 다 파산시킬 경우에 몰아칠 후폭풍이 두려우니 미국 정부가 그렇게 할 수는 없었지. 그렇지만 둘 다 살릴 수도 없었고, 달리 차분하게 정리하는 방법도 없었고…. 결국 그렇게 해서 두 회사의 운명은 달라진 것이네.

그 뒤로 세계는 그대도 잘 알다시피 폭풍 속으로 빠져 들어갔지. 대형 금융회사를 잘못 다뤘다가는 재앙만 초래하고 만다는 것을 미국이 새삼 깨달았을 것 같네. 뒤늦은 깨우침이기는 하지만.

저자● 이번에 미국 정부가 마련한 방안대로 당시에도 정부가 권한을 갖고 있었 다면 리먼브라더스에 대해서도 정부가 직접 개입해 질서 있게 정리할 수 있었을 겁니다. 그리고 그 뒤로 세계 금융시장이 그렇게 무서운 폭풍에 시 달리지 않을 수도 있었을 겁니다.

여신● 그대의 설명이 옳은 것 같네. 미국 정부가 내놓은 방안은 부실금융회사 에 관한 한 보다 강력하게 대처하겠다는 의지를 표현한 것이라고 할 수 있 겠네. 그렇지만 그것은 금융개혁이나 규제라기보다는 위기가 발생했을 때 효율적으로 처리하는 방안일 따름이네. 더 중요한 것은 위기가 발생하지 않도록 예방하는 일이지. 즉 금융규제와 감독체계를 강화하는 것이 시급하 다는 말이야.

저자● 미국 정부의 금융규제 방안에도 위험관리에 초점을 둔 몇 가지 주요 대 책이 들어있습니다. 그것은 시스템의 안정을 전반적으로 통할할 새로운 기 구로 금융감독위원회(FSCO)를 설립하는 것을 비롯해 주요 금융회사에 대 한 자본금 요건 강화, 헤지펀드 등 민간 투자펀드에 대한 증권거래위원회 (SEC) 등록 의무화 등으로 요약됩니다. 미국 재무부는 CDS 등 장외파생상 품 거래를 감시감독하기 위한 관련법 개정도 추진하고 있습니다. 장외파생 상품은 반드시 중앙청산소를 통해 거래하게 하고, 거래당사자에게 최소한 의 자본을 보유하도록 의무화하겠다는 계획입니다. 이 계획대로 된다면 앞 으로 파생상품 거래를 많이 하는 헤지펀드는 거래보고서를 미국 증권거래 위원회(SEC)에 제출해야 합니다.

여신● 미국 정부가 이번 위기를 겪으면서 많이 반성한 것 같네. 무엇보다 헤지
펀드를 비롯한 민간펀드를 등록시키고 금융파생상품 거래도 감시대상에
포함시켰다는 대목에 눈길이 가는군. 그것이 얼마나 효과를 낼 수 있을지
는 아직 확실하지 않지만, 일단 발상 자체가 새롭네.

저자● 제가 보기에도 미국이 지난날의 과오를 뼈저리게 되새기면서 내놓은 방
안인 것 같습니다. 오바마 대통령이나 가이트너 재무장관은 미국의 기존
금융규제 시스템이 근본적으로 실패했다는 것을 인정했습니다. 21세기의
세계화된 경제에서는 새로운 규제감독 체계가 필요하다는 것이지요.

여신● 그런 이야기를 들을수록 지난날이 너무나 아쉽고 통탄스럽군. 미국이 일
찍부터 이런 문제의식을 가지고 있었으면 이번 같은 재앙은 겪지 않았어도
됐을 터인데 말이야. 우리 신들의 세계에서도 모두 나의 이런 의견에 공감
하고 있네. 그러니 인간들이 피부로 느끼는 회한은 더욱 깊고 크겠지. 아무
튼 오바마 행정부가 출범한 뒤로 금융시스템 개혁방안을 마련하는 데 매달
린 끝에 하나의 결실을 맺은 셈이네. 헤지펀드도 이제는 마냥 자유롭지만
은 않겠네?

저자● 그렇습니다. 세계금융의 '골목길'을 휘젓고 다니는 헤지펀드는 지금까
지 등록을 해야 할 의무가 없었기 때문에 그들에 관한 자료가 별로 없었습
니다. 그러니 그런 펀드들이 금융시스템 안정에 위협요인이 되는지 안 되
는지를 판단할 수가 없었지요. 그들의 거래규모가 얼마나 되고 어디서 무
슨 짓을 하는지에 대해 정부당국은 까막눈일 수밖에 없었던 겁니다.

여신● 그런 헤지펀드들이 과거에 아시아나 유럽 등의 다른 나라들을 뒤흔들고

다니면서 괴롭힐 때만 해도 미국은 사실상 오불관언(吾不關焉) 아니었나? 오히려 그런 나라들에 시장개방을 요구하면서 그런 펀드의 활동무대를 넓혀주려고 힘썼다고 하는 것이 보다 진실에 가까울 걸세. 그런데 이제 미국 자신이 그런 펀드들에 의해 당했다는 판단이 서니까 비로소 움직이게 된 것이 아닌가?

저자● 저도 같은 생각입니다. 배경이야 어떻든 일단은 획기적인 대책이라고 평가할 수 있지 않을까요?

여신● 지금까지 해온 것에 비하면 일단 그렇게 평가할 수 있을 것 같네. 그런데 미국 정부의 금융개혁 방안에 대해 반발과 비판도 적지 않다면서?

저자● 자세히는 모르겠습니다만, 그런 이야기가 외신을 타고 들어오기도 합니다. 연준에 과도한 권한을 주고 있다거나 비은행 금융회사에 대한 처리권한까지 정부에 주는 것은 무리라거나 하는 주장들이 나오고 있습니다. CDS 같은 파생상품이 앞으로 규제대상이 되겠지만, 기발한 금융상품이 앞으로도 끊임없이 개발돼 감독의 손길을 피해갈 것이라는 지적도 있습니다. 그렇게 되면 정부의 감시가 제대로 작동하기 어렵겠지요. 파생금융상품이나 헤지펀드가 아무래도 위축될 수밖에 없고, 그렇게 되면 경제성장도 저해될 것이라는 주장도 있는 듯합니다.

여신● 그대가 말한 그런 비판과 불만 가운데 참고할 대목도 있지만, 성장에 장애가 될 것이라는 투의 불만이 표출되는 것은 이해하기 어렵네. 아직도 그런 괴물 같은 금융상품으로 경제를 성장시키겠다고 생각하는 사람들이 있다는 사실이 놀라울 뿐이네. 이토록 심각한 재난을 당하고서도 아직 깨달은 바가 없다는 말인가? 인간들이 그런 주장에 현혹된다면 인간세계에는 더 이상 희망이 없다고 보네.

저자 ● 그런 시각은 대세는 아닌 것 같습니다. 아마도 찻잔 속의 태풍으로 그칠 듯합니다.

여신 ● 그렇다면 다행이지. 그런데 금융개혁의 분위기가 고조돼 있다고는 하지만, 과연 금융개혁이 실제로 신속하게 추진될 수 있을까? 질질 끌다가는 뜻밖의 장애물을 만날 수도 있네. 특히 경기가 다소라도 살아난다면 금융개혁에 반대하는 목소리가 다시 힘을 얻을지도 모르는 일 아닌가? 인간은 과오를 쉽게 잊으려는 경향이 있고, 때로는 과오를 애써 덮어버리려는 나쁜 버릇을 가지고 있으니 말일세.

저자 ● 존귀하신 여신의 지적이 너무나 뼈아프게 들립니다. 금융개혁 법안을 처리할 미국 의회 안에서도 의견이 분분한 것 같습니다. 그래서 최종결론이 나기까지는 진통과 시간이 필요할 듯합니다. 그렇지만 이번에는 미국인들이 워낙 뜨거운 경험을 한 만큼 결국은 개혁안이 통과돼 실행에 옮겨지지 않을까 기대됩니다.

여신 ● 그럴 수도 있겠지. 그대 나라의 속담에도 급할 때일수록 돌아가야 한다는 말도 있으니, 충분히 토론한 뒤에 결론을 내리는 것이 더 확실할 지도 모르고. 다만 그러는 동안에 지금과 같은 금융개혁 의지가 퇴색하거나 변질되지 않기를 바랄 뿐이네. 이번 금융위기의 한가운데 서 있는 또 다른 '대국' 인 영국은 금융시스템 개혁 방안을 마련하지 않을 셈인가?

저자 ● 아닙니다. 영국도 나름대로 열심히 금융개혁 방안을 모색하고 있습니다.

금융감독청(FSA)의 로드 터너 의장이 2009년 3월 19일에 향후의 금융개혁 방안을 모색하기 위한 보고서(〈터너 보고서〉)를 세상에 내놓았습니다. 호황기에 은행들이 너무 많은 대출을 하지 않도록 제한하고, 헤지펀드를 강도 높게 규제한다는 것 등이 골자입니다.

〈터너 보고서〉가 제시한 방안에 따르면 경기가 좋을 때 은행들이 미래의 손실에 대비해 적립금을 더 쌓아두고, 규제를 받지 않았던 헤지펀드도 앞으로는 경영성과를 정기적으로 보고해야 합니다. 구제금융을 받은 은행은 보너스를 포함한 임금지급을 억제해야 하고, 공정성 여부로 논란을 일으켜온 신용평가회사도 앞으로는 금융당국의 감독을 받게 됩니다.

여신● 미국의 금융개혁안에는 신용평가회사에 대한 규제방안이 별로 없는데, 영국에서는 신용평가회사도 감독을 받게 한 점이 이채롭군.

저자● 신용평가회사에 대한 규제는 2009년 3월 중순에 열린 G20 재무장관-중앙은행총재 회의에서도 제기된 바 있습니다. 4월에 열린 G20 정상회의에서는 신용평가회사가 규제와 감독을 받아야 한다고 못박았습니다. 유럽연합(EU)에서는 신용평가업계에 대한 규제의 움직임이 더 구체적입니다. 유럽연합의 27개 회원국과 유럽의회는 2009년 4월 15일에 신용평가회사를 규제하기 위한 새로운 규정을 마련했습니다. 이 규정에 따라 앞으로 유럽에서 활동하려는 신용평가회사는 모두 다 유럽증권규제위원회(CESR)에 등록을 하고 감독을 받아야 합니다. 신용평가회사는 더 투명해져야 하고, 신용평가 업무의 질을 확보해야 하는 의무를 지게 됩니다. 만약 이런 의무를 소홀히 할 경우에는 유럽연합 차원의 제재를 받게 되고, 경우에 따라서는 활동을 금지당할 수도 있습니다.

여신● 　신용평가회사들은 그런 움직임에 대해 못마땅해 하겠군.

저자● 　물론 그렇겠지요. 앞으로 이 문제가 어떻게 정리될지는 지켜봐야겠습니다.

　　저는 신용평가회사에 대한 불신이 한국에서만 높은 것으로 생각해왔습니다. 해외에서도 불신이 그렇게 높은지는 몰랐습니다. 특히 국제적인 신용평가회사들은 미국과 영국의 기업이니 미국이나 영국에서는 그들에 대해 아무런 불만도 없는 줄 알았죠. 그런데 다소 뜻밖이네요.

여신● 　그대의 지적이 근거 없는 것은 결코 아니라고 보네. 신용평가회사가 규제대상에 들어간 것은 그들이 너무 '냉혹' 해서가 아니라 너무 '관대' 했기 때문이지. 지금까지 미국이나 영국에서 태어난 갖가지 파생금융상품에 대해, 또는 그런 상품으로 막대한 이익을 취해온 금융회사에 대해 그들이 조금만 더 냉정했던들 이런 위기는 닥치지 않았을 테니까.

저자● 　미국이나 유럽의 당국자들이 말하는 '이익의 충돌' 문제를 말씀하시는 건가요?

여신● 　그렇다네. 거액의 수수료를 내고 평가를 해달라고 부탁하는 기업이나 금융회사를 너무 냉정하게 대하면 중요한 고객을 잃을지도 모른다는 두려움 때문에 신용평가회사가 정확하게 등급을 매기지 못했지. 신용평가회사도 돈을 벌어야 하니까. 단골고객이라 할 수 있는 금융회사나 그런 금융회사에서 판매하는 각종 파생금융상품에 대해 신용평가회사들이 엄정하지 못했다는 지적은 그동안에도 무수하게 제기됐지. 특히 그런 금융회사나 금융상품의 한계가 드러났을 때 그들에게 명료한 메시지를 던졌어야 했는데, 그렇게 하는 일을 모두가 소홀히 했다고 봐야지. 신용평가회사들이 그렇게 당장의 사적 이익만을 좇아 행동하다 보니까 굴레를 스스로 불러들인 것 아니겠나?

저자 존귀하신 여신의 말씀이 옳은 것 같습니다. 그 때문에 캘리포니아 공무원퇴직연금(캘퍼스)이 3개 대형 신용평가회사를 상대로 소송을 제기했다는 소식도 들립니다. 이제 새로운 규제환경을 맞아 신용평가회사들도 책임성과 신뢰성을 새롭게 쌓아야겠지요. 다른 한편으로는 모든 것을 신용평가회사에 의존하는 풍토도 이제는 불식돼야 하는 것이 아닌가 모르겠습니다.

여신 그대의 지적도 일리가 있는 것 같군. 금융시장의 거래과정에서 신용평가회사의 평가가 너무나 큰 영향력을 행사하는 것도 문제라고 할 수 있겠지. 특히 CDO를 비롯해 각종 구조화채권의 경우 신용평가회사의 평가를 믿고 투자했다가 손해를 본 투자자가 워낙 많았지.

저자 아무튼 이제 금융개혁은 시대적 요구가 된 것 같습니다. 특히 독일과 프랑스 등 유럽의 경제대국들이 금융개혁을 최우선적인 과제로 내세우고 강력하게 밀어붙이고 있습니다. 미국이 요구하는 경기부양보다도 금융개혁이 더 중요하다면서 말입니다. 그래서 2009년 4월에 열린 G20 회의에서도 금융규제 강화를 당면한 중요과제에 포함시켰지요. 국가별 규제뿐만 아니라 국제적인 공동규제의 필요성에 대해서도 국제적인 공감대가 형성된 것 같습니다. 그런데 이런 것도 국제공조가 필요한가요?

여신 당연한 일이지. 어느 한 나라만 규제를 강화하면 규제대상 금융회사들이 규제가 약한 나라로 옮겨갈 것이고, 그렇게 되면 규제가 아무런 효과도 거둘 수 없을 테니까. 그대가 직접 헤지펀드를 운용한다고 가정할 때 규제가 강한 나라에서 사업을 하겠나, 아니면 규제가 약한 나라에서 사업을 하겠나?

저자● 물어볼 필요도 없이 규제가 약한 나라에서 사업을 하겠지요.

여신● 바로 그것일세. 금융분야에서 문제가 터지면 그 문제는 이 나라 저 나라로 옮겨 다니거든. 가이트너 미국 재무장관이 말했듯이 위험은 국경을 존중하지 않는단 말이야. 그런 문제를 근원적으로 해결하기 위해 필요한 것이 국제적 공조일세. G20 공동선언에 보면 국제적으로 금융감독과 규제를 강화하기 위해 금융안정이사회(FSB)를 설치하기로 한 것도 바로 이 때문이지.

저자● 그렇습니다. 그것이 기존의 금융안정포럼(FSF)을 계승하는 수준에 그치기는 했지만, 권한은 강화되는 것으로 알고 있습니다. 앞으로는 금융안정이사회가 국제통화기금과 협력해가면서 거시경제나 금융시장의 위험요소를 가려내고, 필요한 조치가 취해질 수 있도록 '조기경보'를 하는 역할을 맡게 됩니다.

영국의 〈터너 보고서〉는 유럽 전체의 공동 규제기구를 만들 것을 제안했고, 유럽연합도 범유럽 금융감독기관을 설립하는 방안을 마련했습니다. 국제통화기금 역시 다국적 은행에 대한 감독기구 설립을 제의했습니다. 이밖에 국제증권감독기구(IOSCO)는 헤지펀드를 운영하는 회사 및 펀드 거래를 중개하는 은행과 개인은 각국 증권감독기구에 등록하고 거래내역 등을 보고해야 한다는 지침을 마련했습니다.

여신● 어떤 방안이든 앞으로는 지금보다 더 강력하고 일관성 있게 국제 금융시장을 감시하는 데 도움이 되겠군. 그런데 또 한 가지 중요한 문제가 있네. 과거 미국의 클린턴 행정부 시절에 글래스스티걸법이 없어졌지. 은행과 투자회사를 분리시키기 위해 1930년대에 만들어진 법 말이야. 그 법이 이번 금융개혁 과정에서 부활할는지 모르겠네. 그 법이 없어져서 보수적이어야 할 은행들이 헤지펀드처럼 투자를 하다가 함께 부실해진 것 아닌가?

저자● 저도 그 문제를 관심 있게 지켜보고 있습니다. 클린턴 전 미국 대통령이 시사주간지 〈타임〉에 의해 금융위기의 주요 책임자 가운데 1명으로 꼽히게 된 데는 그 법을 없앤 것도 이유가 됐습니다. 그런데 미국에서는 아직까지 그 법을 부활시키는 움직임이 없습니다. 일각에서는 "역사를 되돌릴 수는 없다"면서 그 법의 부활에 반대하는 목소리가 나오고 있습니다.

제 생각에는 미국의 유력한 금융회사들이 파생금융상품을 아주 많이 취급하고 있는데, 그런 규제가 되살아날 수 있을지 의문입니다. 2008년의 경우 미국 금융회사들의 파생상품 계약 총액이 약 200조 달러에 달합니다. 그 가운데 가장 계약규모가 큰 JP모건체이스 1개 회사의 계약액만 87조 달러를 넘습니다. 이어 아메리카은행과 시티그룹, 골드먼삭스도 각각 30조 달러 이상입니다. 상위 5개 은행의 비중이 전체의 96%에

은행별 파생상품 계약 규모	
(2008년 말 현재, 단위: 조 달러)	
JP모건체이스	87
아메리카은행(BOA)	38
시티그룹	32
골드먼삭스	30
HSBC USA	3.7
기타	9.3
합계	200

자료: 미국통화감사관실(OCC)

이른다는 거죠. 그런데도 지금 글래스스티걸법과 같은 법을 부활시켜 다시 규제를 가할 수 있을까요? 저는 회의적입니다.

영국에서는 그런 규제를 되살리려는 분위기가 감지되고 있습니다. 최근 외신이 전한 바로는 영국의 중앙은행인 잉글랜드은행이 상업은행과 투자은행을 분리하는 방안을 검토하고 있다고 합니다. 머빈 킹 잉글랜드은행 총재가 "상업은행 예금이 무분별한 투자에 쓰이지 못하도록 제한했던 미국의 글래스스티걸법과 같은 법안 마련을 고려중"이라고 말했답니다. 그런데 아직 후속조치는 전해지지 않아 궁금합니다.

여신● 그대의 이야기를 들으니 그것도 쉬운 일은 아닌 듯하네. 상업은행과 투자은행이 서로 비슷한 것 같지만 그 내용을 들여다보면 상당히 다르지. 삼각형과 사각형이 다른 것처럼 말일세. 과거 그대의 나라에서도 은행들이 은행계정으로 들어온 고객예금을 신탁계정으로 마음대로 편입시켜 운용하다가 큰 손실을 낸 적이 있지? 지금은 그것이 엄격하게 금지된 것으로 알고 있네. 미국이나 영국에서 글래스스티걸법의 부활이 거론되고 있는 것도 같은 맥락으로 보면 되네. 그러니 이 문제에 관한 한 그대의 나라가 선진국일세.

저자● 그렇습니까? 미국이든 영국이든, 또는 그 어떤 선진국이라고 해도 역시 뼈아픈 경험이 없으면 배울 줄 모르는 것 같습니다. 그렇지만 조금 전에 말씀드렸듯이 미국에서 글래스스티걸법이 되살아날지는 아직 확실하지 않습니다. 그것은 더 두고 봐야겠습니다. 또 금융개혁 논의가 이렇게 활발하게 진행되고 있는데, 이번 기회에 더 이상 위기가 발생하지 않도록 완벽한 방벽이 세워질지 그것이 궁금하네요.

여신●　완벽한 방벽이라는 게 가능할까? 그런 게 세워진다면 좋기야 하겠지만, 너무 믿지는 말게. 토머스 칼라일이 말했듯이 이 세계는 다름 아닌 '인간여우' 들의 세상 아닌가? 자기가 먹을 것이나 이익만 찾아다니는 사람들의 세상이란 말이지. 이번에 국제적으로 금융개혁의 대원칙과 방안이 마련된다고 해도 그것을 요리조리 피해가려는 금융회사나 금융기법이 또 나올 것이네. 찰스 킨들버거가 저서 《광기, 패닉, 붕괴, 금융위기의 역사》에서 말했듯이 엄격한 규제와 감독을 통해 금융위기를 예방할 수 있다는 것은 이상에 불과하다네. 이를테면 은행의 관리부실은 위기가 드러나기 전에는 감지하기 어렵다는 지적이지. 아무리 더 정교한 국제적 금융규제 제도를 만들더라도 그것을 완전히 믿어서는 안 되네.

저자●　그것은 각국의 주권 때문인가요?

여신●　우선 그것이 하나의 이유라고 할 수 있겠지. 국제적인 금융규제 방안이 마련됐다고 해도 그것을 수용할지의 여부는 각국이 독자적으로 결정하게 될 테니까. 나라마다 정치경제적 상황이 다르니 아무리 좋은 원칙과 방책이 있어도 모두 다 받아들여지기는 어렵겠지. 예를 들어 그대의 나라는 '성장' 을 신화처럼 떠받들고 있으니 성장을 어렵게 만드는 원칙이나 방책에 대해서는 "실정에 맞지 않는다" 면서 거부하는 일이 있지 않겠나? 실제로 노동정책을 비롯한 다른 분야에서 이미 그런 사례가 많지 않은가? 또 구제금융을 받은 기업은 과도한 보너스 지급 등을 하지 말아야 한다는 생각이 대세이지만, 그것 역시 나라마다 다르게 대응할 것일세. 그러니 국제적인 규제협력에 너무 기대하지는 말게.

저자● 그렇다면 언젠가는 또다시 다른 구멍이 나고 또 다른 위기가 찾아올 수도 있다는 말씀입니까?

여신● 그렇게 생각하는 것이 현명하겠지. 그 규모야 물론 다르겠지만. 이번처럼 전 세계를 휩쓰는 대형 금융위기가 자주 일어나지는 않을 거야. 그렇지만 이번보다 규모가 작은 위기는 앞으로도 틈틈이 발생할 가능성이 있지.

저자● 그래서 차제에 비슷한 위기의 재발을 막기 위해서 금융회사의 규모를 줄여야 한다는 주장도 있습니다. 앨런 그린스펀 전 연준 의장도 그런 주장을 한 것으로 전해졌습니다. 그러기 위해서 은행의 자본요건을 점차 낮춰야 한다고 말입니다. 영국과 스위스에서도 국유화된 은행을 분할하는 방안을 검토한다는 이야기가 들리던데요. 그것이 잘 될까요?

여신● 그것은 나도 잘 모르겠네. 일리가 있는 판단이기는 하지. 은행의 규모가 작아지면 어느 한 군데서 문제가 생겨도 전체 시스템의 위기로 번지지는 않을 테니. 따라서 금융회사의 규모를 원천적으로 제한해 전체 시스템이 혼란에 빠질 가능성을 줄이는 것도 하나의 대안이 될 수 있겠지. "작은 것이 아름답다"는 말도 있지 않은가. 그렇지만 요즘 인간세계에서 그것은 일종의 큰 '변혁' 이 아닐까 하네. 지금까지는 큰 것만이 가치 있는 것으로 간주돼왔으니까. 그대의 나라에서도 은행들이 무조건 몸집을 키우기 위해 안간힘을 썼지? 그래야만 대외경쟁력이 생길 것이라고 정부와 민간 금융업계 사람들이 얼마나 크게 외쳤나?

저자● 그렇다면 금융회사의 규모 축소는 실현되기 어려울까요?

여신● 문제제기는 좋지만 그것이 실현될 수 있을지는 좀더 두고 봐야 할 것이
네. 그것은 삶의 철학과 세계관이 바뀌어야만 가능할 것 같네. 나에게 묻기
전에 그대들 인간세계를 먼저 되돌아보게.

저자● 그렇다면 근본적인 해결방안은 사실상 없는 셈인가요?

여신● 흔히 말하는 '근본적인 해결방안'이란 것이 말처럼 쉽지는 않네. 만병통
치약이 없듯이. 그렇지만 어렵다고 해서 주어진 과제를 방치하라는 이야기
는 아니네. 어떤 경우든 이미 저질러진 과오나 부실요인을 올바르게 고치
고, 되도록이면 오래 남을 해결책을 찾아야 하네. 이를 위해 성심을 다해야
하고.

> 잘못을 저질렀다 하더라도 그 잘못을 고치고 고집을 부리지 않는 사람은 더 이
> 상 어리석지도 않고 불행하지도 않습니다.
> ─소포클레스, 《안티고네》

이 말은 내가 금융개혁을 추진하는 인간들에게 전해주고 싶은 메시지이
기도 하네. 그런 노력을 소홀히 하지 말 것을 재삼 당부하네.

폭풍보다 더 무서운 실업문제

저자● 존귀하신 칼리오페 여신이여, 신들의 세계는 요즘 별고 없습니까?

여신● 신들의 세계는 요즘 조용하다네. 나도 괜찮고. 그런데 인간세상은 지금 안녕한가?

저자● 안녕하긴요. 지금 인간세상은 난리법석입니다. 여기저기서 아우성입니다. 세계 각국이 지금 금융위기로 말미암아 심각한 경기후퇴를 겪고 있습니다. 이 때문에 일자리를 잃는 사람도 갈수록 늘어나고 있고요.

여신● 경기가 나쁠 때 실업자가 늘어나는 것은 흔히 있는 일 아닌가?

저자● 지금은 흔히 있는 일 정도가 아닙니다. 그야말로 '실업사태' 라고 할 만큼 문제가 커져가고 있습니다.

여신● 얼마나 많은 사람들이 일자리를 잃었는데?

저자● 2009년에 일어난 일 하나를 예로 들어 보겠습니다. 외신을 통해 들어온 소식을 보면 4월11일 하루에 7만 개 가까운 일자리가 날아간 일이 있습니

다. 러시아의 최대 고용기관인 러시아철도공사가 5만 4천 명의 인력을 줄
이기로 한 것을 비롯해 영국의 브리티시 텔레콤(BT) 1만여 명, 미국의 유명
생활용품회사인 3M 3600명 등을 합쳐서 모두 6만 7600명이 일자리를 잃게
됐습니다.

여신● 하루에 그렇게 많은 인력감원 계획이 공개되는 일은 몇 달 전에도 있었
던 것으로 기억하는데.

저자● 맞습니다. 2009년 1월 26일에 미국의 건설장비업체인 캐터필라를 비롯
해 제약회사 파이저, 네덜란드의 금융회사인 ING와 전자회사 필립스 등이
나란히 감원계획을 발표했습니다. 그때도 해고인원이 모두 7만여 명에 이
르렀습니다. 물론 그 뒤에도 기업의 감원계획 발표가 줄을 이었습니다. 이
렇게 2009년 연초부터 불어 닥친 감원 회오리바람은 업종이나 나라를 가리
지 않고 전방위로 확산되고 있습니다. 금융위기의 진앙인 미국에서는 부실
금융회사는 물론이고 제너럴모터스 같은 제조업체와 스타벅스 등의 서비
스업체에 이르기까지 수많은 기업이 인력감축에 나섰습니다. 영국의 스코
틀랜드은행과 바클레이스, 일본의 NEC, 히타치, 도요타 등의 대기업들도
수천 명 혹은 수만 명씩 인력을 줄이겠다면서 감원대열에 합류했습니다.

여신● 그런 큰 기업들은 우리 신들의 세계에서도 명성이 자자하네. 그런데 그
렇게 많은 기업에서 그토록 많은 인원을 해고한다니 걱정이네.

저자● 인력을 감축하는 기업들은 모두 금융위기로 말미암아 경영사정이 급속
히 악화되어 어쩔 수 없다는 식으로 설명하고 있습니다. 경영여건이 금융
위기 이전에 비해 매우 나빠진 것이 사실이기도 하고요.

여신● 　나도 알고 있네. 기업은 분명 자선기관은 아니지. 그래서 기업이 경영난
에 처했는데도 모든 사원을 억지로 끌어안고 있어야 한다고 말하고 싶지는
않네. 다만 사람을 해고하는 것도 다 때가 있고 타당한 이유가 있어야 하는
것이네. 그대의 잘못은 아니지만, 그대도 인간이니 그대에게라도 따져보고
싶네.

저자● 　존귀하신 여신께서 그렇게 역정을 내실 것으로 예상했습니다. 파산직전
에 몰린 것도 아닌데 감원을 하려는 기업도 있으니까요. 프랑스의 토탈은
2008년에 사상최대의 흑자를 냈으면서도 555명을 감원하겠다고 발표해 비
난을 받았습니다. 일본의 도요타자동차도 2009년 초에 6천 명을 해고했습
니다. 도요타는 토탈과 달리 2008회계연도에 적자를 냈고, 2009회계연도에
도 상당한 적자를 낼 전망이라고 합니다. 그렇지만 도요타는 내부유보금이
12조 3천억 엔을 헤아립니다. 그러니 도요타의 해고조치를 납득하기가 어
려운 것이 사실입니다.

여신● 　당연히 그렇겠지. 그런 기업에 대해서는 신들도 좋게 보지 않고 있네. 경
영하기가 어려워졌더라도 파산지경이 아니라면 사원들을 되도록 줄이지
않기 위해 최대한 노력할 필요와 의무가 있는 것이네. 그런 노력을 다했는
지 스스로 돌아볼 필요도 있고. 게다가 어려운 경영여건을 이겨나가는 방
법에는 해고 말고도 여러 가지가 있지 않은가? 사람을 줄이는 것만이 능사
는 아닐세.

저자● 　저도 존귀하신 여신의 말씀에 동의합니다. 기업이 자선사업을 하는 데
는 아니지만 경영여건이 어려울 때에도 사람을 되도록 쫓아내지 않고 함께

견디며 앞으로 나아가야 한다고 봅니다. 그런 과정에서 필요하면 정부의
지원을 받더라도 말입니다.

여신● 그런데 대기업이 그렇게 쉽게 사람을 내보낸다고 하니 중소기업은 훨씬
더하겠네.

저자● 말할 필요도 없지요. 다만 세간의 주목을 덜 받을 뿐이죠.

여신● 화이트칼라 직종도 마찬가지겠네?

저자● 그렇습니다. 변호사나 경영학석사(MBA), 교사 등 고학력자의 전문직종
도 사정이 나쁘다고 합니다. 미국 캘리포니아 주에서는 교사 5천여 명을
감원하기로 했답니다. 재정적자가 심해서라고 하는군요. 처음에는 8천 명
이상을 감축하려고 했다가 반발이 심하자 감축인원을 줄인 것입니다. 미
국의 우정당국에서는 2만 5천 명의 체신공무원을 내보낸다는 소식도 들려
옵니다.

여신● 감원 회오리바람이 모든 나라, 모든 부문을 뒤덮고 있는 모양이군. 경제
라는 것이 본래 무차별한 현상이지. 그러니 그리 놀라운 일도 아니네. 그나
저나 이제 각국이 늘어나는 실업자 때문에 골머리를 앓겠네.

저자● 물론입니다. 2009년 6월 현재 미국의 실업률이 9.5%에 이르러 1983년
이후 가장 높아졌습니다. 미국이 경기침체기에 들어선 2007년 12월 이후
지금까지 사라진 일자리는 모두 700만 개에 육박한다고 합니다. 유럽에서
도 모든 나라가 늘어나는 실업자 때문에 몸살을 앓고 있습니다. 스페인의
3월 말 실업률은 17.4%로 치솟았습니다. 이는 2008년 말보다 무려 3.45%
포인트나 오른 수치여서 사회에 충격을 주었습니다. 1년 전에 비해서는 배

로 높아졌고요. 스페인에서는 머지않아 5명 가운데 1명은 실업자가 될 전
망입니다.

이번 금융위기의 '부책임자'라고 할 수 있는 영국의 경우는 오히려 양호
한 편입니다. 실업률이 2008년 11월 말 6.1%에서 2009년 5월 말 7.6%로
1.5%포인트 올랐을 뿐입니다. 물론 영국의 실업자도 당분간 더 늘어나긴
하겠지요. 이런 영국과 비교하면 스페인의 실업난은 '억울하다'고 할 만큼
유독 심화되고 있습니다. 실업자 수를 봐도 스페인은 400만 명을 넘은 데
비해 영국은 238만 명 수준에 머물러있습니다. 이런 차이가 어디서 비롯된
것인지는 모르겠지만, 금융위기의 '책임국가'들보다 '피해국가'들이 더
큰 어려움에 빠져든 꼴입니다. 이런 현상을 보면 인간세상은 참으로 공평
하지 못하다는 생각을 하게 됩니다.

여신● 그것은 우리 신들이 원하는 바가 아닐세. 인간들이 무엇을 잘못해서 그
런 불공평한 결과가 나타났는지 나도 궁금하네. 인간들 스스로도 그 이유
를 냉철하게 고찰해볼 필요가 있을 듯하네. 그런데 실업자이면서도 실업수
당을 받지 못하는 사람도 많이 있을 텐데. 이런 사람들은 더 힘든 상황일
테지.

저자● 그럴 것입니다. 그들은 사각지대에 놓여서 더 큰 어려움을 겪고 있을 겁
니다. 미국의 경우를 보면 사실상 실업상태에 있으면서도 실업수당을 받지
못하는 사람이 500만 명을 넘는다고 합니다.

여신● 그렇게 실업자가 늘어나면 실업자의 생계를 정부가 도와줘야 할 텐데,
각국 정부가 노력을 하고는 있는지 모르겠군. 특히 청년실업자들이 요즘

크게 늘어난다고 들었는데.

저자● 　맞습니다. 영국의 청년 가운데 15%가 실업자이고, 프랑스의 경우에는 그 비율이 20%를 넘는다고 합니다. 그래서 각국 정부가 청년실업을 줄이는 방안을 마련하느라 여념이 없습니다. 프랑스는 최근 청년실업 문제 해결을 위해 직업훈련비 등으로 13억 유로를 투입하겠노라고 사르코지 대통령이 직접 밝혔습니다. 아울러 청년실업자를 채용하는 기업에 인센티브를 줄 계획이라고 합니다. 그렇지만 경제상황이 쉽사리 개선되지 않을 것 같으니 청년실업 문제의 해결도 쉽지 않을 것 같습니다. 기존의 청년실업자 외에 각급학교를 새로 졸업하고 취업하려는 사람들까지 겹치니 상황이 더욱 어렵고요. 바야흐로 전 세계 청년들에게 그야말로 '취업빙하기'가 찾아온 것 같습니다.

여신● 　선진국들에서 그렇게 많은 사람이 일자리도 없이 방황한다면, 제3세계의 가난한 나라들은 더하겠군.

저자● 　당연히 그렇겠지요. 제3세계 국가 가운데는 광산업의 비중이 큰 나라가 많습니다. 그런데 광산업도 이번 경제위기로 말미암아 큰 타격을 받은 탓에 해고사태가 줄을 잇고 있습니다. 보도에 따르면 세계 3위의 백금 생산업체인 영국의 론민이 남아프리카공화국에서 5500명의 인력을 감축하기로 한 것을 비롯해 남아프리카의 앵글로플래티넘 등이 1만 명 이상의 인력을 줄이기로 했답니다. 백금은 자동차촉매제로 쓰이는데 최근 자동차 경기의 하락으로 경영사정이 어려워졌기 때문입니다. 이런 문제는 백금뿐만 아니라 대부분의 원자재 분야에서도 마찬가지입니다.

여신• 　게다가 선진국에서는 외국인에 대한 일자리 장벽을 높여가고 있다고 들었네. 외국인의 신규취업을 줄이는 것은 물론이고 이미 들어와 있는 외국인 인력까지 나라 밖으로 내보내려고 온갖 수단과 방법을 다 동원한다면서?

저자• 　안타깝게도 그것이 사실입니다. 일본과 체코 같은 나라가 그렇게 하고 있습니다. 일본은 자국에서 일하는 일본계 중남미인들에게 항공요금을 지급하면서까지 출국을 유도하고 있습니다. 그렇게 떠난 사람은 다시는 일본으로 돌아갈 수 없다고 합니다. 일본도 실업문제가 심각해지고 있다는 점을 감안하면 이해가 되기는 합니다. 하지만 지나치게 냉혹하다는 생각을 떨쳐버릴 수가 없습니다. 민족적 뿌리가 같은 사람들인데도 그들에게 그렇게 하는 것이니까요.

여신• 　그대도 들어서 알고 있겠지만, 신들은 참으로 냉정한 경우가 많다네. 특히 잘못을 저지른 사람에게는 가차 없이 응징을 가하는 경우가 많지. 아폴로신과 악기연주 내기를 벌인 마르시아스 등 적지 않은 사람들이 교만의 죄로 신으로부터 냉혹한 처벌을 받았지. 그렇지만 그대가 말한 사례들을 보면 우리 신보다 인간이 더 냉혹하고 잔인한 것 같네. 그렇게 무작정 냉혹하라고 신이 사람을 만든 것이 아닌데 말이야. 아니 그런가?

저자• 　존귀하신 여신의 질책이 옳습니다. 저도 안타까운 마음을 금할 수가 없습니다.

여신• 　인간이 그렇게 냉혹하다는 것을 이제 새삼 알았네. 그러니 실업문제가 인간의 선의에 의해 해결되기는 어려울 것 같군. 현재의 실업문제가 어느 정도나마 해결되려면 경기가 회복되기를 기다리는 수밖에 없겠어. 그런데 당분간은 경기회복도 어려울 것 같고. 그러니 실업자는 앞으로 더 늘어날 것 같아서 걱정이네.

저자● 그렇습니다. 적어도 2009년 안에는 실업자 증가세가 꺾이지 않을 것이라는 게 전문가들의 공통된 견해입니다. 미국의 실업률은 2009년 안에 10%를 넘을 것 같다고 하네요. 전 세계적으로는 2009년 한 해 동안 수천만 명이 일자리를 잃을 것이라는 전망도 나왔습니다. 국제노동기구(ILO)에서는 2009년 초에 내놓은 〈세계고용보고서〉를 통해 최악의 경우에 2009년 중에 5천만 개 이상의 일자리가 사라질 것이라고 내다봤습니다. 경제협력개발기구(OECD)는 2009년 6월에 가맹국들의 실업률이 2008년 6.8%에서 2010년에는 9.9%로 상승할 것이라고 전망했습니다. 이런 전망대로 된다면 OECD 가맹국들의 실업자는 모두 3720만 명에서 5700만 명으로 약 2천만 명 증가하게 됩니다. 비교적 부유한 나라들의 고용상황이 이렇게 악화된다면 가난한 나라들은 더욱 괴롭겠지요.

여신● 국제무역이 사실상 붕괴되고 있다는 지적도 많은데, 이것도 실업문제를 더 악화시킬 것 같네.

저자● 그럴 겁니다. 중국의 '농민공'이 바로 그런 이유로 생겨난 것입니다. 농민공이란 중국의 수출이 활발하던 시기에 농촌지역에서 해안도시로 나와 취업한 사람들을 가리키는 말인데, 그들 가운데 수출감소로 일자리를 잃은 사람이 헤아릴 수 없을 정도로 많습니다. 다른 동남아시아 국가에서도 이와 비슷한 일이 벌어지고 있다고 합니다. 그 가운데 농촌의 고향으로 돌아간 사람들도 있지만, 그렇게 하지 못하고 여기저기 떠도는 사람들도 많습니다. 과거와 달리 이제는 농촌에도 그들이 돌아가서 정착할 여지가 별로 없다더군요.

여신●　또 한 가지 안타까운 것은 이른바 비정규직 사원이 대량해고의 표적이 되고 있다는 것인데, 2009년 들어 일본에서 이것이 심각한 문제로 대두됐다지?

저자●　그렇습니다. 특히 일본에서 큰 문제가 되고 있습니다. 일본에 불어 닥친 거센 해고 회오리바람으로 말미암아 비정규직 사원들이 우선적으로 희생된다는 것입니다. 일본에서 2008년 10월부터 2009년 3월까지 일자리를 잃은 비정규직 사원이 20만 명 가까이 된다고 합니다. 그 수는 아마도 앞으로 더 늘어나겠지요.

여신●　정말로 유감스러운 일일세. 어쩔 수 없는 경우를 제외하고는 비정규직이라고 하더라도 함부로 내보내서는 안 될 터인데.

저자●　일본의 비정규직 사원은 고이즈미 총리 때 크게 늘어났다고 들었습니다. 그런데 요즘 수출과 내수판매가 부진해지니 비정규직을 우선 내보내는 모양입니다.

여신●　종신고용을 원칙으로 삼던 과거 일본기업의 경영방식에 비춰보면 상당히 놀라운 일이네. 일본은 제조업이 강한 나라이고, 지금까지 비교적 잘 견뎌온 것 아닌가? 그동안 기업들이 축적한 내부유보금도 적지 않을 텐데. 그 유보금을 이럴 때 활용할 생각은 하지 않고 사원을 해고할 생각부터 하니 비인간적인 처사라고 여겨지네. 반발도 적지 않을 것 같은데.

저자● 　반발이 없을 리 없죠. 비정규직 사원들이 간혹 조직적으로 행동한다는 뉴스가 전해져 오기도 합니다. 그래서 일본 정부와 경제단체가 비정규직 해고 억제를 위해 노력하자고 합의했지만 그 효과는 알 수 없습니다. 경제 상황이 크게 호전되지 않는 한 비정규직부터 우선 자르고 보자는 유혹이 갈수록 강해질 테니까요.

여신● 　일자리를 잃지 않은 사람도 근로시간이 줄어 소득이 감소하는 바람에 어려움이 크다지?

저자● 　그렇다고 합니다. 요즘은 미국의 기업들 사이에서도 잔업삭감이나 무급 휴직 같은 조치가 확산되고 있답니다. 본의 아니게 주4일 근무하는 경우도 늘어나고 있고요. 영국의 브리티시항공은 사원들에게 1개월간 급여를 받지 않고 '무급휴직' 하거나 '무급근무' 해 달라고 요청하고 있다고 합니다. 그러니 노동자들은 요즘 임금을 올려달라는 말은 꺼내기도 어려운 형편입니다. 결국 자리를 지키고 있는 사람들의 소득도 줄어들 수밖에 없지요. 하지만 그나마 자리를 지키고 있는 사람들은 다행스러운 입장입니다. 아예 일자리를 잃은 사람보다는 상대적으로 '행복' 할 테니까요.

여신● 　그대의 나라 한국은 지금 어떤가? 마찬가지로 불황을 맞아 감원 회오리 바람이 몰아치고 있지 않은가?

저자● 　그렇습니다. 한국도 경제한파를 피해갈 수는 없습니다. 아직까지는 기업들이 견뎌보려고 애쓰고 있습니다. 경영사정이 어려워진 것은 사실이지만, 감원보다는 일자리 나누기와 임금삭감 같은 방식으로 경영악화에 대처하려는 기업이 더 많습니다. 얼마 전에 나온 보도에 따르면 상장회사들의 경우에는 금융위기 이후에도 감원이 거의 없었다고 합니다. 불행 중 다행이 아닐 수 없습니다.

여신 ● 바람직한 일이로군. 기업이 그렇게 하면 사원들의 애사심이나 동료애 같은 것도 커질 거야. 한국의 그런 노력에 대해서는 내가 제우스 대신께 특별히 보고해서 가능한 한 도와주라고 청원해보려고 하네. 다만 쌍용차의 경우에는 정리해고 때문에 시끄럽지? 어떤 경우이든 고통분담을 통해 해고를 되도록 자제하라는 것이 제우스 대신이 바라시는 바일세. 이 점을 그대의 나라는 명심해야 되네.

저자 ● 충고 고맙습니다. 사실 한국은 이미 10년 전에 외환위기를 겪은 직후에 심각한 실업문제를 당해본 일이 있습니다. 그때의 경험이 아직 생생하게 살아있기 때문에 비교적 강한 내성을 보여주고 있다고 말할 수 있겠지요. 그렇지만 신규취업 희망자들에게는 암울한 세월입니다. 특히 대졸이상 실업자가 20% 이상 증가했다고 합니다. 그래서 정부가 '청년인턴제'를 비롯해 청년실업을 줄이기 위한 여러 가지 대책을 내놓고 있습니다. 물론 그 효과는 미지수이지만요.

여신 ● 그렇게 실업자가 늘어나는 와중에도 정부는 공기업 인원감축을 추진하고 있는 것으로 알고 있네. 그것은 앞뒤가 맞지 않는 정책 아닌가?

저자 ● 저도 그렇다고 생각합니다. 공기업의 구조가 방만하다면 좀더 효율적으로 개편해야 한다는 데는 이견이 없습니다. 그런데 정부가 그런 여론을 등에 업고 이른바 '공공기관 선진화' 계획을 세우고 공기업 인원감축을 밀어붙이고 있습니다.

여신● 　공기업의 민영화도, 효율화도 다 이해가 되네. 그것을 위해 필요하다면
　　　 인원을 일부 줄일 수도 있겠지. 하지만 적어도 지금은 그럴 때가 아닌 것
　　　 같네. 아무리 좋은 법이나 정책이라도 시기를 가려서 해야 하는데, 어찌 그
　　　 대의 정부는 이토록 무모하다는 말인가?

저자● 　제가 보기에도 정부의 공기업 인원감축은 다소 무리를 하는 것 같습니
　　　 다. 경기가 나빠서 퇴직한 사람들이 새로운 사업을 벌이기도 어려운 상황
　　　 에서 그렇게 하다니.

여신● 　특히 철도공사(코레일) 같은 기관에서는 앞으로 5천여 명을 감원하기로
　　　 확정했다지? 그 기관은 철도의 운영과 안전을 책임진 기관인 것으로 알고
　　　 있는데, 경부고속철도 2단계 완공 등을 앞두고 그렇게 인원을 마구 줄여도
　　　 되나? 오히려 인원을 늘려야 할 때 아닌가? 이런 상황에서 인원을 줄이면
　　　 열차에 배치되는 기관사를 비롯해 승무원을 줄이든가 해야겠네. 그것은 승
　　　 객의 안전이나 고객에 대한 서비스는 사실상 포기하는 짓이라고 봐야겠군.
　　　 그러다가 큰 사고라도 또다시 나지 않을까 걱정되는군.

저자● 　저도 한국의 철도안전이 크게 걱정됩니다.

여신● 　그래서 나는 제우스신을 비롯해 모든 신에게 앞으로 한국에 가면 기차
　　　 는 타지 말라고 말할 작정이네. 그대도 이제는 기차를 타지 않는 것이 좋겠
　　　 네. 다른 교통수단을 이용하는 것이 신상에 좋을 것 같네. 그대의 나라는
　　　 줄여야 할 것과 줄이지 말아야 할 것을 가릴 줄 모르는 것 같군. 시민의 안
　　　 전은 무시하고 그저 '감원을 위한 감원'만 하려드니 말이야. 지금 하는 일
　　　 이 잘못된 일임을 언젠가는 깨닫게 되겠지만, 그것을 깨닫기 전에 억울한

희생자가 발생할 가능성이 크네.

저자●　　그래서 철도노조 등이 인원감축에 반대를 하고는 있지만, 정부는 그런 소리에 귀를 기울이는 것 같지 않습니다.

여신●　　그대의 나라에는 비정규직 문제도 있지 않나? 그대가 이야기한 감원억제 노력도 주로 정규직 사원에게만 해당되는 것 아닌가?

저자●　　우리나라에도 비정규직 사원이 참으로 많습니다. 비정규직 사원은 현행 법상 2년 기한으로 고용되는데 이제 그 기한이 끝나기 시작했습니다.

여신●　　계약기간 연장을 하지 않으면 어떻게 되나?

저자●　　비정규직 사원의 계약기간은 대개 2009년 하반기에 끝납니다. 그런데 기업이 비정규직 사원을 2년 이상 고용하면 반드시 정규직으로 전환시켜주어야 합니다. 그래서 각 사업장에서 앞으로 2년의 계약기간이 만료되는 비정규직 사원을 무더기로 해고할 가능성이 있습니다. 그래서 일자리를 잃는 비정규직이 많아질 것 같습니다.

여신●　　그것 참 큰일이로군. 그들을 정규직으로 전환시켜주는 것은 안 될까?

저자●　　되도록 그렇게 하는 것이 좋겠죠. 그런데 현재의 극심한 불황 속에서 기업들이 그렇게 할 능력이나 의지가 있는가가 문제입니다.

여신●　　그렇다고 경기가 좋아지기만을 마냥 기다릴 수만도 없고. 무슨 대책이 있어야겠네.

저자●　　그래서 정부와 여당이 마련한 방안이 비정규직법 적용시기를 연장하자는 것입니다. 말하자면 비정규직의 정규직 전환시점을 그 기간만큼 늦추자는 것이지요. 일단 지금처럼 실업자가 많은 시기에 비정규직 해고로 인한 실업대란은 피해야 한다는 설명입니다만, 얼마나 호소력을 가질지는 모르겠습니다.

여신●　그 방안에 대한 반발은 없는가?

저자●　없을 리가 있겠습니까. 야당과 노동자들로부터 강한 반발을 사고 있습니다.

여신●　그 반발에는 일리가 있는 것 같네. 비정규직 사원의 입장에서는 정규직이 되기만을 기다리며 2년 동안 설움을 견뎌왔는데 이제 또다시 비정규직 신분이 연장된다니 받아들이기 어렵겠지.

저자●　그래서 이 문제가 정부여당과 야당, 정규직과 비정규직 사이에 갈등의 요인이 됐습니다.

여신●　그 문제는 우리 신들이 나서도 얼른 해결하기 어려워 보이는군. 한국인들끼리 서로 진지하게 논의해서 원만하게 해결하기를 바라네. 우리 신들도 어떻게 하면 도울 수 있는지 의논해볼 생각이네.

저자●　그런데 우리들 인간세상을 보면 이런저런 피라미드 구조가 있는 것 같습니다. 실업문제도 그렇죠. 소득의 상위계층에서는 실업으로 인한 고통이 비교적 약한 데 비해 하위계층으로 내려갈수록 그런 고통이 커집니다. 국제적으로도 그렇고, 나라 안을 들여다봐도 그렇습니다. 이를테면 미국이나 영국에서도 물론 실업자가 발생하지만, 금융분야의 고소득 계층은 이 와중에도 보너스나 성과급 등 챙길 것은 다 챙깁니다. 반면에 블루칼라 노동자들은 실업으로 인한 고통을 온몸으로 감수해야 합니다. 선진국의 이민노동자나 비정규직 노동자도 마찬가지입니다. 이들보다 더 고통스러운 사람들은 바로 제3세계 가난한 나라의 저소득 노동자들이죠.

여신● 그대가 관찰을 잘 했네. 그것은 우리 신들이 의도한 바는 아니네. 인간들이 사회를 꾸려나가는 과정에서 그렇게 굳어진 것이지. 전문직과 비전문직, 숙련된 기술을 가진 사람과 그렇지 않은 사람 등의 차이는 분명히 존재하겠지. 그것은 자연이 허용하는 차이라고 할 수 있을 거야. 그렇지만 지금처럼 소득격차나 사회적 안전도의 차이가 커지는 것은 분명 신들의 뜻과는 거리가 머네.

저자● 그것은 우리 인간들이 스스로 만들어낸 것이죠. 따라서 그것은 인간들이 스스로 해결해야 하는 과제라고 저도 생각합니다.

여신● 비정규직도 미국식 경제를 추종하는 나라에서 주로 발생하는 문제 아닌가? 다시 말해 비정규직 문제가 결코 불가피한 것은 아니라는 뜻이네. 인간들이 이익을 조금이라도 더 내기 위해 비정규직을 필요로 했기 때문이지. 그리고 경제여건이 악화됐을 때 희생양을 만들기 쉽도록 고안해낸 것이라고 볼 수 있네. 그 결과가 어떤 것인지가 지금 생생하게 드러나는 것 아닌가?

저자● 그렇다면 현재와 같은 고용과 해고의 방식, 특히 비정규직 제도를 계속 유지할 경우에는 어떻게 되겠습니까?

여신● 아마도 빈부격차가 더욱 확대되겠지. 경제가 호황을 누릴 때에는 피라미드의 밑바닥까지 흘러내려갈 빵이 다소 있겠지만, 경제가 침체되면 그것이 확 줄어들 테니까. 결국 고소득층은 경제난의 영향을 별로 받지 않지만, 저소득층은 생존 자체가 위협받는 수준으로까지 밀려날 가능성이 크네. 실제로 그대의 나라에서도 2008년에 빈부격차가 사상최대로 확대됐다는 통계가 나왔지. 그렇게 된 데는 비정규직이나 저소득층의 고용불안이 큰 원인이 됐다고 볼 수 있네. 지금 같은 경제위기가 계속되는 한 그런 문제는 앞으로도 더 심해질 것이네. 경제가 회복되면 약간 완화되겠지만.

저자● 그렇다면 미국식 제도가 빈부격차를 더 확대시키는 요인이라고 봐야 합니까?

여신● 그런 개연성이 강하지 않은가 싶네. 그대의 나라에서 요즘 연봉제나 차별적인 성과급이 애용되고 있지? 그것 역시 미국식 제도를 맹목적으로 추종한 결과가 아닐까? 개인의 실적만 가지고 연간급여를 결정해야 하는 직종은 분명히 있고, 그런 직종의 경우에는 연봉제가 맞을 수도 있네. 그렇지만 그것을 모든 직종과 모든 업무에 적용할 수는 없겠지. 특히 조직을 통해 일을 하고 조직을 통해 산출물을 내놓는 직종의 경우에는 개인적 실적 위주의 연봉제가 어울리지 않는다네. 그런데 한국에서는 그것이 무차별적으로 확산되고 있네. 그렇게 해서는 노동자의 피로도만 높아지고 빈부격차만 확대될 뿐이네. 때로는 그것이 과도한 탐욕을 조장해서 또 다른 위기의 씨앗을 뿌릴 수도 있고. 미국이 금융위기를 맞이하기까지 금융산업 종사자들이 탐욕을 부리는 과정과 역사를 조금만 훑어봐도 방금 내가 한 말의 뜻을 이해할 수 있을 걸세. 그러니 이제는 한국도 미국식 제도를 차분하게 재검토하는 것이 필요하지 않을까 하네.

특히 비정규직 문제와 함께 실업보험 문제도 진지하게 다시 검토할 필요가 있지 않을까 생각하게 되네. 미국의 경우에도 실업보험을 받지 못하는 사람이 많다지만 한국에도 그런 사람이 많을 듯하네. 그래서 우선 묻고 싶은데, 그대의 나라에는 실업자 증가에 대비해 고용보험은 충분히 확보해 두고 있는가?

저자● 어느 정도는 돼있습니다 또 실업자 100만 명 돌파에 대비해 정부가 실업급여 지급기간을 60일 더 연장하기 위한 예산 6600억 원을 2009년 추가경정 예산에 반영했습니다. 이는 지난 1998년 외환위기 직후에 동원됐던 대책인데, 지금 경제상황이 다시 악화되자 정부가 또 꺼내든 카드입니다. 아무튼 정부도 나름대로 애쓰고는 있지만 그런 정부의 노력이 충분한지는 저로서는 확신할 수가 없습니다.

여신● 2009년에 나타난 기이한 현상 가운데 하나는 주가는 꽤 회복됐지만 고용사정은 더 나빠졌다는 것이지. 주식시장만을 놓고 보면 경제위기의 터널은 절반 이상 통과한 것 같은 착각이 들거든. 그렇지만 실업자가 늘어나는 추세를 보면 아직도 어둡고 긴 터널의 한복판에 있네. 그대의 나라 사람들이 지금 주가가 다소 살아났다고 해서 경제가 위기의 끝자락에 와있다고 잘못 생각하고 실업대책을 소홀히 할까봐 걱정일세. 앞으로 이 위기가 얼마나 오래 갈 지는 사실 알기 어렵네. 그러니 그대의 나라를 비롯해 세계 각국 정부들이 방심하지 말고 만반의 대책을 세워서 실행하기를 바라는 마음이네. 이것은 제우스 대신을 비롯해 인류의 운명에 관여하거나 관심을 갖고 있는 모든 신의 한결같은 뜻이기도 하네.

저자● 저도 걱정이 태산 같습니다. 지금 전 세계에서 실업자가 계속 늘어나고 있고, 특히 실업 피라미드의 가장 밑바닥에 있는 사람들의 처지가 갈수록 악화되고 있습니다. 이런 상황이 계속될 경우 사회적인 안정이 유지될 수가 있을지부터 알 수가 없거든요. 제가 살고 있는 한국도 마찬가지입니다.

여신●　그대가 올바로 지적했네. 실업문제는 테러나 폭풍보다 더 무서운 것임을 결코 잊어서는 안 되네. 테러나 폭풍으로 인한 피해는 대개 부분적이고, 따라서 신속하게 복구할 수가 있네. 그렇지만 실업문제는 겉으로 보이지 않는 가운데 국민생활과 국가안정을 흔들 수가 있네. 실업문제는 실업자가 아닌 사람에게서도 자신감과 용기를 빼앗아버리기 쉽지. 나아가 국민의 창의력을 심각하게 훼손하게 되네. 실업보험이라도 충분하면 약간의 보완은 가능하겠지만.

저자●　국민의 창의력과 실업보험이 관계가 있다는 말씀입니까?

여신●　그것은 특히 예술이나 저술 분야의 창작활동과 관계가 있는 것이네. 예술창작을 하는 사람들의 경우 상당수가 일정한 직장 없이 활동하지 않는가. 그러니 실업보험이 뒷받침돼야 그런 사람들이 최소한의 생활을 유지할 수 있지. 그런데 실업보험이 너무 엄격하면 자유롭게 창작활동에 종사해야 할 사람들이 최소한의 생계를 유지하기가 어렵겠지. 그러면 창의적인 인물이 창작활동에 뛰어들 용기를 발휘하지 못하게 되거든. 그 결과 규격화되고 상투적인 예술작품만 양산되고, 창의력은 갈수록 고갈되고 만다네. 그대의 나라는 이런 점까지 생각할 처지가 안 된다고 말하고 싶겠지. 그러나 그것은 투자우선순위를 정하기 나름이네. 정녕 그대의 나라가 그런 것까지 고려할 여력이 없다고 한다면, 사회의 가장 밑바닥에 있는 사람들의 최저 생계와 실업문제만이라도 우선 제대로 해결하기를 바라네.

저자 ●   알겠습니다. 명심하겠습니다. 존귀하신 여신께 오늘 제가 너무 어려운 문제를 들고 온 것 같습니다. 특히 인간들이 알아서 해결해야 할 일을 괜히 가져와서 여신의 마음을 착잡하게 해드려서 송구스럽게 생각합니다.

여신 ●   그렇게 생각할 필요는 없네. 그것이 조금 어려운 문제이긴 하나 결코 풀 수 없는 문제는 아니라고 보네. 그리고 인간을 어렵고 힘들게 하는 문제는 신들도 외면할 수 없지. 인간들이 편안하게 잘 살아야 우리 신들을 위해서도 제물을 풍족하게 바칠 테니까. 앞으로도 어떤 문제든 어렵다고 생각하지 말고 얼마든지 가져오게. 선량한 인간과 선량한 신이 인간세계의 현안을 의논해본다는 것 자체가 아름다운 일 아니겠나?

민주주의의 위기

저자 ● 존귀하신 여신이여, 요즘 인간세계는 시름과 아우성이 그칠 날이 없습니
다.

여신 ● 금융위기로 말미암아 늘어나는 실업자 때문인가? 그것은 나도 알고 있
고 안타까운 마음으로 바라보고 있네.

저자 ● 실업자가 증가할 뿐만 아니라 그로 인해 많은 사건들이 나타나고 있습니
다. 2009년 들어 세계 여러 나라에서 노동자들의 파업이 벌어지고 있고, 중
국에서는 일자리를 잃은 농민공들이 여기저기서 소요를 일으킨다고 하는
군요. 일본에서는 근래 보기 드물게 전국적인 노동단체가 임금인상을 요구
하고 정리해고에 대한 반대를 외치며 시위를 벌였고, 유럽에서는 농민들이
체코에 모여 집회를 열었습니다.

여신 ● 일자리를 잃은 사람들이나 잃을 위험에 처한 사람들이 살아보려고 몸부
림을 치는 것이겠지. 파업이나 시위 같은 것은 이런 경제상황에서는 없을

수가 없네. 그렇게 하지 않으면 그들의 삶을 아무도 지켜주지 않을 테니까.

저자 • 간혹 과격한 행동도 벌어진다고 합니다. 프랑스에서는 노동자들이 회사의 최고경영자를 비롯한 간부들을 붙잡아 감금하는 사태가 꼬리를 물고 이어지고 있습니다. 이런 일들을 두고 보스내핑(bossnapping, 상사납치)이라는 조어까지 새로 생겼답니다. 중국에서도 생활고 해결을 요구하는 시위가 곳곳에서 벌어지는 등 사회불안이 확산되고 있고요.

여신 • 중국의 경우에는 여러 해에 걸친 고도성장이 중단되니 혼돈이 큰 것 같군. 그래서인지 요즘 중국에서 과거 마오쩌둥 시절에 대한 향수를 느끼는 사람이 늘어난다지? 이럴 경우에는 정부가 적극적으로 나서서 문제를 해결하기 위한 노력을 기울이는 것이 중요하다네. 일자리를 잃은 농민공이 고향인 농촌에 돌아가 정착할 수 있도록 지원하는 것은 물론이고 정부와 공직자가 더욱 책임 있는 자세로 그들의 애로사항 해결에 나서야겠지. 그렇게 하지 않으면 앞으로 무슨 일이 일어날지 알 수 없네. 수출회복이 여의치 않으니 이제는 중국도 내수를 살리기 위한 노력을 적극적으로 기울이는 것이 무엇보다 중요할 걸세. 중국은 땅이 넓고 인구가 많으니 민생을 안정시키기 위해 노력하다 보면 내수도 자연스레 살아나지 않을까? 절대빈곤층의 복지를 향상시키면 그것이 경제회복으로 이어질 가능성이 어느 나라보다 클 것 같은데. 그렇게 해야 사회도 안정될 수 있을 것이고.

저자 • 그런데 그것이 말처럼 쉽지는 않은 것 같습니다. 하루아침에 되는 일도 아니고, 세계경제 환경은 여전히 엄혹하고….

여신 • 세계 경제환경이 어려운데 중국만 홀로 호황을 누리기는 어렵겠지. 그런 사회적 긴장과 혼란이 중국에만 있는 것도 아닐 것이네. 어느 나라나 지금은 비슷한 혼란과 어려움에 직면해 있으니까. 그대의 나라에서도 부실화된 자동차회사의 고용 문제나 비정규직 노동자의 해고 문제로 큰 홍역을 치르고 있다는 것을 나는 알고 있네.

저자● 그렇습니다. 중국과 한국뿐만이 아닙니다. 일본에서는 경제위기로 말미암아 노동조건이 급격하게 악화되자 노조조직률이 상승하고 있다고 합니다. 특히 비정규직 노동자들의 노조가입이 활발한 것으로 전해지고 있습니다. 한동안 잊혀졌던 공산당에 입당하는 사람도 늘어나고 있다는 소식이고요. 미국에서도 노조가입률이 조금씩 상승하고 있다고 합니다. 금융위기로 인해 경제상황이 악화되자 일자리를 잃는 노동자가 급증하고 있기 때문이겠지요.

여신● 노동자들이 노조가입을 통해 최소한의 생존권을 확보하려는 것이겠지. 그렇지만 낮은 임금이라도 감수하려는 노동자가 많아 노조가 큰 힘을 발휘하지는 못하는 것 같네. 마르크스 경제학에서 말하는 '산업예비군' 이 지금 크게 늘어나고 있는 것 아닌가? 그리고 약간의 노조가입 증가만으로는 사회에 그다지 큰 반향을 일으키기 어려울 것이네. 그저 하나의 몸부림으로 읽혀지네. 어쨌든 그렇게라도 해서 생존권을 지키려는 의지에 대해서는 충분히 공감이 가네. 그러나 더 큰 문제는 대부분의 시민들은 그렇게 할 엄두도 내지 못하면서 그저 참고 견뎌야 한다는 데 있을 거야. 험한 금융위기의 모진 비바람을 맞으며 납작 엎드린 채 비바람이 멈추기만을 고대하고 있으니.

저자●   어떤 경우를 말씀하시는지요?

여신●   이를테면 아주 작은 기업의 종업원이나 영세자영업자 같은 사람들은 지금 아무런 보호도 받지 못하고 있지 않은가? 그대의 나라에서는 대형 마트를 거느리고 있는 일부 큰 유통업체들이 이제는 슈퍼에까지 진출하고 있다지? 그러니 영세한 소매상이 살아가기란 더욱 팍팍해지는 것 아닌가? 대형 마트의 그런 움직임을 정부도 국회도 막아주지 않고 있어 안타깝기 그지없네.

저자●   대형 마트 쪽에서는 자기들의 슈퍼 진출을 규제하는 것은 세계무역기구(WTO) 규정 위반이라는 논리를 내세우면서 밀어붙이고 있습니다.

여신●   세계무역기구를 아무 데나 억지로 끌어다대면서 탐욕을 합리화하는 꼴이군. 세계무역기구 쪽에서는 아무런 반응도 없나? 그런 억지논리에 자신이 이용당하고 있다면 뭐라고 할만도 한데 말이야. 그나저나 대형 마트가 슈퍼에 본격적으로 진출하게 되면 영세소매상들은 이제 어디로 가야 하나?

저자●   국토와 인구의 규모가 제한돼있어 시장이 넓지 않은데다가 내수가 바닥에 머물러있으니 마땅히 새로운 터전을 찾기가 쉽지 않은 듯합니다.

여신●   정말 그렇겠네. 이번 금융위기로 말미암아 학력이 낮고 평소에 벌어놓은 것도 변변치 않은 저소득층이 더욱 큰 곤란을 겪고 있겠군.

저자●   그래서 요즘 가정을 포기하고 일자리를 찾아 나서는 주부들도 많아졌다고 합니다.

여신●   여성이 스스로 원해서, 또는 자기실현을 위해서 일하러 나가는 것이야 행복 찾기의 한 과정이겠지. 그렇지만 오로지 생계비를 벌기 위해서 여성이 취업에 나서는 것은 비극이라고 하지 않을 수 없네. 나도 신이지만 같은 여성으로서 그런 인간 여성의 처지를 보면 가슴이 몹시 아프네. 그렇게 되면 가정에서 아이를 제대로 키우기가 힘들어질 테고, 나아가서는 가족이 뿔뿔이 흩어지는 일도 적지 않을 걸세. 과연 그 누가 있어 그런 사람들의 어려움을 이해해주고 돌봐주겠나? 현실적으로 거의 없다고 봐야지. 그대들의 동정 없는 인간세계에서 말일세.

저자● 사실 그런 것 같습니다. 지금 이 세상에 사는 사람들의 대부분은 서로 고립무원의 관계에 있는 것이 아닌가 생각됩니다. 한 직장에 다니면서도 서로 자신만 살아남으면 된다는 생각으로 우선 버티기에 급급하니 말입니다.

여신● 그래도 사회안전망이나 잘 갖춰져 있으면 다행이겠지. 그렇지만 그런 나라가 과연 몇이나 되겠나? 경제는 어려운데 세계 각국이 금융위기를 해결하는 데 자원을 집중하다 보니 정부의 재정사정이 어려워지고, 사회안전망을 확대하기는커녕 줄여야 할 형편에 놓여 있지.

저자● 실제로 그런 일이 이미 벌어지고 있습니다. 심지어 미국에서는 재정적자를 줄이기 위해 교도소에 수감된 재소자로부터 식사비를 받아내는 주도 생겼다고 합니다.

여신● 기가 찰 노릇이군. 사회안전망을 충분히 갖추지 못한 상황에서는 사회 각계의 선의에 의한 상호부조나 지원이라도 활발하면 다행일 테지만, 지금은 그렇게 되기를 기대하기도 어려운 것 아닌가? 사회구성원들 사이의 유대감이 갈수록 약해지니 말이야.

저자● 그래도 대기업 사원이나 공무원들 사이에 사회봉사나 급여갹출을 통해 사회적 약자들을 돕자는 움직임이 일어나고 있습니다.

여신● 그런 움직임이 있을 수 있겠지. 그렇지만 그런 일을 그저 '생색내기' 식으로 하는 경우가 많지 않은가? 만약에 그렇다면 사회적 약자들에게 실질적인 도움이 되기는 어렵네. 자칫 언 발에 오줌 누기 식이 되기 쉽지. 무엇보다 우려되는 것은 많은 사람들이 희망을 포기하는 현상이네. 앞으로 노숙자도 더 늘어날 것이 뻔하고. 미국이나 일본 같은 선진국에서도 최근 노숙자가 늘어나고 있다지?

저자● 그렇습니다. 천막촌이나 모텔 등을 전전하면서 유랑생활을 하는 사람들이 많아지고 있답니다. 존 스타인벡이 소설 《분노의 포도》에 묘사해 놓은 것과 같은 천막촌도 여기저기 생겨나고 있다고 하고요.

여신● 그 어디에도 몸을 편히 둘 곳이 없는 사람들이 그만큼 많아졌기에 천막촌도 생기고, 그런 곳을 유랑하는 사람들도 늘어나는 것 아니겠나? 그 모든 것이 사람들이 희망을 잃어가고 있다는 증거라네. 열심히 노력하면 생활을 향상시킬 수 있다는 희망을 가지고 있다면 왜 그런 생활을 선택하겠어? 아무리 애써봤자 나아지리라는 희망은 없고, 거대한 경제메커니즘의 소모품으로 쓰이다가 언젠가는 밀려나고 말 것이라는 생각 때문에 그렇게 하겠지. 말하자면 허무감과 절망이 그들을 그렇게 내몬 것 아닐까? 그런 상황에서는 삶을 위한 힘이 생겨나기 어려우니 참으로 걱정일세. 그런 사람들에게는 우리 신들도 어찌해볼 방도가 별로 없다네.

인간이 절망한 곳에서는 어떠한 신도 살 수 없고…

— 요한 볼프강 괴테, 《에피메니데스》, 박찬기 옮김, 민음사

저자● 그렇게 불안감과 절망이 커지고, 또 오래 계속되면 어떻게 되는 걸까요?

여신● 글쎄, 그건 잘 모르겠네. 그럴수록 사람들이 굳건히 버티고 건강하게 살아주면 좋겠는데, 그럴 것 같지 않아 걱정이네. 갈수록 실의에 빠지고 삶을 포기하는 사람들이 늘어날 것 같네.

옛날 사람들이 이럴 때 쓰라고 발명해낸 것이 있지 않나. 술이나 도박, 마약 같은 것 말이야. 이런 것들이 원래는 건전한 목적으로 만들어졌지만, 지금은 건전하게 사용되는 것 같지 않네. 술도 처음에는 신에 대한 제사와 인간의 즐거운 생활을 위해, 혹은 동료끼리 화목을 도모하기 위해 만들어진 것이지. 그렇지만 이제는 술이 실의와 좌절을 잊거나 삶을 포기하기 위해 사용되기 일쑤지. 그래서 앞으로 정신질환자가 늘어나거나 알콜중독자와 마약중독자가 증가할 가능성이 다분하네.

저자● 그런 증상을 보이는 사람들에게는 적절한 치료라도 해주는 것이 중요하겠지요.

여신● 당연한 말이지. 그러나 그렇게 하는 것도 어려워지지 않을까 우려되네. 그런 역할을 하는 것이 공공의료시스템인데, 그것이 현재 미흡하지 않은가?

저자● 사실 그렇습니다. 미국의 경우 의료보장체계가 부실해서 수천만 명이 의료보험의 보호를 받지 못해 질병을 얻거나 상해를 당해도 손을 쓰지 못하고 있답니다. 치료를 받으려고 하면 너무 비싼 의료비 때문에 파산하게

된답니다. 미국에서 개인파산자의 60%가 의료비 때문이라는 조사결과도
나왔더군요.

여신●　끔찍한 일이군. 게다가 앞으로 각국이 재정적자를 줄이기 위해 그나마
하던 지출마저 줄일 가능성이 크지.

저자●　미국의 일부 주에서는 재정난을 이유로 질병을 앓고 있는 어린이와 노인
을 위한 복지프로그램을 축소했다는 소식이 벌써부터 들립니다.

여신●　참으로 딱한 일이군. 다른 분야에서 절약을 하면 그런 약자들을 위한 예
산은 줄이지 않아도 될 텐데. 그대의 나라에서는 요즘 영리병원을 만들어
야 한다고 주장하는 장관도 있는 것으로 알고 있네. 그렇게 하면 병원이 돈
벌이하기에 더 없이 좋겠지. 그렇지만 누가 공공의료 서비스를 맡겠다고
할까? 과연 그런 사람이 있기나 할까? 나는 모르겠네. 모두가 영리병원으로
전환하려고 안간힘을 쓸 텐데. 그대가 만약 병원 경영자라면 어떻게 하겠
나? 영리병원으로 바꾸지 않고 그냥 머물러 있겠나?

저자●　저라도 당연히 영리병원으로 바꾸겠지요.

여신●　바로 그것일세. 그것이 이 세상을 살아가는 모든 사람의 심리 아니겠나?
그러니 정부가 조금만 틈을 내주면 민간 의료기관은 돈벌이가 되는 일에만
열중하겠지. 그러니 제대로 된 공공의료시스템을 기대할 수 있겠나?

저자●　결국 공공의료시스템도 부실화되고, 실의에 빠진 사람들이 의지할 것은
존귀하신 여신께서 말씀하신 대로 음주와 도박, 마약뿐이겠네요.

여신●　그런 정도의 것이라면 그래도 덜 심각한 문제라고 할 수 있겠지.

저자●　더 심각한 문제라면?

여신● 각종 범죄나 자살이 급증하겠지.

저자● 사실 저도 그것이 걱정됩니다. 최근에 대한민국에서는 전국 곳곳에서 동반자살을 하는 사건이 잇따라 일어나 저도 충격을 받았습니다. 특히 젊은 사람들이 어떻게 그렇게……. 그런데 그런 사건이 자꾸만 더 늘어날 것 같아요. 의지할 곳이 없거나 마음이 약한 사람들이 그렇게 쉽게 자신의 소중한 생명을 포기하려 들거든요. 그런 사람들이 희망을 버리지 않고 착실하게 살아가려고 하는 곳에는 독버섯 같은 사기꾼들이 창궐하고요. 미국에서는 최근에 모기지 대출을 연체했다가 주택을 압류당했거나 압류당할 위기에 처한 사람들을 상대로 한 사기가 기승을 부리고 있다는 소식도 들려옵니다. 또한 인신매매범이나 고리대금업자 등 갖가지 파렴치범이 날뛰고 있답니다. 인간의 탈을 쓴 짐승들이지요. 이래저래 갈수록 살기 힘든 세상이 되고 있는 듯합니다.

여신● 그런 사기꾼이나 범죄자는 정부가 철저히 단속해야지, 안 그런가?

저자● 당연한 지적입니다. 미국은 최근에 연방수사국(FBI)의 경제사건 담당 수사요원을 늘렸다고 합니다. 과거에 공안사건을 담당하던 요원까지 데려다가 모기지 사기를 비롯한 경제범죄 수사를 맡게 한다는군요. 다소 늦긴 했지만 당연한 조치라고 해야겠지요. 그렇지만 실제로 일어나는 사건 가운데 얼마나 많은 사건이 해결될 수 있을지는 잘 모르겠습니다. 설사 범인을 잡아서 사건을 해결한다 해도 이미 당한 사람들의 피해를 복구하는 것은 또 다른 문제이기도 하고요.

여신● 그대의 말대로 앞으로 지구상에는 이번 금융위기로 말미암아 괴로운 일들이 많이 벌어질 걸세. 그러나 그런 상황 속에서도 참고 견뎌나가지 않으면 안 될 거야. 그래서 지금 이 세상을 살아가는 모든 사람에게 아킬레우스가 남긴 메시지를 다시 전해주고 싶어. 오디세우스보다 저승에 먼저 간 그가 오디세우스를 만나서 한 말 있잖아.

> 죽음에 대해 내게 그럴싸하게 말하지 마시오.
>
> 영광스런 오디세우스여!
>
> 나는 세상을 떠난 모든 사자들을 통치하느니
>
> 차라리 지상에서 머슴이 되어
>
> 농토도 없고 재산도 많지 않은 가난한 사람 밑에서
>
> 품이라도 팔고 싶소이다.
>
> ― 호메로스, 《오디세이아》, 천병희 옮김, 숲

저자● 공감이 가는 말이군요. 인간들이 어떤 상황에서든 절망에 사로잡히지 않고 힘을 낼 수 있도록 신들이 도와주시기를 다시 한번 각별히 간청합니다.

여신● 그대의 말을 잊지 않겠네. 우리 신들도 나름대로 인간들이 지금의 어려움 속에서 삶을 포기하지 않고 용기를 내도록 북돋아줄 방법을 강구해보겠네. 그 전에 인간들이 이번 위기를 전화위복의 계기로 만들기 위해 노력하라고 당부하고 싶네. 실제로 금융위기가 일어난 뒤에 긍정적인 변화도 나타나고 있다는 점에 주목하게. 이를테면 방만하고 절제를 모르던 생활을 접고 착실하게 일하면서 분수에 맞는 생활로 돌아가는 사람들이 많아지고 있지 않은가.

저자● 그렇습니다. 요즘은 미국인들도 소비를 줄이고 있다고 합니다. 무조건 새것만을 찾는 것이 아니고 쓰던 물건도 수선해서 다시 쓰는 알뜰한 생활의 지혜를 발휘하면서 말입니다. 그래서 앞으로는 고가품 소비가 줄어드는 대신 값싸고 실용적인 제품이 인기를 끌 것이라는 생각도 하게 됩니다. 자동차도 기름을 많이 소비하는 대형차 대신에 소형차가 더 많이 팔리게 되고요. 그렇게 되면 쓰레기 발생이나 온실가스 배출 등 문명의 부작용도 크게 줄어들 수 있겠지요.

허황되고 복잡한 삶보다는 단순하고 소박한 삶으로 인간의 삶이 바뀌게 될 것이라는 기대를 해봅니다. 그렇게 되면 CDS니 뭐니 하는 복잡한 금융상품이 나타나 세계경제를 어지럽히는 일도 더 이상 없겠지요?

여신● 인간세계가 그렇게 되기를 우리 신들도 기대하고 있네. 좀더 원만하고 인정이 많은 세계를 인간들이 만들어주기를 바라는 것이지. 그렇지만 현실은 그렇게 간단하게 바뀔 것 같지 않네.

금융위기를 해결하고 경제를 되살리는 과정은 어차피 이기심으로 꽉 찬 개인들의 힘만 가지고는 안 되네. 많은 인간들이 모여서 만든 정부의 힘과 역할이 중요하다네. 다만 그 정부를 누가 주도하는가에 따라 문제해결의 방향과 결과도 상당히 달라질 가능성이 있네. 어쨌든 앞으로도 수많은 함정이 도사리고 있다고 봐야 할 걸세.

저자● 정부는 사적인 이익을 추구하는 금융회사나 기업과는 달리 사회 전체의 공익을 위해 존재하고 일하는 기구인 것으로 알고 있습니다. 그런데 거기에도 어두운 구석이 있다는 말씀입니까?

여신● 　그대는 정부의 힘이 언제나 선량하게만 사용될 것이라고 보는가? 진정으로 그대는 그렇게 생각하나?

저자● 　저도 확신은 하지 못합니다.

여신● 　앞으로 경제위기로 인해 좀더 안정된 일자리를 찾는 사람들이 공직으로 진출하려는 경향이 확산되겠지. 그리고 우수한 인재의 공직 지원도 늘어날 것이고.

　그렇지만 정부의 경제개입이 확대됨에 따라 부패와 '공적인 폭력' 에 대한 유혹도 커지지 않을까 생각되네. 정부와의 거래가 중요해지면 기업들은 그런 혜택을 선점하려고 치열한 경쟁을 벌이게 될 테지. 그리고 뇌물과 향응 등 수단과 방법을 가리지 않을 거야. 조금이라도 양심적이고 도덕적으로 하려다가는 경쟁에서 낙오하고 말 테니까.

저자● 　그럴 것 같군요. 사실 과거에도 정부의 힘이 비대할 때에는 그런 문제점이 적지 않게 일어났죠. 그렇지만 정부가 본연의 임무에서 일탈하지 못하도록 권력기관들 사이의 견제와 균형을 살리고, 정당과 사회단체들도 고르게 발전한다면 그런 부패는 상당히 억제할 수 있지 않을까 생각합니다. 만약에 그런 것도 안 된다면, 그때는 '민주주의의 위기' 가 닥친다고 봐야겠죠. 그렇게 되면 정부가 시민의 재산은 물론이고 생명까지 장악하고 생살여탈권을 마구 휘두르는 '빅브라더' 가 될 겁니다. 독일의 철학자인 니체가 한 말이 떠오릅니다.

여신● 그렇지 않아도 이미 세계 각국의 정부가 빅브라더처럼 돼가고 있네. 부실한 은행과 기업을 구조조정하고 침체된 경기를 살리는 과정을 모두 정부가 주도하고 있지 않은가. 그러다 보니 정부로부터 직접 지배를 받는 은행이나 기업들이 크게 늘어나고, 정부의 '자산' 도 급증하고 있다네. 세계의 주요 도시 곳곳에는 범죄예방을 구실로 무인카메라가 곳곳에 설치되고 있네. 인터넷이나 전화 등 통신시설도 정부가 언제든 마음만 먹으면 뒤져볼 수 있지 않은가? 그러니 시민들의 일거수일투족이 정부로부터 감시를 받는 세상이 돼버렸다고 말할 수 있지. 얼마 전에 그대의 나라에서 검찰이 광우병 문제를 다룬 문화방송 〈PD수첩〉의 제작진에 대한 수사결과를 발표하면서 작가의 이메일까지 공개했던 일 기억하지? 얼마나 소름끼치는 일인가?

저자● 그러니 '구부정한 다리를 가진 권력' 이 되지 않도록 정부를 견제하는 것이 그 어느 때보다 중요하겠군요.

여신● 바로 그것일세. 민주주의의 위기가 닥칠 수 있다는 그대의 지적이 올바른 것 같네. 지금 당장은 모든 사람이 서로 힘을 합해 위기를 극복하자는 정신이 강하기 때문에 민주주의의 위기나 '구부정한 다리를 가진 권력'을 걱정하는 사람이 별로 없지. 그렇지만 경제제일주의를 앞세우면서 시민의 권리와 양식을 억누르려는 움직임이 각국 정부 안에서 강화될 가능성이 크네. 그것은 변형된 파시즘이라고도 할 수 있을 걸세. 그대의 나라는 이미 그렇게 흘러가고 있는 것 아닌가? 잘 지켜봐야 하네.

저자● 저도 그런 것을 걱정하고 있습니다. 더욱이 경제위기가 신속하게 극복되지 못하고 오래 이어지면 사회의 갈등과 긴장이 높아지겠죠. 도미니크 스트라우스 칸 IMF 총재를 비롯해 세계의 저명한 경제전문가와 석학들이 "경기침체가 더 길어지면 사회불안이 확산될 위험이 있다"고 경고하고 있습니다. 그럴 때에는 갈등과 긴장을 먹고사는 무리가 언제나 나타나는 법이지요. 그런 무리가 권력을 장악하면 세계는 정말로 위험해질 겁니다. 과거 나치 정권의 지배를 받던 독일이나 파시스트 정권의 지배를 받던 이탈리아, 그리고 오랜 세월 독재정권 아래서 신음하던 중남미 국가들처럼 말입니다.

여신● 그렇지. 그런 일들은 과거의 일이긴 하지만 결코 과거만의 일은 아니지. 그대들 인간의 세계에는 그런 일이 되풀이될 가능성이 언제나 도사리고 있네. 때만 되면 다시 마각을 드러내려고 할 거야. 그런 사태가 정말로 올까봐 우리 신들도 걱정이 많다네. 특히 우리 무사이 여신 9자매는 진심으로 걱정을 하고 있다네. 그렇게 되면 우리 신들이 인간과 교감할 여지도 축소되고 말 것 같으니 말이야. 누가 우리를 진심으로 공경하며 제물을 바치겠나? 거짓으로 장식된 제물을 내놓거나, 아니면 분노의 여신과 복수의 여신에게나 아부하려고 들겠지.

저자● 최근에 금융위기가 일어난 뒤로 세계 각국에서 군대에 들어가려는 젊은
이가 늘어나고 있다고 합니다. 미국이나 영국에서는 모병목표가 초과달성
됐고, 사관학교 진학 희망자도 증가하고 있다는 겁니다. 심지어 제대한 군
인이 다시 입대하는 사례도 많아지고 말입니다.

여신● 그것은 일단 직장을 구하기가 어려워졌기 때문이라고 이해되네. 군대는
그래도 임금체불이 없고 '안정된 직장'이니까. 그렇지만 그것이 다른 유혹
으로 이어지지는 말아야겠지. 사회적 갈등과 국제적 긴장을 군대로 해결하
려는 유혹 말이네.

저자● 그렇습니다. 특히 군사강국이 그런 유혹을 느끼지 말아야 합니다. 그렇
지만 경제위기가 길어지고 여러 가지 이유로 국내적 갈등이나 국제적 긴장
이 고조되면 나라마다 군사력을 이용하려는 충동이 강해지지 않을까 우려
됩니다. 경제위기를 이겨낼 방도가 찾아지지 않으면 전쟁이 가장 손쉬운
돌파구로 부각될 것이니까요.

여신● 그대의 말이 맞네. 2차 세계대전도 대공황이 발생한 지 10년 만에 터졌
지. 그 전에 각국이 끊임없이 여기저기서 충돌을 빚었고. 그러니까 지금의
세계 금융위기도 빨리 해결해야 하네. 과거처럼 금융위기가 5년이나 10년
이나 계속된다면 무슨 일이 벌어질지 아무도 장담할 수 없다네.

저자● 세계가 안정될지, 아니면 더 큰 폭풍 속으로 흘러 들어갈지가 결정되는
데 있어서 앞으로 5년 내지 10년이 중요하다는 말씀이군요?

여신● 정확하게 몇 년이 될는지는 잘 모르겠네. 그렇지만 신속하게 돌파구를
찾지 못하면 과거의 비극이 되풀이될 개연성이 분명히 있다고 보네. 경제

위기가 신속하게 해결될지의 여부는 아직 알 수 없지만, 그것이 다소 길어
지더라도 모든 사람과 정부가 인내와 자제의 미덕을 최대한 발휘하는 것이
중요할 거야. 아울러 시민사회의 구성원들이 서로 협력해서 갈등을 함께
치유하려는 노력을 게을리 하지 말아야 할 것으로 믿네. 인간들이 그런 노
력을 열심히 기울인다면 우리 신들도 힘을 보탤 것이니.

이기심과 중용

저자● 　존귀하신 칼리오페 여신이여, 이제 우리의 대화가 막바지에 이른 것 같습니다. 지금까지 금융위기와 그로 인해 빚어지는 많은 문제와 현상들에 관해 이야기를 나누었습니다. 그동안 저의 이야기를 귀찮다고 생각하지 않으시고 끝까지 들어주고 같이 대화를 나누어주신 것에 대해 감사드립니다.

여신● 　천만에. 나도 즐거웠네. 그대와 이야기를 하면서 이 위기를 이겨내려는 인간들의 값진 노력에 대해 많은 것을 이해하게 되었네. 그런 노력을 내가 기억해두었다가 제우스 대신은 물론이고 그대들의 후손에게도 그대로 전해줄 생각이네.

저자● 　인간세계의 한 사람으로서 다시금 감사드립니다. 존귀하신 여신께서도 아시다시피 한국은 물론이고 세계 각국이 모두 위기탈출을 위해 다각도로 애쓰고는 있습니다. 나라마다 금리를 최저수준까지 내리고 거액의 재정자금을 살포하면서 경제를 살려보려고 안간힘을 써왔습니다. 2009년 4월에 영국 런던에서 열린 G20 정상회의에서도 각국이 2010년까지 경기부양을 위해 모두 5조 달러를 투입하기로 했지요. 그렇게 노력한 결과로 최악의 터널은 어느 정도 지난 것 같습니다. 그렇지만 금융위기가 몰고 온 경기침체로부터는 아직 확실하게 탈출하지 못하고 있습니다. 옛 시인의 탄식이 귓가에 쟁쟁합니다.

아직도 얼마나 많은 파도와 얼마나 많은 바다를 건너야 하는가!
― *베르길리우스, 《아이네이스》*

여신● 그럴 테지. 경제문제가 그렇게 마음먹은 대로 쉽게 해결된다면 이 세상에 어려울 것이 없게? 헤라클레스도 노예 신세에서 벗어나기 위해 12가지 노역을 치르지 않았던가? 그린스펀 전 연준 의장도 이번 위기는 백년 만에 한 차례 찾아올 만한 것이라고 말하지 않았던가? 그렇게 어렵고 힘든 일이라면 고작 몇 차례의 가시적인 조치로 문제가 손바닥 뒤집듯 쉽게 해결되리라고 기대해서는 안 되네. 그것은 헤라클레스의 12가지 노역보다도 더 힘든 과정이네. 앞으로도 적지 않은 고통과 진통을 더 겪어야 할 거야. 그런 시련의 과정을 참을성 있게 견뎌낸 다음에야 다시 비쳐드는 햇살을 보게 될 테니까. 또 그래야 앞날을 위한 올바른 교훈도 얻을 수 있거든.

저자● 저도 존귀하신 여신이 하신 말씀의 뜻을 이해합니다. 더욱이 이번 위기에 이르기까지 인간이 저지른 죄가 크다는 것을 저는 잘 압니다. 지금 인간세계가 겪고 있는 곤란도 그 대가임을 저도 이해하고 있습니다. 결국은 올

것이 오고야 만 것이니까요. 고대 그리스의 역사가가 이렇게 말하지 않았습니까?

커다란 죄과에 대해서는 신이 내리는 벌도 크기 마련이다.
— 헤로도토스, 《역사》

그렇지만 인간이 아무리 애를 써도 경제침체가 너무 길어질까봐 걱정이 됩니다. 그렇게 되면 사회가 몹시 불안해지고, 비교적 평화로웠던 국제관계도 사분오열되면서 살벌해질 수 있으니까요.

여신 나도 그것을 가장 염려하네. 인간세계가 즐겁고 행복해야 우리 신들도 즐겁고 행복하다네. 인간들이 괴롭고 슬프면 우리 신들도 역시 가슴이 아프고 슬퍼진다네. 우리 신들은 불사의 존재이지만 그대들은 사멸하는 존재이지. 그렇게 근본적인 차이가 있기는 하지만, 기본적으로 신과 인간은 이 세계와 우주에서 공존하고 있다네. 신의 세계와 인간의 세계는 불가분의 관계에 있다는 말이네.

저자 정말로 그런가요? 신은 인간세계를 아예 홍수로 멸망시키려고 한 적도 있었는데, 지금 하신 그 말씀을 믿어도 되나요?

여신 그것은 그 당시 인간의 세계가 죄악으로 가득해 응징할 수밖에 없어서 한 일이지. 그때에는 인간세상에 선인이라고는 거의 없었으니까. 착한 사마리아인은 고사하고 최소한의 도리나마 다해보려고 하는 사람도 없었으니까. 그렇지만 인간을 사실상 절멸시킨 뒤에 신들이 얼마나 후회하고 슬퍼했는지 그대는 모를 걸세. 사실 인간의 죄가 무겁기는 했지만 신들이 인간에게 가한 징벌이 과도했다는 반성도 신의 세계에서 일어났지. 그래서 다시는 인간세계에 그렇게 참혹한 징벌을 가하지는 않겠다고 최고신도 다짐했네. 성서에도 나와 있지 않은가.

다시는 사람들 때문에 땅을 저주하지 않으리라.
　―《창세기》

그 뒤로 인류가 다시 늘어나고 스스로 문명을 발전시켜서 오늘에 이른 것이지. 신들도 인간들의 그런 발전을 결코 가로막지 않았네. 이 점을 그대는 유념하기 바라네.

저자●　그렇지만 애초에 죄를 지었을 때의 본성이나 습관이 인간들에게 아직 남아있는 것은 아닌가요?

여신●　그건 그렇지. 홍수 이전의 인간과 지금의 인간이 완전히 다른 종류는 아니니까. 그렇기 때문에 오늘날의 인간도 선한 존재라고 할 수만은 없지. 홍수 이전의 인간처럼 현재의 인간도 무엇보다 자신의 이익을 우선적으로 추구한다는 점에서 동일한 본성을 가지고 있네. 그리고 인간들이 그렇게 자기이익을 추구하면서 문명을 일구는 것을 우리 신들도 허용했네. 다만 지나치게 탐욕을 부리고 남을 해치거나 공동의 이익을 위태롭게 하지는 말아야 한다는 조건은 지켜야지. 그렇게 하지 않으면 언제나 신의 응징이 가해질 테니까.

저자● 　그렇다면 현재 인간세계를 뒤덮고 있는 금융위기도 하나의 응징입니까?

여신● 　그렇다고 볼 수 있지. 신들이 왜 그런 응징을 내렸는지 그대는 아는가?

저자● 　그거야 인간들이 너무나 탐욕에 눈이 멀었기 때문이겠지요. 특히 미국
의 유력한 금융회사들을 비롯해 금융시장 참여자들의 탐욕이 과도했기 때
문이라고 생각되네요.

여신● 　그대도 잘 아는군. 생각해보게. 인간들이 지금까지 어떻게 했는가를.
1930년대의 대공황과 두 차례에 걸친 세계대전을 거치고 나서도 갈등과 반
목을 거듭했고, 크고 작은 전쟁을 멈추지 않았지. 20세기 말엽에 와서 그런
대규모 전쟁과 심각한 이념갈등이 어느 정도 마무리되긴 했지만, 그 뒤로
는 인간들이 오로지 더 많은 이익을 챙기는 데만 골몰하지 않았던가?

저자● 　그렇죠. 세계를 갈라지게 했던 냉전이 종식된 다음에는 각국이 무작정
경제적 이익을 최대한 얻어내기 위해 서로 '총성 없는 전쟁'을 벌이게 됐
지요. 그렇지만 그런 총성 없는 전쟁에서 승리는 결국 막강한 자본과 두뇌
를 갖춘 대형 금융사와 투기자본들에게 돌아갔던 것이지요.

여신● 　그렇지. 말하자면 그런 대형 금융자본과 투기자본들이 20세기 후반기의
비교적 평화로운 시대에 '평화의 열매'를 독식한 셈이지. 그들 대형 금융
자본과 투기자본은 사실 이익을 내기 위해 온갖 짓을 다 했지. 세계 각국의
금리나 환율 등이 끊임없이 변동하는 틈을 이용해 온갖 파생상품을 만들어
거래하면서 막대한 수익을 올리지 않았나? 특히 1990년대 들어서는 세계화
의 물결이 거세지고 규제도 약해지니까 아무 제약 없이 이 나라 저 나라를
휘젓고 다녔지. 그리고 거품을 이용해 이익을 챙기다가 조금 어려워질 것

같으면 서둘러 튀어버리고. 그들이 지난 세월 무슨 짓을 했는지 우리 신들
은 다 알고 있네.

저자 • 1997년의 아시아 외환위기나 이번의 세계 금융위기나 양상은 다르지만
이기적 금융자본이 저지른 짓의 결과라는 점에서는 본질적으로 같다고 봅
니다. 다만 이번 금융위기는 자본주의의 변방이 아니라 중심국에서 일어났
다는 점만 다를 뿐이죠.

여신 • 이기적 금융자본이 습격한 곳은 대체로 규율이 없는 나라들이었지. 나름
대로 규율을 지킨 나라들은 무사히 위기를 넘길 수 있었다네.

저자 • 그런 것 같습니다. 1997년 한국의 외환위기도 결국은 정부가 종합금융회
사나 탐욕스러운 재벌에 대한 규제를 거의 없애버린 결과였지요. 이번 금
융위기도 그런 점에서는 비슷한 것 같습니다.

여신 • 미국이나 영국도 금융규제를 앞 다투어 없애가면서 스스로를 허약하게
만들었지. 그렇지만 그 규제말살의 흐름을 거역하면서 나름대로 규율을 지
키려고 애쓴 나라들도 있었네. 그런 나라들은 이번 위기에 의해 유탄을 맞
긴 했지만 태산처럼 굳건히 버티고 있네.

저자 • 그리고 일부 신흥국가들은 그런 자유방임의 물결을 타고자 했지만 그로
부터 은혜를 받기에는 힘이 약하거나 노하우가 축적되지 않은 상태였지요.
그러니까 결국 세계화와 규제완화로 확장된 금융시장은 밑천도 충분하고
노하우도 가진 일부 대형 금융회사들의 독무대나 다름없게 된 것입니다.

여신 • 그들은 특히 고도의 수학적 재능을 가진 인재까지 끌어들이면서 '선진
금융기법'을 개발해 엄청난 이익을 남기곤 했지. 수학은 신의 섭리를 좀더

정확하게 이해하기 위한 학문이네. 그런 신비한 학문이 인간들의 이기적인 목적에 이용되다니…. 이 점에 대해서 신들은 분노하고 있네.

저자● 신들이 분노하는 것도 당연한 일이라고 생각됩니다. 아무튼 수학실력으로 무장된 사람들까지 가세해서 만들어낸 '선진 금융기법'은 진화에 진화를 거듭해서 신용부도스왑(CDS)이라는 파생금융상품에서 절정을 이루게 됐고요. 그것이 결국은 시장을 혼탁하게 만들고 스스로를 망치는 부메랑이 되어 돌아온 것입니다. 말하자면 그들은 이른바 '시장의 자유'를 극한으로 몰고 가다가 파멸한 셈이죠.

여신● 그대가 말한 대로 1980년대 후반기 이후의 약 20여 년간은 무한한 자유 시장주의의 시대였지. 기존에 있었던 합리적인 규제마저 차례로 없앴으니까. 결국은 인간이 그 시대의 자유를 악용하다가 지금 그 대가를 치르고 있는 셈일세.

저자● 저는 그래서 존귀하신 여신께 묻고자 합니다. 신은 왜 이렇게 인간에게 이기심을 심어주셨는지요? 자유를 누리는 가운데서도 선량하게 살아가도록 인간을 만들 수는 없었나요?

여신● 그대가 그런 질문을 하리라고 예상했네. 신이 인간에게 단지 이기심만 심어준 것은 아니네. 그리고 그렇게 무작정 이익만을 추구하라고 허용한 것은 더더욱 아니고. 신은 한편으로는 언제나 인간이 선하게 살아가기를 바라는 마음이었지. 다만 인간을 너무 제한된 틀 안에서만 살게 하면 다른 동물과 다를 바가 없을 것 같아서 자유를 준 거야. 스스로 지구를 가꾸고 삶의 터전을 일궈보라는 뜻으로 말이야. 그랬더니 일부 인간들이 어디서 배

웠는지 악한 습성과 마음을 갖게 되고 그런 독소가 모든 인간들 사이에 퍼
져버리고 만 것이네. 바이러스가 세상을 돌아다니며 수시로 인간을 괴롭히
듯이 말이야. 인간이 남을 해치면서까지 자기이익만을 추구하는 것은 결코
신으로부터 부여받은 속성이 아닐세. 철학자 플라톤이《국가론》에서 강조
했듯이 선한 것만 신으로부터 비롯된 것이네. 결국 인간의 그런 속성은 야
수들로부터 배운 것이 아닌가 생각되네. 인간이 원래 동물과 같은 측면이
있는데다가 야수들과 함께 섞여 살다보니 자신도 모르게 그런 속성을 습득
하게 됐을 것이라고 추측되네.

저자● 라틴어 격언에 '인간은 인간에게 신이다(Homo est homini deus)' 라는
말과 '인간은 인간에게 늑대다(Homo est lupus homini)' 라는 말이 있습니
다. 그렇다면 이 두 가지 속성이 다 인간에게 있다는 것인가요?

여신● 그렇다고 할 수 있겠지. 인간이 이익을 추구하면서 때로는 '신' 의 측면
을, 때로는 '늑대' 의 측면을 보여주는 것이라고 생각하면 되지 않을까? 때
에 따라 어떤 측면이 우세할 수는 있을지언정, 인간은 어디까지나 이기적인
존재라는 것이네. 그것이 가장 확실한 진실이네.

저자● 그러니까 그 이기적인 속성을 한없이 키우면 인간이 늑대같이 되는 것이
요, 반면에 그런 속성을 되도록 억제하면서 살아가면 신에게 조금은 더 가
까워질 수 있다는 것인가요?

여신● 그런 셈이지. 그러나 이기심이라는 것이 있는 이상 인간이 신과 같이 된
다는 것은 불가능하네. 다만 이기적인 본질을 적절히 통제하면 인간이 늑
대 같이 되는 것은 막을 수도 있다네. 인간은 함께 어울려 살아가지 않으면

안 되니 그런 속성을 다소라도 억제하지 않을 수 없을 것이네.

저자● 그렇다면 이기적인 인간이긴 하지만 그렇게 이기적인 속성을 억제라도 할 줄 안다면 사회를 조화롭게 꾸밀 수 있는 것인가요?

여신● 물론이지. 무엇이든 지나치지 않고 스스로를 절제하고 중용을 지키기만 한다면 가능한 일이네. 개인이든 국가든, 또는 그 어떤 사회집단이든 다 마찬가지일세. 고대 그리스의 철학자 데모크리토스가 남긴 말을 기억하지?

행운은 호화로운 식탁을 마련해주지만, 절제는 만족스러운 식탁을 마련해준다.
—《소크라테스 이전 철학자들의 단편 선집》, 김인곤 외 옮김, 아카넷

저자● 그 말씀이 맞는 것 같기는 하지만, 인간 스스로는 절제가 잘 안 되는 것 같아요. 어떻게 해야 하나요?

여신● 적절한 규범을 만들어가는 수밖에 없지. 법규를 제정하거나 서로 의무를 짊어지게 하는 것이지. 그것을 어길 경우에는 상응한 응징이 뒤따르도록 해야 하고. 말하자면 중용과 절제를 법으로 강제하는 것이네. 진정한 자유는 적절한 규제와 의무 속에서 성취되는 것 아니겠나?

저자● 그래서 금융시장에는 금융규제가 필요하다는 것이군요. 인간이 스스로를 통제하는 것은 이번 금융위기의 전말을 보면 사실상 기대하기가 어렵다는 점이 드러났으니까요.

여신● 그렇지. 그런 규제가 있으면 욕심 많은 금융회사나 투자자들에게는 불편하겠지. 그렇지만 그들에게 한없는 자유를 주었다가는 시스템 자체가 무너지게 되니 사전에 억제하지 않으면 안 된다네.

저자● 그렇다고 모든 것을 규제할 수만은 없지 않습니까?

여신● 맞네. 모든 것을 무조건 다 규제해야 하는 것은 아니지. 시장에 참여하는 경제주체들이 과도한 행동을 해서 다른 사람들을 해치거나 시스템을 붕괴시키지 않도록 하면 되지 않겠나? 규제와 자유가 조화를 이루도록.

저자● 그런 원칙이 금융시장 이외의 다른 경제분야에도 적용될 수 있을까요?

여신● 물론이지. 인간들 사이의 모든 계약과 의무는 일정한 규칙과 절도가 있어야 하는데, 그런 것이 잘 지켜지는지를 국가가 감시하고 통제하지 않으면 안 되네. 특히 시스템이 붕괴하고 시장이 제 기능을 하지 못할 때에는 그 원인을 가려내어 제거하고 무너진 시스템을 복구해야 하는데, 그럴 때에는 국가가 나서야 되겠지. 이 점은 지금까지의 역사를 돌이켜보면 그대도 쉽게 이해할 수 있을 거야. 멀리 갈 것도 없이 그대의 나라가 1997년에 외환위기를 겪은 뒤의 경험만 돌이켜보면 되네. 그렇지만 그런 일이 발생하지 않도록 사전에 적절한 규칙과 질서를 세우는 것이 더 좋겠지.

저자● 그렇지만 시장이 붕괴해도 그 시장이 스스로 자연스럽게 치유되고 재생하기 때문에 국가가 나설 필요가 없다는 주장도 있습니다. 특히 망해가는 금융회사나 기업은 망하게 놔두어야 한다는 주장도 적지 않은 호응을 얻고 있거든요.

여신● 그것이 완전히 틀린 주장이라고는 할 수 없네. 어느 정도의 진실은 담고 있다고 할 수 있지. 이를테면 산불이 일어나 산이 다 타버렸을 경우에 그 산에 인위적으로 나무를 심지 않아도 자연적으로 생태계가 복구되네. 시장원리주의자들이 흔히 이런 주장을 하지. 하지만 금융시장이나 경제가 무너졌을 경우에는 시장시스템이 자연스럽게 복구되기까지 너무 오랜 시일이 걸리네. 그리고 그러는 사이에 무수히 많은 인간들이 희생당하게 되네. 위기의 범위가 제한되고 시기가 짧을 경우에는 그런 원리주의적인 처방이 옳을 수도 있겠지. 하지만 위기가 광범위하고 오랜 시간 계속될 것 같으면 그런 처방만으로는 안 되네. 무수히 많은 사람들의 희생을 어찌할 것인가? 산불의 희생자는 주로 초목들이지만, 경제위기의 희생자는 살아 숨 쉬는 인간들이네. 이것이 산불과 경제위기가 결정적으로 다른 점이네.

저자● 그렇군요. 어떤 상황에서도 인간이 살아 숨 쉴 수 있게 해야 한다는 것, 그것이 가장 중요하지요.

여신● 그렇다고 모든 일의 모든 과정에 국가가 관여해야 한다는 뜻은 아닐세. 국가와 정부가 나선다는 것이 인간의 자유로운 활동을 침해하는 것이어서는 안 되겠지.

저자● 그렇다면 국가의 개입에도 절도와 한계가 있어야 한다는 뜻이 되네요. 만약 그것이 지나치면 어떻게 될까요?

여신● 그러면 인간의 자유와 창의는 질식되고 말겠지. 그것 역시 우리 신들이 보기에 좋지 않은 모습이네. 그렇게 질식되고 억눌린 인간들이 제물을 바치려고 하면 우리 신들이 어떻게 그 제물을 받을 수 있겠나? 우리 신들은 어디까지나 인간이 즐겁고 활발하게 살면서 서로 조화로운 공동체를 만들어나가면서 바치는 제물을 가장 반긴다네.

저자● 그렇지만 조화로운 공동체를 이뤄나가는 것은 정말로 어려운 일 같습니다.

여신● 　지금까지 우리가 말한 이기심 때문이겠지?

저자● 　그렇습니다. 존귀하신 여신께서는 인간세계를 굽어보시기만 하면 되지만, 저는 인간세계에 몸을 담고 있습니다. 그런데 제가 보고 듣고 느낀 바로는 그런 조화는 사실 기대하기가 어려운 것 같습니다. 조화의 여신은 인간사회의 조화로운 발전을 위해 불철주야 노고를 아끼지 않으시겠지만, 인간들이 워낙 그 여신을 좋아하지 않는 느낌입니다. 사실은 '부조리'가 인간세계에서 더 큰 영향력을 행사하는 것 같습니다. 인간의 역사를 이끌어온 것은 조화도 아니요 절제나 정연한 논리도 아니라는 생각입니다. 그것은 다 포장일 뿐이고, 사실은 '부조리'가 인간의 역사를 이끌어온 것 아닌가요?

여신● 　그대가 어쩌다가 그런 암울한 생각에 빠져들었는지 모르겠네.

저자● 　이를테면 이번 경제위기로 아프리카 지역의 영아 70만 명이 첫돌이 되기도 전에 사망할 위험에 처하게 됐다는 보고가 국제기구로부터 나왔습니다. 그만큼 가난한 나라들의 처지가 더욱 딱하게 됐고, 그야말로 재난상태에 놓이게 됐다는 것이지요. 그렇지만 위기의 진앙인 월가에서는 보너스 잔치를 벌인 데 이어 금융위기 직후 자취를 감추다시피 했던 고액연봉도 되살아나고 있다고 합니다. 군사강국들은 여전히 첨단무기를 비롯해 각종 무기를 개발하고 팔아먹는 데에만 열을 올릴 뿐 가난한 나라들의 처지는 돌아보지도 않습니다.

　금융인이든 정치인이든 위기를 야기한 주역들이 책임을 지는 법도 없습니다. 그들은 잠시 위축돼 있다가 화려하게 부활합니다. 때로는 전혀 위축되는 법도 없이 승승장구하기만 합니다. 1997년에 외환위기를 겪어본 한국에서도 이와 비슷한 일이 너무나 흔합니다. 특히 한국에서는 합리적인 사고가 승리를 거둔 적이 별로 없습니다. 합리를 가장한 탐욕과 부조리가 언제나 한국사회를 지배하는 것 같습니다.

여신● 그대의 생각에도 충분한 이유가 있다고 여겨지네. 그대의 생각을 바꾸라고 굳이 요구하지는 않겠네. 다만 인간이 어차피 이기심을 타고났다면 그것을 잘 조절해가면서 가능한 한 부조리를 제거하고 보다 합리적인 질서를 만들어나가야 하겠지. 그렇게 되기를 나는 바라네.

저자● 저도 인간세계의 한 사람으로서 그렇게 되기를 바라는 마음 간절합니다. 하지만 그것이 잘될까요? 일시적으로는 잘 될 수도 있겠지요. 지금은 위기를 맞아 모두들 긴장하고 있으니까 잘 되는 것처럼 보일 것입니다. 하지만 어느 사이에 그런 긴장은 해이해지고, 이기심이 다시 자기 권리를 주장하겠지요. 그러면 다시 국가와 사회가 정해놓은 규제망을 요리조리 피해가는 자들이 늘어날 것입니다. 그리고 다른 사람이나 다른 나라는 어떻게 되든 혼자만 잘 살면 된다는 생각에서 서로 자기 배만 채우려고 할 것입니다. 사람들이 또다시 '인간여우' 가 되는 것이지요. 그리고 그 인간여우들이 만들어내는 부조리가 이 세계를 지배하게 되겠지요.

여신● 그렇게 된다면 인간사회는 주기적인 경제위기를 피할 수 없을 거야.

저자● 아마도 그럴 겁니다. 그것이 '인간여우' 들이 만들어가는 세계의 숙명이 아닌가 싶습니다.

여신● 그대의 마음을 잘 알겠네. 그렇지만 그것은 우리 신들이 그렇게 하라고

시키는 것도 아니요, 운명적으로 반드시 그렇게 돼야 하는 것도 아닐세. 모든 것은 인간들의 노력으로 개선할 수 있네. 비록 일시적으로 퇴보와 혼돈을 겪더라도 그것을 시정하고 극복할 수 있는 능력 또한 인간들에게 부여돼 있네. 독일의 문호 괴테도 이런 이치를 말한 바 있지.

> 악에 대해서 균형을 잡는 선이 많이 있다. 불행 속에서도 다시 회복할 수 있고, 위험에서 살아날 수 있으며, 언제나 파멸하는 것은 아니다.
> — 요한 볼프강 괴테, 《시와 진실》, 김훈 옮김, 혜원출판사

저자● 존귀하신 여신이 하신 말씀의 뜻을 알겠습니다. 그리고 지금까지 보잘 것 없는 저와의 대화에 기꺼이 응해주셔서 고맙습니다. 다른 무사이 여신들에게도 저의 사랑과 존경을 전해주시기 바랍니다.

여신● 알았네. 인간들이 현재 겪고 있는 곤란이 결국은 인간들의 잘못으로 초래된 것이지만, 어떤 신도 인간들의 그런 처지를 고소해하거나 즐거워하지 않네. 신들은 오히려 그런 인간들에 대해 연민의 정을 갖고 있고, 문제를 해결해보려고 노력하는 인간들을 성원한다네. 이 점 잊지 말고 모두들 인내심을 갖고 착실하게 문제해결에 힘써 나가기를 진심으로 바라네.

세계 금융위기 일지

2008년

9/15 투자은행 리먼브라더스, 파산보호 신청.

　　　메릴린치, 아메리카은행(BOA)에 넘어감(500억 달러).

9/16 연준(FRB), 아메리칸보험(AIG)에 850억 달러 투입(우선주 인수).

9/17 로이즈, HBOS(영국 최대 모기지대출 은행) 인수.

9/25 워싱턴 뮤추얼(대형 모기지대출 업체), JP모건에 넘어감.

9/28 베네룩스 3국, 포르티스은행 부분적 국유화.

　　　미국 정부, 7천억 달러 규모 구제금융안 마련(대공황 이후 최대의 국가개입).

9/29 영국, Bradford & Bradley 모기지 부문 국유화.

　　　아이슬란드, 3위 은행(Glitnir) 국유화 발표.

　　　미국 하원, 7천억 달러 구제금융안 부결, 다우존스지수 7%(777포인트) 폭락.

9/30 벨기에－프랑스－룩셈부르크, 합작은행 덱시아(Dexia)에 64억 유로 구제금융.

　　　유럽 은행들, 유럽중앙은행(ECB)으로부터 155억 유로 차입.

　　　아일랜드 정부, 6대 은행의 모든 예금에 대해 2년간 지급보증.

10/3 미국 상원(10/1)에 이어 하원에서 7천억 달러 구제금융안(EESA) 통과(내용: 부
　　　실자산구제프로그램(TARP) 설립, 금융기관으로부터 모기지 관련증권 등 매입,
　　　은행의 주식매입권취득, 예금보장 한도 확대 등).

　　　영국 FSA, 예금보증 상한선 3만 5천 파운드에서 5만 파운드로 인상.

　　　와코비아, 웰스파고에 매각 결정(154억 달러).

10/4 영국－프랑스－독일－이탈리아 정상, 파리에서 회담하고 공조강화에 합의.

10/5 독일 정부, 모기지 은행 HRE(Hypo Real Estate)에 500억 유로 지원.

10/7 아이슬란드, 2위 은행(Landsbanki) 국유화.

　　　미국 연준, 기업어음 매입용 자금지원제도(CPFF) 도입.

　　　유럽연합, 예금보험 한도 인상 결정(1인당 2만 유로에서 5만 유로로).

　　　영국 정부, 500억 파운드 규모 은행구제계획 발표(2천억 파운드 단기융자도).

10/8 연준, 유럽중앙은행 등 6개 중앙은행, 금리 0.25∼0.5%포인트 인하 공조.

10/8 중국, 금리 0.27%포인트 인하.

미국 정부, AIG에 378억 달러 추가지원 결정.

10/9 아이슬란드, 1위 은행(Kaupthing) 법정관리 개시 및 주식거래 전면중단.

10/13 독일, 프랑스 등 유럽 7개국, 국가별 금융지원 대책 발표(합계 1조 3천억 유로, 영국까지 포함하면 1조 7천억 유로)

영국, RBS에 200억 파운드, 로이즈-HBOS 합병에 170억 파운드 투입.

10/14 미국, 대형 은행 지분 매입(2500억 달러), 연준 CP 매입계획 발표.

10/16 스위스, UBS에 60억 스위스프랑(52억 달러) 투입 및 9.3% 지분 인수.

10/19 네덜란드, ING그룹에 100억 유로 자본금 지원 결정.

10/20 프랑스, BNP파리바 등 6개 은행에 105억 유로 공적자금 투입.

10/21 연준, MMIFF(Money Market Investor Funding Fund) 설치 및 단기 금융시장에 5400억 달러 유동성 공급 발표.

10/24 아이슬란드, 구제금융 14억 SDR (21억 달러) 받기로 IMF와 합의.

10/28 IMF, EU 등, 헝가리에 251억 달러 공동지원 합의.

10/29 미국 연준, 금리 1.5%에서 1.0%로 인하.

10/30 일본 26조 9천억 엔 (약 2740억 달러) 규모 2차 경기부양책 발표.

10/31 일본, 정책금리 0.3%로 0.2%포인트 인하.

11/4 미국, 대통령 선거.

IMF, 우크라이나에 164억 달러 지원.

11/5 독일, 감세 등 230억 유로 규모 경기부양대책 발표.

11/6 잉글랜드은행, 금리 3.0%로 1.5%포인트 인하.

유럽중앙은행, 금리 3.25%로 0.5%포인트 인하.

11/9 중국, 4조 위안 (5860억 달러) 규모 경기부양계획 수립.

11/10 미국 재무부와 연준, AIG에 400억 달러 추가지원 (총 지원규모 1525억 달러로 확대).

11/11 세계은행, 최대 1천억 달러 규모 개발도상국 지원계획 발표.

11/14 유로존, 경기침체 공식 돌입.

11/15 IMF, 파키스탄에 76억 달러 구제금융 지원 발표.

G20, 워싱턴에서 정상회의, 내수 진작과 금융개혁 강화에 합의.

11/23 미국 정부, 시티은행에 추가지원(250억 달러 우선주 매입, 부실자산 3060억 달

러 지급보증 등).

11/24 영국, 200억 파운드 규모 경기부양책 발표.

11/25 미국 연준, 8천억 달러 금융지원계획 발표 (모기지 관련증권 매입 6천억 달러, 소비자금융 지원 2천억 달러).

11/26 EU, 2천억 유로 규모 경제회복계획 발표.
중국, 금리 1.08%포인트 인하.

11/28 이탈리아, 800억 유로 규모 경기부양책 마련.

11/30 폴란드, 300억 달러 규모 금융 및 경제안정 계획 발표.

12/1 전미경제연구소(NBER), 미국의 2007년 12월 경기침체 공식 진입 확인.

12/4 유럽중앙은행 및 영국 – 스웨덴 – 덴마크 중앙은행, 금리 0.75%포인트 인하.
프랑스, 260억 유로 규모 경기부양계획 발표.

12/6 인도 중앙은행, 금리 7.5%에서 6.5%로 1%포인트 인하.

12/16 미국 연준, 금리 1%에서 0~0.25%로 인하.

12/19 부시 미국 대통령, 3대 자동차회사에 174억 달러 지원계획 발표.
일본은행, 정책금리 0.3%에서 0.1%로 인하.

12/29 미국 재무부, GM 계열 금융사인 GMAC에 60억 달러 구제금융.

2009년

1/5 인도, 정책금리 6.5%에서 5.5%로 인하, 금융시장 안정대책 발표.

1/8 잉글랜드은행, 금리 2.0%에서 1.5%로 인하.
독일, 코메르츠방크에 100억 유로 추가지원.

1/12 IMF, 벨로루시에 24억 6천억 달러 규모의 대기성 차관 제공 승인.

1/13 독일, 500억 유로 규모 경기부양계획 발표.

1/14 영국 정부, 중소기업 보증 최대 200억 파운드로.

1/15 유럽중앙은행, 금리 2.5%에서 2%로 인하.
아일앤드, 앵글로아이리시은행 국유화.

1/16 미국, BOA에 200억 달러 구제금융 (총 투입금액 450억 달러로 증가) 및 1180억 달러 부실자산 지급보증.

1/19 덴마크, 1천억 덴마크크로네(134억 유로) 규모 추가 금융안정대책 마련.

1/20 캐나다 중앙은행, 정책금리 1.5%에서 1.0%로 인하.

1/22 싱가포르, 137억 달러 규모 경기부양책 발표.

1/21 프랑스, 대형 시중은행에 105억 유로 추가 자본투입.

1/28 IMF, 2009년 세계경제 성장률 0.5%로 전망.

2/4 미국 연준, 5개 긴급자금지원제도 연장 및 13개 외국 중앙은행과 통화스왑 만기
      연장.
      스웨덴, 60억 달러 규모 추가 금융시장 안정대책 발표.

2/5 잉글랜드은행, 금리 1.5%에서 1%로 인하 (5개월 연속 인하).

2/9 프랑스, 65억 유로 규모 자동차산업 추가지원 방안 발표.

2/10 미국 재무부, 2조 달러 규모 금융안정대책 발표.

2/11 아일랜드, 최대 은행 AIB(Allied Irish Bnak) 및 아일랜드은행에 35억 유로씩
      총 70억 유로 투입.

2/12 스웨덴 중앙은행, 정책금리 2.0%에서 1.0%로 인하.

2/13 미국 상하원, 7872억 달러 규모 경기부양법안 최종 승인.

2/17 미국 GM과 크라이슬러, 정부에 216억 달러 추가지원 요청.

2/18 미국 재무부, 주택소유자 지원대책 발표.

2/19 프랑스, 서민 지원책으로 26억 유로 규모의 정부지출 계획 발표.
      일본은행, 정책금리 기존 수준(0.1%) 유지 및 회사채 1조 엔 매입 결정.

2/20 미국, 자동차회사 구조조정 전담팀 구성 발표.

2/24 동유럽 4개국 중앙은행, 통화가치 하락 방지를 위한 공조 발표.
      국제신용평가회사들, 라트비아와 인도의 신용등급 전망 하향조정.

2/25 미국 재무부, 은행 내성시험(Stress Test) 세부방안 발표.

2/26 영국, 스코틀랜드은행(RBS)의 우선주 매입에 130억 파운드 추가투입 및
      3250억 파운드 부실자산 지급보증 발표.

3/2 AIG, 2008년 4분기 손실 617억 달러 발표 및 300억 달러 추가지원 요청.
      EBRD 등 3개 기관, 245억 유로의 동유럽 금융지원계획 발표.
      일본 도요타의 금융자회사, 국책은행에 2천억 엔(21억 달러) 지원 요청.

3/3 미국, 2천억 달러 규모 TALF(Term Asset−Backed Securities Loan Facility) 시행 발표.
      캐나다, 기준금리 1.0%에서 0.5%로 인하.

3/3   일본, 외환보유액으로 기업 자금지원 발표.

3/4   인도와 인도네시아 중앙은행, 정책금리 각각 0.5%포인트 인하.

3/5   유럽중앙은행과 잉글랜드은행, 정책금리 0.5%포인트 인하.
    잉글랜드은행, 양적완화 정책 발표.
    독일 경제부, 1천억 유로 규모 기업지원기금 설립.

3/6   영국, 로이즈 은행에 대한 금융지원조치 발표 (정부보유 우선주의 보통주 전환
    으로 사실상 국유화, 2600억 파운드 자산 손실보증 등).

3/9   유로지역 재무장관들, IMF 자금규모 5천억 달러 확대 및 기능강화 합의.
    아이슬란드, Straumur–Burdaras 은행 국유화.

3/11   프레디맥, 미국 재무부에 308억 달러 추가 자본투입 요청.
    브라질 중앙은행, 기준금리 12.75%에서 11.25%로 인하.
    잉글랜드은행, 양적완화 정책에 따라 20억 파운드 국채 매입.

3/14   G20 재무장관들, 런던회의 공동성명 발표("성장회복 위해 모든 행동").

3/18   미국 연준, 6개월 동안 국채 3천억 달러 매입 및 기관 모기지 담보증권 7500억
    달러 추가매입 결정.
    일본은행, 1조 엔 규모 금융기관 후순위채 매입 검토 발표.

3/19   러시아 정부, 경기부양 위해 6조 7천억 루블 (1950억 달러) 규모 추경 편성.

3/20   미국, 자동차부품 업체에 50억 달러 지원 발표.
    잉글랜드은행, 투자적격 등급 회사채 매입 예정 발표.

3/23   미국, 금융기관 부실자산 매입 위한 1조 달러 투자펀드 조성계획 발표.

3/25   영국, 2002년 이후 처음으로 국채입찰 미달.
    IMF, 루마니아에 175억 달러 지원 발표.

3/26   가이트너 미국 재무장관, 하원 금융서비스위원회 청문회에서 금융개혁방안 제시.
    IMF, 세르비아와 과테말라에 대한 금융지원 발표.

3/30   오바마 미국 대통령, GM과 크라이슬러 추가지원 1~2개월 보류 결정.
    GM 릭 왜고너 회장 사임.

4/1   패니메이와 프레디맥, 미국 정부로부터 460억 달러 추가지원 받음.
    멕시코, IMF에 470억 달러 규모 자금지원 신청 발표.

4/2   G20 정상회의, 공동선언 발표(IMF 등 국제기구 재원 1조 1천억 달러 확대, 2010년

까지 경기부양 5조 달러 투입, 국제금융 개혁 등 6개 항).

유럽중앙은행, 금리 1.5%에서 1.25%로 인하.

4/6 미국 연준, 잉글랜드은행–유럽중앙은행–일본은행–스위스 중앙은행과 통화교환계약 체결 발표(한도: 파운드화 300억, 유로화 800억, 엔화 10조, 스위스 프랑화 400억).

4/7 미국 의회예산국(CBO), 2009회계연도 상반기 정부 재정적자 9530억 달러로 추정.

4/9 피치, 아일랜드 등의 국가신용등급 하향조정.

4/10 일본 정부, 15조 4천억 엔 규모 경기부양책 발표.

4/13 골드먼삭스, 1분기 18억 달러 순이익 기록 및 TARP 자금 상환계획 발표.

4/14 폴란드, IMF에 205억 달러 자금지원 신청.

S&P, 대만 국가신용등급(AA–) 전망 ‘부정적’으로 하향조정.

4/16 JP모건, 1분기 21억 4천만 달러 순이익 및 TARP 자금 상환계획 발표.

중국, 1분기 6.1% 성장 발표.

피치, 태국 국가신용등급 하향조정(BBB+에서 BBB로).

4/17 시티그룹, 1분기 순이익 15.9억 달러 발표.

4/20 BOA, 1분기 순이익 42억 5천만 달러 기록 발표.

오바마 미국 대통령, 의회에 IMF 신규지원 (1천억 달러 규모) 제안.

콜롬비아, IMF에 104억 달러 지원(FCL) 신청.

4/21 IMF, 2010년까지 전 세계 금융회사 손실규모 4조 1천억 달러로 추정.

캐나다, 인도, 스웨덴 중앙은행, 금리 0.25~0.5%포인트 인하.

4/22 IMF, 2009년 세계 경제성장률 전망치 0.5%에서 −1.3%로 낮춤.

4/23 러시아 중앙은행, 금리 13.0%에서 12.5%로 인하.

무디스, 라트비아와 리투아니아의 국가신용등급 하향조정.

4/27 GM, 대규모 구조조정계획 발표.

일본정부, 2009회계연도 경제성장률 전망 −3.3%로 낮춤.

4/29 미국, 1분기 GDP 전기 대비 6.1%(속보치, 전기대비 연율) 감소 발표.

4/30 크라이슬러, 연방파산법원에 파산보호 신청.

5/3 아세안+3, 치앙마이 이니셔티브(CMI) 기금 1200억 달러의 국별 분담금액 합의.

5/4 유럽연합, 유로지역 경제성장률 2009년 −4%, 2010년 −0.1%로 전망.

5/7   미국 연준, 은행 내성시험(스트레스 테스트) 결과 발표 ("시티그룹, BOA 등 10개
     은행 총 746억 달러 자본확충 필요").

   유럽중앙은행, 정책금리 0.25%포인트 인하, 양적완화 정책 시행 발표.

   잉글랜드은행, 양적완화 정책의 자산매입 규모 750억 파운드에서 1250억 파운
     드로 500억 파운드 확대 결정.

   체코−덴마크−아이슬란드 중앙은행, 금리 인하.

5/11   S&P, 멕시코 신용등급전망 '안정적'에서 '부정적'으로 조정.

   무디스, 우크라이나 국가신용등급 하향조정.

5/13   미국 재무부, 장외시장 파생상품 규제 개혁안 발표 (중앙청산소 통해 거래).

5/19   미국 상원, 신용카드 소지자 권리보장 법안 통과.

   일본, 1분기 GDP 성장률 전기 대비 −4.0% (연율 −15.2%) 기록.

   무디스, 한국의 주요 은행 재무건전성 등급 및 등급전망 강등.

5/21   미국 재무부, GMAC에 대한 75억 달러 추가지원 발표.

   S&P, 영국의 국가신용등급 전망을 '부정적'으로 하향조정.

   대만, 1분기 GDP 성장률 전년동기 대비 −10.2% (전기 대비 −4.8%) 기록.

5/27   무디스, 미국의 국가신용등급 전망 '안정적' 발표.

   러시아, 100억 달러 규모 IMF 채권 매입계획 발표.

5/29   미국, 1분기 GDP 성장률 (잠정치, 전기 대비 연율) −5.7%로 수정.

6/1   GM, 파산보호 신청.

   크라이슬러, 파산법원으로부터 자산매각 승인 받음.

6/2   중국투자공사(CIC), 모건스탠리 주식 12억 달러 매입.

6/3   미국 뉴욕연준, 114억 5천만 달러 규모 TALF(자산담보 증권대출 창구) 자금지
     원 발표.

   라트비아, 1억 달러 규모 국채발행 실패.

6/4   러시아−아이슬란드−덴마크 중앙은행, 금리 인하.

6/5   중국, 500억 달러 규모 IMF 채권 매입의사 발표.

6/8   S&P, 아일랜드의 국가신용등급 강등 (AA+에서 AA로).

6/9   미국 재무부, 10개 은행 구제금융(TARP; 부실자산 구제프로그램) 조기상환 승인.

6/10   스웨덴 중앙은행, 유럽중앙은행으로부터 30억 유로 차입.

6/10 러시아 중앙은행, 외환보유액에서 미국 국채 비중 축소계획 언급.

6/11 무디스, 인도네시아 국가신용등급 전망 상향조정.

일본, 1분기 성장률 전분기 대비 −3.8%, 연률 −14.2%로 수정.

브라질 중앙은행, 금리 1%포인트 인하.

6/12 G8 재무장관 회의, '경제회복시 출구전략(exit strategy)의 필요성' 논의.

6/16 러시아에서 브릭스(브라질, 러시아, 인도, 중국) 정상회담 개최.

6/17 오바마 미국 대통령, 금융규제 개혁법안 발표.

6/23 유럽중앙은행, 유로화 사용지역 은행에 만기 1년 대출 4422억 유로 공급.

6/25 폴란드, 금리 3.75%에서 3.5%로 인하.

미국 연방예금보험공사(FDIC), 5개 지역은행 추가로 영업정지.

6/26 미국, 1분기 성장률 확정치 −5.5%(전기 대비 연율) 발표.

미국 연준, 14개국 중앙은행과 통화교환협정을 2010년 2월 1일까지로 연장.

6/29 스페인, 은행들에 90억 유로 규모의 공적자금 투입 결정.

6/30 일본 정부, 반도체업체 엘피다에 공적자금 300억 엔 지원 결정.

참고문헌

최혁,《2008 금융위기》, K-books, 2009.
폴 크루그먼,《불황의 경제학》, 안진환 옮김, 세종서적, 2009.
마이클 팬츠너,《금융 아마겟돈》, 이주명 옮김, 필맥, 2009.
가네코 마사루 외,《세계 금융위기》, 이승녕 옮김, 지상사, 2009.
게랄트 브라운베르거 외,《한 권으로 읽는 경제위기의 패턴》, 오승구 옮김, 웅진윙스, 2009.
엘렌 H. 브라운,《달러》, 이재황 옮김, AK, 2009.
라비 바트라,《뉴 골든에이지》, 송택순 김원옥 옮김, 2009.
마틴 울프,《금융공황의 시대》, 김태운 옮김, 바다출판사, 2009.
자크 아탈리,《위기 그리고 그 이후》, 양영란 옮김, 위즈덤하우스, 2009.
아사쿠라 케이,《대공황 2.0》, 김응철 옮김, 매일경제신문사, 2009.
찰스 R. 모리스,《미국은 왜 신용불량국가가 되었을까?》, 송경모 옮김, 예지, 2008.
마크 파버,《내일의 금맥》, 증보개정판, 구홍표 이현숙 옮김, 필맥, 2008.
쑹훙빙,《화폐전쟁》, 차혜정 옮김, 랜덤하우스코리아, 2008.
홍성국,《글로벌 위기 이후》, 이콘, 2008.
로버트 라이시,《슈퍼자본주의》, 형선호 옮김, 김영사, 2008.
찰스 P. 킨들버거 외,《광기, 패닉, 붕괴, 금융위기의 역사》, 김홍식 옮김, 굿모닝북스, 2006.
프랭크 파트노이,《전염성 탐욕》, 이명재 이주명 옮김, 필맥, 2004.

한국은행 금융안정분석국 은행연구팀, 〈글로벌 금융위기 이후 금융규제 및 감독강화
    논의내용 및 향후과제〉, 2009. 6.
한국은행 조사국, 〈미국 서브프라임 모기지 사태와 일본 장기불황과의 비교〉, 2008.
한국은행 해외조사실 종합분석팀, 〈국제신용평가기관에 대한 규제강화와 시사점〉,
    2009. 6.
한국은행 해외조사실 구미경제팀, 〈글로벌 기축통화 논의 내용과 향후 전망〉, 2009. 5.
한국은행 해외조사실 구미경제팀, 〈미국 은행의 스트레스 테스트 결과와 향후 전망〉,
    2009. 5.

한국은행 해외조사실 구미경제팀, 〈선진국 재정확대의 문제점과 향후 전망〉, 2009. 2.
한국은행 해외조사실 종합분석팀, 〈일본 경제위기 대책의 주요 내용 및 평가〉, 2009. 4.
한국은행 해외조사실 종합분석팀, 〈최근 글로벌 고용시장의 특징과 시사점〉, 2009. 3.
한국은행 해외조사실 종합분석팀, 〈선진국의 신보호주의 대두와 향후 대응〉, 2009. 2.
한국은행, 해외조사실 구미경제팀, 〈미국 금융안정대책의 문제점과 향후 전망〉,
　　　　2009. 2.
산업연구원, 〈세계 경제위기의 중간점검과 시사점〉, 2009. 2.
국제금융센터 김종만, 〈미국발 금융위기의 원인, 전개 및 대응과 영향〉, 2008 .10.
한국금융연구원 김자봉, 〈미국 금융위기의 진행과정과 주요 정책이슈〉, 2008. 10.
한국금융연구원 이윤석, 〈글로벌 금융위기의 추이와 전망〉, 2009. 6.
한국금융연구원 강종만, 〈미국 금융위기의 전망과 시사점〉, 2008.10.
한국금융연구원 서병호, 〈글로벌 투자은행의 부도위험 결정요인 분석 및 시사점〉,
　　　　2008. 10.
한국금융연구원 김은정, 〈현행 글로벌 신용평가제도의 문제점과 향후 과제〉, 2009.4.
한국수출입은행 해외경제연구소 조양현, 〈유럽 금융위기의 내재적 요인과 문제점 분
　　　　석〉, 2009.4.
삼성경제연구소, 〈영국경제의 불안요인과 향후 전망〉, 2009. 4.
국회 예산정책처, 〈G20 국가의 경기부양 재정정책과 유형―해외사례〉, 2009. 4.
금융감독원 안종식, 〈미국 감독당국의 글로벌 금융위기 대책 및 효과〉, 2009. 3.
대외경제정책연구원, 〈미국 대형은행 자산실사 : 배경, 결과 및 전망〉, 2009, 6.
대외경제정책연구원, 〈런던 G-20 정상회의 결과와 향후과제〉, 2009. 4.
대외경제정책연구원, 〈중국 위안화의 국제화 추진과 시사점〉, 2009. 3.
국제금융센터 이치훈, 〈중국 외자은행에 대한 첫 판다본드 발행 허용과 시사점〉, 2009.6.
국제금융센터 김종만, 〈미국 모기지 연체 급증세 지속〉, 2009. 5.

OECD, *Economic Outlook*, No. 85, June 2009.
OECD, *International Trade Statistics*, April 2009.
IMF, *World Economic Outlook*, April 2009.
IMF, *Global Financial Stability Report*, April 2009.

IMF, *Initial Lessons of the Crisis for the Global Architecture and the IMF*, February 2009.

IMF and World Bank, *An Overview of the Legal, Institutional, and Regulatory Framework for Bank Insolvency*, April 2009.

IMF, *The Size of the Fiscal Expansion : An Analysis for the Largest Countries*, Feb. 2009.

IMF, *Lessons from the Crisis*, March 2009.

US FRB, *The Supervisory Capital Assessment Program Overview of Results*, May 2009.

London Summit, *Leaders' Statement*, April 2009.

G20, *Declaration on Strengthening the Financial System*, April 2009.

G20, *Declaration of the Summit on Financial Markets and the World Economy*, November 2008.

FSA, *The Turner Review*, March 2009.

ILO, *Global Employment Trends*, May 2009.

WTO, *World Trade 2008 Prospects for 2009*, March 2009.

BIS, *Annual Report 2008/2009*, June 2009.

EU, *State Aid: Latest Scoreboard reviews Member States' Action to fight economic crisis*, March 2009.

찾아보기

우리금융 23, 69
울프 70, 121
웰스파고 54
웰치 174
위안화 147~148, 150~151, 154
위험부담의 세계화 24
유럽연합 67, 115
유럽중앙은행 158, 165
유럽증권규제위원회(CESR) 203
유효수요 98
은행지주회사 54
이기심 253, 254, 259
이라크 16, 44
이라크전쟁 16, 130
이익의 충돌 204
인간여우 87, 209, 259
인도 49
인력보호주의 118
인민은행 144
인플레이션 20, 49, 164, 169~171
일본 15, 42, 69, 91, 94, 95, 98, 161, 182,
    218, 220, 233
일본계 은행 124
일본은행 162, 183, 184
일자리 나누기 221
잃어버린 10년 62, 92
잃어버린 20년 92
잉글랜드은행 158, 162, 208

ㅈ

자동차산업 177
자본확충 57, 58, 59, 60
자산담보증권(ABS) 73
자산유동화증권 162
자유무역 116, 117, 122, 123
자유무역협정(FTA) 122
자유방임주의 50
자유시장주의 253
작은 정부 43, 192
잔류보너스 82, 84
재정적자 44
저강도 보호주의 116, 117
저금리 16, 17, 39
저우샤오촨 144
저축대부조합 위기 182
전쟁비용 16
정글의 법칙 140
정보공시 25
정보기술 거품 15
정부지출 135
정부지폐 174
제너럴모터스(GM) 58, 80, 177~181, 193, 194
제로금리 159
제우스 8, 19, 247
JP모건체이스 27, 31, 53, 54, 59, 198, 207
제조업 38, 48
조기경보 206
조세피난처 132, 133